U0745258

大学生公共基础课系列教材

大学生职业生涯规划与就业指导

李坤华　徐嘉憶　陈承欢　主　编

电子工业出版社
Publishing House of Electronics Industry
北京·BEIJING

内 容 简 介

本书的主要目标是通过教学活动和实践活动，指导大学生认清就业形势，熟悉就业政策，提高就业竞争意识和依法维权意识；帮助大学生培养职业发展意识，树立正确的就业观念，提高综合素质和就业能力；引导大学生主动思考，积极探讨，乐于实践；帮助大学生尽快明确职业定位，加快实现角色转换，提高职场适应能力。

全书围绕"大学生职业生涯规划与就业指导"这一中心任务，形成了从入校到毕业、从课堂到课外、从线上到线下的系统化的就业指导体系；明确就业指导工作的教学任务，合理构建 10 个教学模块。每个教学模块都设置了"学习领会""案例探析""各抒己见""训练提升"4 个教学环节，形成颇具特色、能力递进的教学过程，让每位大学生都能通过知识学习、案例分析、问题思考和话题探讨、主题训练等多样化的教学活动与实践活动，逐步积聚能量、提升素质、适应职场。

本书可以作为普通高等院校、高等或中等职业院校和高等专科院校各专业"职业生涯规划与就业指导"课程的教材，也可以作为"职业生涯规划与就业指导"的培训教材及大学生自主学习教材。

图书在版编目（CIP）数据

大学生职业生涯规划与就业指导 / 李坤华，徐嘉憶，
陈承欢主编. --北京：电子工业出版社，2024.9.
ISBN 978-7-121-48623-4

Ⅰ. G647.38

中国国家版本馆 CIP 数据核字第 2024Z3S992 号

责任编辑：贺志洪
印　　刷：三河市良远印务有限公司
装　　订：三河市良远印务有限公司
出版发行：电子工业出版社
　　　　　北京市海淀区万寿路 173 信箱　邮编 100036
开　　本：787×1 092　1/16　印张：15.75　字数：403.2 千字
版　　次：2024 年 9 月第 1 版
印　　次：2024 年 9 月第 1 次印刷
定　　价：49.80 元

凡所购买电子工业出版社图书有缺损问题，请向购买书店调换。若书店售缺，请与本社发行部联系，联系及邮购电话：（010）88254888，88258888。

质量投诉请发邮件至 zlts@phei.com.cn，盗版侵权举报请发邮件至 dbqq@phei.com.cn。

本书咨询联系方式：（010）88254609，hzh@phei.com.cn。

前　　言

就业工作事关人民群众切身利益，事关国家发展大局和社会和谐稳定。有效的就业指导，能够帮助大学生树立正确的择业观，选择较为适合自己身心特点的职业，使用人单位选择到需要的劳动者，对国家建设与社会发展、对大学生实现自身价值都具有积极意义。高校就业指导将帮助大学生客观分析主客观条件，理性看待不同工作岗位的利弊得失，教会学生在市场竞争日益加剧的环境下把握机会，找到一个比较满意的工作岗位，以便能以健康的心态走向社会。

本书是"职业生涯规划与就业指导"课程的配套教材，其主要目标是通过教学活动和实践活动，指导大学生认清就业形势，熟悉就业政策，提高就业竞争意识和依法维权意识；帮助大学生培养职业发展意识，树立正确的就业观念，提高综合素质和就业能力；引导大学生主动思考，积极探讨，乐于实践；帮助大学生尽快明确职业定位，加快实现角色转换，提高职场适应能力。

本书有以下主要特色与创新。

1. 就业指导系统化

本书不仅是就业指导课程的教材，也是就业指导工作的指南，全书形成了从入校到毕业、从课堂到课外、从线上到线下的系统化的就业指导体系。本书针对大学生这一群体的特点及职业生涯规划、求职择业要求，从职业认知到职业定位、从职业生涯规划到职业发展、从环境分析到求职技巧、从政策形势到有关法律法规、从自我认知到面试礼仪、从角色转换到环境适应等各个方面，对大学生予以全面系统的指导和帮助，从而培养他们的就业意识，帮助他们树立正确的择业观与就业观。

2. 教材结构模块化

围绕"大学生职业生涯规划与就业指导"这一中心任务，全面调研大学生在择业、就业、适业过程中的多样性需求，明确就业指导工作的教学任务，并将这些教学任务合理构建为10个教学模块，即强化职业认知与明确职业定位、做好职业规划与关注职业发展、加强就业指导与提升就业能力、正视就业形势与用好就业政策、转变就业观念与调适就业心态、完善个人简历与撰写求职信函、掌握面试礼仪与塑造优雅形象、领悟面试诀窍与巧答面试提问、保障就业权益与办理就业手续、成功转换角色与适应职场环境。

3. 教学活动多样化

不同大学生喜欢的教学活动不完全相同，有的喜欢聆听、有的喜欢思考、有的喜欢探讨、有的喜欢动手，所以本书尽量减少说教式讲授，提供更多的思考、分析、理解、交流、训练的机会，每个教学模块都设置了"学习领会""案例探析""各抒己见""训练提升"4个教学环节，形成颇具特色、能力递进的教学过程，让学生通过知识学习、案例分析、问题思考和话题探讨、主题训练等多样化的教学活动与实践活动，逐步积聚能量、提升素质、适应职场。根据教学的实际需要，任课教师可以灵活安排，各个教学环节的组织形式可以为线上学习或线下教学，也可以为课堂教学或课外学习。

4. 教学安排实用化

通过对我国当前的经济发展、就业政策和就业形势的分析探讨，使大学生不断关注自身的职业发展，意识到确立自身发展目标的重要性。

通过教学活动和实践活动的开展，引导大学生树立职业生涯发展的自主意识，树立正确的人生观、价值观和就业观，正确处理个人与社会的关系，把个人发展和国家需要、社会发展相结合，把个人自身价值的实现与整个社会的进步与发展结合在一起，愿意为个人的职业生涯发展和社会发展积极努力；引导大学生树立自信心，学会收集、管理和使用就业信息，果断做出职业决策并制订个人行动计划；引导大学生正确认识自身的个性特质、兴趣、能力和价值观，清楚自己喜欢的、适合的、能够干的职业和岗位，了解现有与潜在的资源优势等；引导大学生将自己的优势与劣势进行对比分析，正确评估自己的现状，评估个人目标与现实情况之间的差距，分析自己的需求结构，确定前瞻与实际相结合的职业定位，搜索、发现新的或有潜力的职业机会，形成初步的职业期待。

运用心理学的原理和方法，指导大学生学会消除心理干扰，克服盲目自信、自卑胆怯、依赖等待、急功近利等心理障碍，帮助大学生做好既要有远大理想又要艰苦创业的心理准备，积极地面对现实、适应社会，指导他们避免在择业过程中的盲目性、无序性、从众性。

知识学习的目的主要是应用，本书在"学习领会"环节对各模块的知识进行归纳梳理，然后在"案例探析""各抒己见""训练提升"环节充分发挥理论知识的指导作用，运用在前面学习的知识指导问题思考、话题探讨、主题训练，达到提高大学生就业能力和工作能力的目标，由此增加教学指导的灵活性、适应性和有效性。"案例探析"环节提供"案例启示"，供大学生探析时参考；"各抒己见"环节针对探讨的话题提供相应的方法指导或注意事项，大部分汇聚了具体要点；"训练提升"环节提供训练方法和实现过程。

5. 能力培养综合化

通过安排结构性的教学活动和实践活动，充分利用课堂教学和课外活动，让学生共同协作完成指定任务，让学生有更多机会进行感悟、思考、理解、陈述、交流、动手，以培养学生掌握择业、求职、适业的各种能力，主要包括语言文字表达能力、人际沟通和交往能力、逻辑思维能力、分析判断能力、团队协作能力、问题解决能力、环境适应能力、客户服务能力、组织管理能力、动手能力、创新能力等。注重开展就业指导教学实践活动，使学生自觉把满足社会对人才的需求和培养自身就业能力结合起来，全方位、多途径提升自己的综合能力。

6. 价值引领有效化

本书全面贯彻党的教育方针，弘扬社会主义核心价值观，有意、有机、有效地对学生进行思想政治教育。本书挖掘了诚实守信、求真务实、敬业乐业、认知自我、客观公正、团队精神、竞争意识、理想信念、职业观念、发展观念、乐观豁达、忧患意识、辩证思维、家国情怀、大局观念、自强不息、正视困难、择业观念、进取精神、规范意识、精益求精、超越自我、文化自信、审美意识、文明友善、踏实严谨、创新意识、谦逊态度、法纪观念、规则意识、安全意识、人才观念、责任意识、奉献精神34项思政元素，将知识传授、技能训练、能力培养和价值塑造有机结合，从教学目标、教学过程、教学策略、教学组织、教学活动、考核评价等方面"因势利导、顺势而为"地有效融入这些思政元素。在知识学习、技能训练中，以"润物细无声"的方式培养学生崇高的理想信念和价值追求，着力提高学生的政治觉悟、道德品质和职业素养。

在撰写本书的过程中，编著者参阅了有关著作、论文和多个网站中的公开内容，吸收了多方面的研究成果，并引用了许多文献和案例，在此谨向各参考文献、案例作者表示衷心的感谢。

本书由郴州思科职业学院李坤华老师、湖南铁道职业技术学院徐嘉憶老师、陈承欢教授共同编著，湖南铁道职业技术学院张翠英教授、朱华玉、张丽芳等老师参与了与部分章节和案例的编写工作。

由于编著者水平有限，书中难免有疏漏之处，敬请专家与读者批评指正。

编著者

2024 年 7 月

目　　录

模块5 转变就业观念与调适就业心态

模块 7　掌握面试礼仪与塑造优雅形象

【学习领会】

【案例探析】

【各抒己见】

【训练提升】

模块 8　领悟面试诀窍与巧答面试提问

模块 9 保障就业权益与办理就业手续

【学习领会】

【案例探析】

【各抒己见】

模块 1

强化职业认知与明确职业定位

目前，大学生进行职业发展规划要面对接触社会较少、对职业环境了解不够的问题。在求职的过程中，大学生往往存在盲目性，缺乏针对性。因此，清醒地认识职业环境，对大学生来讲是非常必要的。现在，毕业的大学生渐渐增多，社会对大学生的需求渐趋饱和。政府非常重视大学生就业，而大学生只有不断地提高自己的专业才能，才能在千万求职者中脱颖而出。

成功与失败的区别在于，成功者选择了正确，而失败者选择了错误。我们常常看到一些天赋相差无几的人，由于选择了不同的方向，人生迥然相异。我们要做一个成功者，要选对自己的方向，毫无疑义，职业发展规划会给我们的发展带来更明确的方向。

【学习领会】

1.1 区分就业、职业和事业

我们先来看一下就业、职业和事业三者的区别和联系。

1. 就业

就业包括就业条件、收入条件、时间条件，是最基本的需求。

每个人接触工作都是从满足基本的生存问题开始的，这是马斯洛需求层次理论所讲的。许多人希望自己能够找一个工作轻松、收入高、离家近的工作，这显然是很难的。

2. 职业

职业指人们为满足一系列的需要（既包括物质报酬，又包括精神与心理方面的需要）而从事（参与社会分工，利用专门的知识和技能）为社会创造物质财富和精神财富的社会工作。

职业是人追求更高的层次和需求，实现自我价值的最大化。例如，你刚进企业的时候，只需要把本职工作做好。时间久了之后，你想往管理方面发展，而不满足于手里的基本工作和工资，想得到更多的认同和成就感。

社会分工是职业分类的依据。在分工体系的每个环节上，劳动对象、劳动工具及劳动的支出形式各有特殊性，这种特殊性决定了各种职业之间的区别。

各国的国情不同，划分职业的标准有所区别，但总的来说，职业有以下三种分类方法。

（1）按脑力劳动和体力劳动的性质、层次进行分类。

这种分类方法把工作人员划分为白领工作人员和蓝领工作人员两大类。白领工作人员主要从事专业性和技术性工作，主要包括农场以外的经理和行政管理人员、销售人员、办公室人员。蓝领工作人员主要包括手工艺及类似的工人、非运输性的技工、运输装置机工人、农场以外的工人、服务性行业工人。这种分类方法明显地表现出职业的等级性。

（2）按心理的个别差异进行分类。

这种分类方法是根据美国著名的职业指导专家霍兰德创立的人格与职业类型匹配理论，把人格类型划分为六种，即现实型、研究型、艺术型、社会型、管理型和常规型，与其对应的是六种职业类型。

（3）依据每个职业的主要职责或"从事的工作"进行分类。

这种分类方法较为普遍，共分为以下八个大类。

① 专家、技术人员及有关工作者。

② 政府官员和企业经理。

③ 事务工作者和有关工作者。

④ 销售工作者。

⑤ 服务工作者。

⑥ 农业、牧业、林业工作者及渔民、猎人。

⑦ 生产和有关工作者、运输设备操作者和劳动者。

⑧ 不能按职业分类的劳动者。

请扫描二维码 1-1，浏览电子活页中的内容，或者直接打开本书配套的电子文档，认真阅读与了解"目前市场上的常见职业分类"。

1-1

3. 事业

事业是职场人的最高境界，目的是实现人生的最大价值，与其他无关。最好的关系转换就是：把工作转化为职业，把职业转化为事业。

在现实中，大多数人在求职的时候，问得最多的就是"月薪多少？经常加班吗？包吃包住吗？"，而不是"你们公司需要什么样的人才？我能在这个岗位上锻炼什么？"。

记住，学习力比学历重要，创造力比财富重要。

只有把眼光放长远，在本职领域做一个有竞争力的人才，做一个无人可以替代的人才，才会让你立于不败之地。只有拥有了核心价值，你才会有更多的话语权和选择权。那时就是你选择别人，而不是自己被选择。

1.2　区分职业定位、职业目标和职业计划

职业规划看似在空想未来，其实有很多决策是有理有据的，而我们学习职业规划的目的，就是把自己的职业方向和未来的规划做得更加有理有据。

职业规划是对职业生涯进行持续的、系统的、计划的过程，它包括职业定位、职业目标设定和职业计划三个要素。

1. 职业定位

职业定位就是清晰地明确一个人在职业上的发展方向，它是人在整个职业生涯发展历程中的战略性问题，也是根本性问题。

职业定位有三层含义：一是确定自己是谁，适合做什么工作；二是告诉别人你是谁，你擅长做什么工作；三是根据自己的爱好、特长、能力及个性将自己放在一个合适的工作岗位上。

职业定位也就是确定自己的职业方向，包括具体的职业类型、细分行业、所在城市等。简单来说，就是确定自己要做什么事情。职业定位帮助我们确定自己未来要工作的行业、城市乃至具体的工作类型，也就是确定我们的职业方向，这一点是至关重要的。

我们的职业定位和时代机遇息息相关。我们每个人都只是这个时代小小的影响者，用自己的努力推动时代发展，同时又被整个时代的洪流裹挟着前进。因此，我们要获得好的职业发展机遇，就必须学会顺势而为。选择一个未来有较大发展机会的行业，然后从中选择出适合自己的岗位。

2. 职业目标设定

做好职业定位（选择职业方向）之后，就要考虑职业目标的设定了。

职业目标是给我们的职业设定一个目标，帮助我们在职业发展的道路上不断努力和进步，朝着实现目标的方向发展。我们可以在招聘网站上寻找对应行业的管理岗位未来的发展路径（例如，三年经验——主管；五年经验——经理；十年经验——总监），从而按照这个晋升速度，为自己的职业发展设定合理的目标。

美国哈佛大学有一个非常著名的关于目标对人生影响的跟踪调查。调查对象是一群智力、学历、环境等条件差不多的年轻人，调查结果发现 27%的人没有目标，60%的人目标模糊，10%的人有清晰但比较短期的目标，3%的人有清晰且长期的目标，并能把目标写下来，经常对照检查。

这个实验可以说明，目标与人生的成败有重要的关联。你是不是经常因为无所适从而感到忧心忡忡？没有目标的人就像行驶在大海里的没有方向的帆船，不知道终点在哪里；而一旦有了目标，精神就有了支撑，不管遇到多大的困难，都有坚强的意志和魄力坚持下去。

那么，我们如何知道自己的职业目标是什么呢？

首先，确定职业价值观。

其次，设定的职业价值观遵循 SMART 原则，具体包括目标明确性（Specific）、目标可衡量性（Measurable）、目标可实现性（Attainable）、目标相关性（Relevant）、目标时限性（Time-based）。在合理的范畴内设定一个合理的、明确的、具体的目标。

最后，学会"以终为始"（从结果出发）进行目标管理，想想 20 年后的自己会是什么样子。

3. 职业计划

设定好职业目标，找到了职业方向，接下来考虑怎样去实现这个目标。

职业计划（通道设计），简而言之，就是你怎样去实现这个目标，要经历哪些过程、学习哪些东西。职业计划将职业目标进行拆分，并且整理出合适的实现步骤，从而帮助我们更合理地实现自己的职业目标。

职业规划并不是简单的事情，里面包含太多的未知因素，必须做好可实施的计划。针对刚入行—基础技能学习—技能和职位晋升—资源积累—再次晋升等一步步的目标，需要进行系统的规划和学习。

首先，我们把职业发展分成不同阶段。例如，第一阶段（1 年），通过学习和实习，进入目标行业和岗位；第二阶段（1～2年），积累经验、学习专业知识，提升竞争力；第三阶段（3～5年），通过项目成果获得职位晋升，开始接触管理工作；第四阶段（5～8年），升职并且负责更大的项目和业务，为团队负责……把每个阶段需要的时间和具体需要实现的目标定下来，从而为后续的计划铺路。基于这样的拆解，我们可以针对每个阶段的目标都进行规划。

其次，将计划进一步拆分成季度计划和月度计划，到可执行的层面，使计划变得合理又清晰。

我们可以逐个击破，建立自己的职业规划。

（1）根据自己的天赋、性格、兴趣等，确定自己的内在优势，了解这些优势可以用到什么样的工作里面。

（2）根据详尽的数据分析报告，结合招聘网站和自己的意愿，了解行业的发展状况、从业者的收入和职业发展空间，从而确定自己想从事的具体行业和细分岗位，即有明确的、可行的职业定位。

（3）合理设定职业目标，并通过有效拆解目标，制订可行的计划，最终得以实现目标。

1.3 认知职业

1.3.1 职业的含义

根据中国职业规划师协会的定义，职业是性质相近的工作的总称，通常指个人服务社会并作为主要生活来源的工作。在特定的组织内，职业表现为职位（岗位），我们在谈某一具体的工作（职业）时，其实也就是在谈某类职位。每个职位都对应一组任务，作为任职者的岗位职责。完成这些任务，就需要这个岗位上的人，即从事这个工作的人，具备相应的知识、技能、态度等。

职业是人们在社会中从事的作为谋生手段的工作；从社会角度看，职业是劳动者获得的社会角色，劳动者为社会承担一定的义务和责任，并获得相应的报酬；从国民经济活动所需要的人力资源角度看，职业指不同性质、不同内容、不同形式的专门劳动岗位。

职业是参与社会分工，利用专门的知识和技能，为社会创造物质财富和精神财富，获取合理报酬，作为物质生活来源，并满足精神需求的工作。

现代的职业含义，指人们在社会中从事的相对稳定的作为主要生活来源并以此为社会服务和体现自我价值的专门工作。对其含义可以从以下四个方面来把握。

（1）职业必须是社会分工产生的，为社会承认的有益的工作。

（2）职业必须是相对稳定的，不是可有可无的，也不是临时的，有一定的连续性。

（3）职业必须是"为群服务"的，是服务社会的，也是社会必需的，从而也是个人发展和实现人生价值的主要渠道。

（4）职业是能够用来谋生的，是个人愿意以此获取生活资料的主要来源。

1.3.2 职位、工作、职业和职业生涯的区别

关于职位、工作、职业和职业生涯几个词的含义，在理论上仍然存在一定程度的争议，我们在此可以大致将其区别一下。

（1）职位：和分配给个人的一系列具体任务直接相关。因此，职位和参与工作的个人相对应，有多少参与工作的个人，就有多少个职位。例如，小张是某足球队的前锋。

（2）工作：由一系列相似的职位组成的一个特定的专业领域。例如，足球队前锋。

（3）职业：在不同的专业领域中一系列相似的服务。例如，运动员是一种职业。

（4）职业生涯：这个概念的含义曾随时间的推移发生很大变化。20 世纪 70 年代，职业生涯专指个人生活中和工作相关的各个方面。随后，又有很多新的意义被纳入职业生涯的概念中，甚至包含关于个人、集体及经济生活的方方面面。从经济的观点来看，职业生涯就是个人在人生中经历的一系列职位和角色，它们和个人的职业发展过程相联系，是个人接受培训教育和职业发展形成的结果。

1.3.3　职业分类

职业分类作为制定职业标准的依据，是开展职业教育培训和人才评价的重要基础性工作，对于增强从业人员的社会认同度、促进就业创业、引领职业教育培训改革、推动经济高质量发展等，都具有重要意义。

2022 年，人力资源和社会保障部向社会公示了新修订的《中华人民共和国职业分类大典》（以下简称“大典”）。此次大典修订工作，是 2021 年 4 月由人力资源和社会保障部、国家市场监督管理总局、国家统计局联合启动的，也是自 1999 年颁布首部国家职业分类大典以来的第二次全面修订。此次大典修订，遵循客观性、科学性、创新性原则，对 2015 年版大典确立的 8 个大类总体结构不做调整，对社会各方面反映的意见建议，秉承求真务实、理性实证的科学精神研究论证，写实性描述各职业（工种）的具体内容，优化更新大典信息描述，以充分反映经济社会和科技发展带来的实际业态变化。具体来说，围绕数字经济、绿色经济、制造强国和依法治国等要求，专门增设或调整了相关中类、小类和职业。与此同时，根据实际情况，取消或整合了部分类别和职业。例如，将报关专业人员和报检专业人员两个职业，整合为报关人员一个职业；取消了电报业务员等职业。

大典运用科学的职业分类理论和方法，参照国际标准，借鉴国际先进经验，充分考虑我国社会转型期社会分工的特点，按照以“工作性质相似性为主、技能水平相似性为辅”的分类原则，将我国职业分类体系调整为大类 8 个、中类 79 个、小类 449 个、细类（职业）1636 个。与 2015 年版大典相比，增加了法律事务及辅助人员等 4 个中类、数字技术工程技术人员等 15 个小类、碳汇计量评估师等 155 个职业（含 2015 年版大典颁布后发布的新职业）。

请扫描二维码 1-2，浏览电子活页中的内容，或者直接打开本书配套的电子文档，认真阅读与了解“8 个大类、79 个中类职业的名称”文档的内容。

1.3.4　职业的特征

职业作为一种劳动，既有一般劳动形式的特点，也有在产生和发展的过程中，逐渐形成的可以与其他劳动形式相区别的特点。

请扫描二维码 1-3，浏览电子活页中的内容，或者直接打开本书配套的电子文档，认真阅读与了解“职业的特征”文档的内容。

1.4　明确职业定位

1.4.1　职业定位的作用

一个人定位准确，就会持久地发展自己。很多人在事业上发展不顺利，不是因为能力不够，而是选择了并不适合自己的工作。很多人并没有认真地思考一下"我是谁""我适合做什么"，因为不清楚自己要什么，而无法体会到如愿以偿的感觉。很多人把时间用于自己并不真正适合的工作，随着竞争的加剧，逐渐会感觉后劲不足。准确定位，就可以获得长足的发展。

一个人定位准确，就会善用自己的资源。集中精力往某一方面发展，而不是"多元化发展"，这是职业发展的一个规律。很多人多年涉足很多领域，学习很多知识，但每一项都没有很强的竞争力。

一个人定位准确，就会抵抗外界的干扰，不会轻易放弃。过去，有的人选择工作，用实际报酬作为准则，哪里钱多去哪里，哪里时尚去哪里，头几年可能在待遇上和别人有一些差距，但后来差距并不大，而现在时尚的过几年就不时尚了，钱也逐渐不好挣了。有的人凭借机遇获得一个好职位，但轻易放弃了。给自己准确定位，就会理性地面对外界的诱惑。

一个人定位准确，就会被合适的用人单位招聘，或者被领导培养，或者得到所有的关系帮助。很多人在写简历和面试的时候，不能准确地介绍自己，使面试官不能迅速地了解他；有的人在职业上摇摆不定，使单位不敢委以重任；有的人经常换工作，使朋友不敢积极相助。定位不准，就好像游移的目标，让别人看不清自己真实的面目。

职业中的诱惑越来越多，竞争越来越激烈，如果不能给自己准确定位，那么有了机遇看不到，找到的又不是适合自己的；或者找错了大方向，改变起来很难；或者得到的又轻易失去，走了好多弯路；或者精力分散，失去优势地位。

1.4.2　职业定位的原则

职业定位应遵守以下原则。

1．择己所爱

从事一项自己喜欢的工作，工作本身就能给你一种满足感，你的职业生涯也会从此变得妙趣横生。兴趣是最好的老师，是成功之母。有调查表明，兴趣与成功概率有着明显的正相关性。在设计自己的职业生涯时，务必注意：考虑自己的特点，珍惜自己的兴趣，择己所爱，选择自己喜欢的职业。

2．择己所长

任何职业都要求从业者掌握一定的技能，具备一定的能力和条件。一个人在一生中不能将所有技能全部掌握，必须在进行职业选择时择己所长，从而有利于发挥自己的优势。运用比较优势原理充分分析别人与自己的情况，尽量选择冲突较少的优势行业。

3．择世所需

社会的需求不断变化，旧的需求不断消失，新的需求不断产生，新的职业也不断产生。

所以，在设计职业生涯时，一定要分析社会需求，择世所需。最重要的是，目光要长远，预测未来行业或者职业的发展方向，再做出选择（社会有需求，并且是长久的）。

4．择己所利

职业是个人谋生的手段，其目的在于追求个人幸福。在择业时，重点考虑的是自己的预期收益——个人幸福最大化。明智的选择是在由收入、社会地位、成就感和工作付出等变量组成的函数中找出一个最大值。

1.4.3　职业定位的"四定"原则

1．定向

方向定错了，距离目标就会越来越远，还要重新走回头路，付出较大的代价。

在通常情况下，职业方向由本人所学的专业确定。但是，现实的情况是，很多人毕业后，并不能完全按照自己所学的专业来选择工作，学非所用的情况比比皆是。在这种情况下，需要认真考虑，选择适合自己的职业岗位。有些人在学校里拿了双学位，获得几种职业等级证书，就业时就比别人多了机会。

2．定点

所谓定点，就是确定职业发展的地点。例如，有些人毕业后去大城市，有些人到中小城市发展，有些人去边疆或大西北，这些都无可厚非。但是，应该综合多方面因素考虑，不可一时冲动下决定。例如，有的人毕业后留在大城市，认为那里经济发达，薪酬水平较高，但忽略了竞争激烈、观念差异、心理承受能力，甚至气候、水土等因素，结果工作没干多久就要跳槽。频繁更换工作地点，对职业生涯弊多利少。

3．定位

择业前要对自己的工作水平、能力、薪酬期望、心理承受力等进行全面分析，做出较准确的定位。不可悲观，把自己定位过低；更不要高估自己，导致期望值过高。不要过分在意企业的名气和薪酬的高低，只要企业和专业岗位适合自己，是自己向往和追求的，就应该去试一试，争取被录用。从基础做起，逐步积累经验，循序渐进谋求发展，对自己的职业生涯会有好处。

其实，上述"三定"就是解决职业生涯设计中"干什么""何处干""怎么干"三个最基本的问题。这三个问题解决好了，职业生涯发展就会比较顺利。

4．定心

除了上述"三定"，其实还有很重要的"一定"，就是"定心"。心神不定，朝三暮四，不可能准确地定向、定点、定位。因此，无论做什么，都需要"定心"。

1.4.4　职业定位的方法

职业定位是自我定位和社会定位的统一，一个人只有在了解自己和了解职业的基础上才能够给自己准确定位。

1. 了解自己

了解自己主要是了解自己的核心价值观念、动力系统、个性特点、天赋能力、缺陷等。

方法：可以自我探索，或者请他人做评价，或者借助心理测试，以充分了解自己。

2. 了解职业

了解职业包括了解职业的工作内容、知识要求、技能要求、经验要求、性格要求、工作环境、工作角色等。

方法：询问 10 名以上的业内专家，参照业内成功人士的做法。

3. 了解自己和职业要求的差距

一个人可能有多种职业目标，每个目标的优点和缺点不同，需要根据自己的特点仔细权衡，了解不同目标的利弊得失，根据自己的现实条件确定达到目标的方案。

4. 确定如何把自己的职业定位展示给面试官和领导

确定自己的职业定位后，需要采取合适的方式将其传达给面试官或者领导，以获得入门和发展的机会。

1.4.5 职业定位的误区

1. 使自己变得僵化

职业定位不是静态的，而是动态的，当自我发生重大变化时，当外部环境发生重大变化时，都需要重新定位。

2. 想要的得不到

有些人想要的很多，要做技术工作，还要做管理工作，要有挑战，还要休闲，担心职业定位会让自己受到限制。其实，职业定位并不是确定一个固定位置，而是确定自己和目标的距离。你可以确定多种目标，但要知道自己距离各种目标的远近程度，要知道达到目标需要怎样的努力。

3. 让自己失去机会

这个误区尤其体现在应届毕业生身上。例如，有的人经常到处投放简历，甚至发给谁都不知道；有的人取得很多证书，认为这样得到的机会更多。其实，这样漫天撒网更可能耗费自己的时间和精力，不能获得实质性的机会。

4. 让旁观者给自己定位

真正知道自己想要什么、喜欢什么、习惯做什么的是自己，领导、同事、朋友、家长都只能提供参考意见。所以，在职业定位的问题上，首先要了解自己，其次要求得别人的帮助。

1.4.6　职业定位的影响因素

1．个人需求

根据马斯洛的需求层次理论，人的需求按照从低到高的顺序依次为：生存需求、安全需求、社交需求、尊重需求、自我实现需求。需求不同，决定人的职业追求和职业定位不同。

2．职业价值观

职业价值观是人们对某一职业高低贵贱和成败得失的价值判断，是人生目标和处世哲学在职业定位方面的具体体现。

3．职业期望

职业期望也称职业意向，是人们希望从事某种职业的态度和倾向，也就是个人从事某一职业希望得到的回报。职业期望是个人职业价值观的直接反映。

4．受教育状况

（1）不同的教育程度决定人们职业发展的不同能力。
（2）人们接受教育的专业种类，是职业发展最基本的立足点和出发点。
（3）教育机构不同，教育思想就会不同，影响人们的职业定位与职业发展。

5．家庭环境

家庭的环境和家庭成员的言传身教，会潜移默化地使人形成一定的价值观念和行为模式。人们还会从家庭中自觉或不自觉地学习和掌握一定的职业知识与职业技能，进而影响其职业理想与职业定位。

6．社会环境

社会环境分为两个层次：一是宏观因素，包括政治形势、经济体制、社会文化、职业价值观等，决定人们职业选择与转换的自主权与相关决策。二是微观因素，包括本人所在的学校、单位、社区、家族关系、人际关系等，决定人们职业选择和转换的具体情境。

1.5　未来职业的发展趋势

未来职业的发展趋势是越来越智能化、集成化。高精尖的职位和低技术含量的职位呈现出明显的两极分化。简单来讲就是，高端职位需求越来越大，而低端职位因为劳动力短缺而被智能化和自动化设备取代。

随着科技的快速发展和应用，未来的工作岗位将会发生巨大变化。自动化、机器学习、人工智能等技术的出现，在许多领域带来变革。这些技术对工作的影响是提高效率和降低成本，而且对劳动力需求、职业结构、教育和培训提出新的挑战。

职业发展到今天，进入了一个新的时期。新知识、新技术层出不穷，相应的产业结构将加快调整和升级，职业也因此表现出一些新的发展趋势。

1. 面向第三产业类的职业、与高新技术有关的职业更加发达

随着社会的发展，以服务为主的第三产业类职业将得到全面发展，在产业结构中的比重将得到很大提高。根据统计，发达国家第三产业的产值占 GDP 的比重已达 60%～70%，而我国第三产业的产值仅占 GDP 的 40%左右，这说明我国第三产业的发展空间非常大。相应的职业必将不断扩大规模，越来越发达。

科学技术突飞猛进，高新技术产业、高效益产业、轻型产业、洁净型产业的比重越来越大，大量新技术、新工艺、新设备运用到各产业领域，必将带动相关职业得到突飞猛进的发展。

2. 职业的综合化、智能化、专业化程度越来越高

从职业的专业化程度方面分析，职业中的知识要求越来越丰富、技术含量将越来越高。现代教育之所以要普及，与生产劳动相结合，人的平均受教育年限越来越长，就是因为职业需要越来越多和越来越新的知识、技术；而高新技术产业的相关职业更离不开强大的智力、技术和人才支持。而且，一个职业需要的知识、技术已经不是单一的了，而是越来越丰富和复杂，需要从业者具备综合职业能力。

3. 传统职业将萎缩，新的职业将不断涌现

任何职业都会不断发展，甚至消亡，新的职业也会不断涌现。在当前，职业的发展、变化及更替将更加迅速。现代大生产的显著特点之一是市场竞争激烈，产品更新换代速度加快，必将不断催生新的职业。

随着科学技术日新月异，越来越多的高精尖技术诞生，社会对于人才和技能的需求越来越高。经济的发展推动科技的进步，给未来的职业发展提供越来越多的新兴岗位，而且对这些岗位的需求远高于普通岗位，如自动驾驶、无人飞机、智能设备等。

机器学习和人工智能将改变职业结构。传统的职业模式可能被颠覆，新的职业模式将出现。例如，许多工作将被重新设计，以更好地利用机器学习和人工智能的优势。此外，新兴领域，如虚拟现实、区块链和物联网等，也将成为新的职业机会。

未来，技术将成为工作的一部分，但人类仍将是不可或缺的。人类具有的创造力、情感和沟通能力是机器无法替代的。未来的工作将由人类和机器共同承担，需要我们做好准备，积极应对挑战。

不管职业的发展趋势怎样，不断提升自己，提升自己的核心竞争力，让自己变得不可替代才是职业发展规划的王道。

❓【案例探析】

【案例 1-1】职业没有高低贵贱之分

请扫描二维码 1-4，浏览电子活页中的内容，或者直接打开本书配套的电子文档，认真阅读与了解"中国女焊工刘霞逆袭成清华博士，攻克顶级技术难题"文档的内容，结合刘霞的职业选择与岗位成才之路，思考自己未来的职业方向和职业

目标。

【案例启示】

虽说焊接是一个非常枯燥且非常辛苦的工作，但来自清华的博士能够从事这个行业，这对我们何尝不是一种启发呢？职业并没有高低贵贱之分，每个人要做的就是在自己选择的行业里充分发挥自己的光和热，将自己的价值发挥到最大。只有这样，社会各行各业才会迎来新的辉煌。现在，我国正处于实现中华民族伟大复兴中国梦的关键时期，只有出现更多的像刘霞这样的人，中国梦才能更早地实现。

【案例 1-2】谁在职场没委屈，哪份工作不辛苦

在线观看演员孙俪、罗晋主演的电视剧《安家》，了解剧中房似锦、徐文昌、宫蓓蓓三个角色在房产中介公司工作的情况，体会职场人的艰辛。然后，扫描二维码 1-5，阅读与了解电子活页"谁在职场没委屈，哪份工作不辛苦"文档的内容。

【案例启示】

有人说，上班和工作，是两个完全不同的概念。

上班，是被生活所迫，勉强，不情愿，被动去做的事情；而工作，是积极的，有奋斗目标，并能实现自身价值，让你乐在其中的事情。

工作，给我们温饱，让我们实现自我价值，让我们在喜欢的领域遨游，体会别人体会不到的快乐。工作，真的很快乐！

这时候，你曾经遭受的种种委屈都化成了成长的养分，陪伴你一路在职场精进。

没有一份工作没有委屈，也没有一份工作完全令人满意。我们要做的，就是熬过去！

努力工作，一定会有回报，回报或许迟到，但并不会缺席。

你写下的每个字，搬过的每块砖，熬过的每个夜晚，流下的每滴汗水，都会让你功不唐捐。

【案例 1-3】你不理职，职不理你

【案例 1】庄同学毕业于××大学的广告专业，上学的时候，在一家单位实习，因为一个具有独特创意的广告，而获得该单位网络广告大赛的一等奖。毕业后，在一家外资企业的招聘会上，他凭借这张获奖证书成为该企业的员工。他开始上班的第二天，上班签到的时间已过，在 9 点多才赶到公司，慢腾腾地走进办公室，一脸傲气，这让经理感到非常不满。经理问他："你知不知道我们公司的作息时间？"他回答："不就是迟来上班一点吗？只要能创作出好的广告作品就行。""不！"经理斩钉截铁地回答他，"没有铁的工作纪律与好的工作作风，哪来的好作品？"凭着一股子"盛气"和"傲气"，庄同学只干了三天，就被炒了鱿鱼。

【案例 2】一家大型企业正在举行招聘会，其丰厚的待遇吸引了前来应聘的大学毕业生。大学毕业生崔同学、祝同学、苑同学均通过了第一关。主考官端坐在桌子前，正在准备最后

拍板。他出了一道题目，让三位同学回答："用不足三十个字形容你与公司之间的一种关系。"崔同学看了又看，挥笔在纸上写道："公司是一棵大树，我是大树底下的一片荫凉。有道是，大树底下好乘凉。"祝同学是这样写的："公司是太阳，我是地球，地球绕着太阳转。"苑同学想了又想，提笔写道："公司是大海，我是水珠。我只有进到大海里，才能永远不干。"主考官当即拍板，录用了苑同学。

【案例启示】

案例 1 中的庄同学，看起来有点不知天高地厚的感觉，认为自己有才能、有本事，忽略了公司的组织纪律，忘记了职场工作作风，一派懒散不拘小节的样子，让领导无法接受。事实上，不想当自由人，就得进职场，就得约束自己，这也是涉身职场的起码要求，做不到的话，就只能被炒鱿鱼。

案例 2 中的苑同学认为公司与个人是大海和水珠的关系。一颗小水珠，在我们的眼里，实在是太渺小了。但是，有谁想过，波澜壮阔的大海是由无数小水珠构成的呢？要想得到大海的认同，你就得以小水珠的身份出现。一个将自己比作小水珠进到大海里的人，他的心态自然是最低的。

同学们，求职的路上艰险重重，去掉孤傲自大和浮躁心理吧，试试做一颗小水珠的感觉。实际上，就是放低心态。你不理职，职不理你，你若爱职，就得低调。

【各抒己见】

【话题 1-1】如何选好第一份工作

请思考以下问题。

（1）你是否赞成"第一份工作的选择正确与否，对自己未来的职业生涯发展很重要"的观点？

（2）如果没有选好第一份工作，后期想转行，可能遇到哪些困难？成功概率怎样？

（3）你选择第一份工作更看重什么？

（4）选择好第一份工作，应做好哪些准备工作？

【方法指导】

第一份工作很重要，它的重要性体现在以下三个方面。

（1）它可能决定你一生的职业发展方向。例如，你的第一份工作是人力资源管理，那可能后期你的职业发展方向很大概率就是人力资源管理。

（2）第一份工作习得的习惯会影响职业发展。有些人第一份工作做事不够规范，后期就不会有规范的习惯。

（3）后期想转行需要付出巨大代价。

如果没有选好第一份工作，后期想转行，由于没有实际的工作经验，就很困难。例如，你的第一份工作是销售员，你做了一段时间后，觉得销售员不适合你，想转做人力资源管理工作，但很多企业招聘人力资源管理人员都需要有实际的工作经验，所以你很难转成功。就算转行成功，你也只能从零开始，还必须接受低工资。

因此，第一份工作的选择正确与否，对未来的职业生涯发展很重要。

选择第一份工作，有的人说要看重工资，有的人说要看重自己的兴趣，有的人说要看重自己的性格。其实，选择好第一份工作，最重要的是要做到三大了解。

（1）了解社会，知道社会需要什么，社会上有哪些职业。

（2）了解自己，知道自己的兴趣、性格和能力等。

（3）了解自己的价值观，自己想要什么，想成为什么样的人。

只要做好以上三点，那你就可以选择好第一份工作。要找到自己的核心价值观所在，有很多方法，在这里介绍一种方法。你可以在一张纸上写下这个问题："在生活中，什么对我来说是最重要的？"然后，你写下脑中闪过的所有答案。不要在这个阶段做任何判断，不管答案有多么奇怪和好笑。接着，问自己：这个答案对我来说意味着什么？你也许可以写出很多价值观，导致你难以知道什么是重要的、什么是次要的。你可以问自己：在这么多价值观中，哪一个是你可以最先舍弃的？然后，将它们一个个地舍弃，直到最后剩下一个。那么，这个就是你内心深处的价值观。当你了解自己的价值观时，就知道什么职业适合自己。

【话题 1-2】找工作一定要专业对口吗

请扫描二维码 1-6，浏览电子活页中的内容，或者直接打开本书配套的电子文档，认真阅读"找工作一定要专业对口吗"，然后围绕以下话题展开讨论。

（1）找工作一定要专业对口吗？

（2）找工作具体应该看哪些维度？

【话题 1-3】如何为自己的职业发展定向和定位

请扫描二维码 1-7，浏览电子活页中的内容，或者直接打开本书配套的电子文档，认真阅读与了解"如何为自己的职业发展定向和定位"文档的内容，然后思考并回答以下问题。

（1）你是否赞成"规划职业生涯，就是一个为自己职业发展定向和定位的过程"的说法？

（2）你是否赞成"规划职业生涯要先定向再定位"的说法？

（3）你是否赞成"任何职业发展规划都不是一劳永逸的，需要根据检查评估结果进行修正和适当调整"的说法？

（4）你是否赞成"职业生涯目标不能太简单，也不能太大或太空，结合自身特征和社会环境制定适合自身的目标，才会对职业发展有更好的作用"的说法？

【话题 1-4】判断哪种职业更适合自己

根据职业发展五要素，思考以下五个问题，初步判断哪种职业更适合自己。

（1）你喜欢什么工作？对于喜欢的工作，你愿意持续投入精力吗？

（2）你喜欢的工作能让你发挥优势，越干越好吗？

（3）你喜欢的工作，你认为值得干吗？

（4）你喜欢的工作所在的行业未来五年会越来越好吗？你在行业中稀缺吗？

（5）如果当前喜欢的工作对应的工种消失了，你有能力和资源应对变化吗？你为自己抗风险的能力打几分？

当弄清楚这五个问题时，想必你一定会对自己想做的工作、想应聘的岗位有一个清晰的认知，并投身到适合自己的岗位中去。

【方法指导】

在求职过程中，很多人都会产生一种沮丧感，这种沮丧感主要来自相互冲突的欲望：既想 A，又想 B，还想 C。那么，如何判断哪种职业适合自己呢？我们可以从职业发展五要素，即喜欢干、擅长干、值得干、发展趋势和抗风险，进行分析判断。

1. 喜欢干

喜欢干，即爱做什么，是在做事情的时候能沉浸其中，而且不计投入。

2. 擅长干

擅长干，即能力所在。一个人擅长的通常是那些通过自己的能力容易做到、进步很快，或者很容易有耐心坚持到最后的事情。这里的能力包括通用能力（组织能力、管理能力、计划能力、表达能力、思考能力、写作能力等）、专业知识、核心才干（个人相对比较稳定的内在特质）。

3. 值得干

值得干，即一个人内在的价值观，可以是做什么能得到报酬、通过什么得到精神上的满足。每个人的价值观和追求的东西都是不同的。

4. 发展趋势

有些人选择职业，什么热门做什么，但长远来说，走不远；有些人却越做越好。所以，判断一个领域的发展趋势，关键在于你已经掌握这个领域需要的能力，并想清楚自己在这个领域是否稀缺。

5. 抗风险

你要了解在整个职业生涯中自己会遇到哪些风险，如体能下降、能力下降、面临职业天花板、行业不景气、社会趋势的风险等。

【话题 1-5】面对多种选择，你会举棋不定吗

请围绕以下话题展开讨论。

（1）在商场购物或在美食城吃小吃，面对多种选择，你是如何快速做出选择的？

（2）在未来的职场，如果遇到举棋不定的情况，你会怎么办？说出你的想法。

【方法指导】

小郝不喜欢现在的工作，觉得干起来没意思，但也不知道自己喜欢什么。他感觉外面有特别多的机会和可能性，但怕自己选错方向、走弯路。

不知道自己喜欢什么，说明小郝处于职业早期，没有完成探索。小郝不用特别纠结，只要行动就好。不要把时间花费在纠结上，清晰定义自己的问题，然后去找答案。

真正的职业规划其实要花很长时间去找答案。你不喜欢现在的工作，你喜欢的是什么工作？你觉得没意思，没意思的原因是什么？你觉得外面有特别多的机会，你看到的是什么机会？你怕选错方向、走弯路，你觉得什么是弯路？针对这些问题，你要学会自己分析，不要纠结。如果确定自己不喜欢现在的工作，那么搞清楚自己现在的情况是怎样的，往前走一步，比现在情况更好就可以。

你不要觉得自己会走弯路，真正的弯路其实是你没有在每天的工作中增加见识和能力，这样怎么走都是弯路。只要是工作，就能获得一定的价值，如果确实没有价值，那就赶快走，就这么简单。

例如，你走进一家美食城，有 100 多个窗口卖各种各样的小吃，你都没有吃过。这个时候你会怎么办？我想大部分人都会转一圈，选一个不错的试试。如果有"大众点评"之类的信息，那么你还能看看大家是怎么评价的，增加选对的概率。但是，这些都不能保证你一定能吃到最美味的食物，所以其实没有最好的选项，你只能找到看着还不错的，去尝试迭代，然后走向下一个目标。

【话题 1-6】大学生如何择业

罗素说："选择职业是人生大事，因为职业决定了一个人的未来，选择职业就是选择未来的自己。"据调查，现在很多企业的离职率持续走高，人才的流动或流失已经成为我国企业的一种常态。这里面的原因有很多，但"青年人对自己的'职业锚'探索不够"应该是重要的原因之一。

在《选对池塘钓大鱼》这本书里，作者雷恩·吉尔森将"钓鱼"和"生涯规划"进行比较分析。他举了一个例子：你刚刚大学毕业，摆在你面前的有两份工作，一份工资待遇高，但与自己的兴趣并不吻合，另一份工资待遇低，却是自己喜欢的，你应该如何选择呢？大多数人的答案是："我会选择自己喜欢的工作。"但是，一旦面对现实，当收入水平的高低差距超出了我们的心理承受能力时，大多数人会心理失衡。大多数人的真实想法是："先接受那份待遇高，而自己不感兴趣的工作，积累一定的财富后，再去追求自己的兴趣爱好也不迟。"为了一点点的差距，放弃正确的方向是否合适？事实上，低薪酬本身就是对个人心态的一种考验，许多人为了得到高薪的工作，往往习惯性地模糊自己的追求和兴趣，并且强迫自己和他人相信，这就是最佳的选择。

请扫描二维码 1-8，浏览电子活页中的内容，或者直接打开本书配套的电子文档，认真阅读与了解"大学生如何择业"文档的内容，然后思考以下问题。

（1）毕业求职时，如果摆在你面前的有两份工作，一份工资待遇高，但与自己的兴趣并不吻合，另一份工资待遇低，却是自己喜欢的，你会如何选择？

（2）择业从自我剖析与定位开始，你认为应从几个方面进行自我剖析呢？

（3）你是否赞成"没有最好的工作，只有最适合你的工作"这一观点？

（4）怎么理解"修身、齐家与治国缺一不可"这一说法？

【话题 1-7】如何把握"新领"新机遇，适应"新领"职业

请扫描二维码 1-9，浏览电子活页中的内容，或者直接打开本书配套的电子文档，认真阅读与了解"把握'新领'新机遇，适应'新领'职业"文档的内容，然后思考以下问题。

（1）对"新领"职业是否有一定了解，你能说出几个"新领"职业？

（2）今年网约配送员的就业规模达到了多少万人？物联网行业人才需求有多少万人？（可以通过互联网查询）

（3）"新领"职业的人才需求量快速增长，你认为大学专业的开设与课程设置应该如何尽快适应"新领"职业的发展？

（4）"在线学习服务师更像是带着学员修行的老师，是'督学、伴学、成长设计师'这样的角色。一名合格的在线学习服务师不仅能解决学员提出的碎片化问题，还可以主动为学员设计个性化的教学方案。""新领"职业带动在线教育快速发展，出现了"在线学习服务师"这个"新领"职业，对于以上说法你是否赞成？

（5）你是否有在线学习经历，评价一下在线教学的教师，是否为你设计个性化的教学方案，是否为你制订了整体优化的学习计划。

（6）为适应"新领"职业，在知识更新和终身学习方面，你有何看法？

【话题 1-8】自由职业是否大势所趋

如今，我们身边有越来越多的人选择离开职场，成为自由职业者。他们为什么不愿意留在职场，选择更为灵活，但没有基本保障的自由职业呢？

请扫描二维码 1-10，浏览电子活页中的内容，或者直接打开本书配套的电子文档，认真阅读与了解"自由职业是否大势所趋"文档的内容，围绕以下话题展开讨论。

（1）为什么越来越多的人选择离开职场？

（2）为什么说自由职业可能是未来职场的趋势？

（3）如何建立起自己的自由职业？

【训练提升】

【训练 1-1】运用"5W"归零思考法探寻职业目标

"5W"归零思考法是进行职业规划的基本方法，请拿一张小纸片，回答以下五个问题，

有助于你迅速找到思路。

1. 我是谁——"Who am I？"

逐条罗列出自己的优点与缺点，并在自己的性格类型、教育经历、兴趣爱好等方面填写关键词标签，对自己进行客观的综合评估。对自己进行深刻反思，有比较清醒的认识，将自己的优点和缺点都一一列出来。

2. 我想干什么——"What I want to do？"

以时间轴为准，罗列出自己短期、长期想做的事情，了解自己的职业发展趋势并进行可行性评估。针对自己的职业发展，进行心理趋势检查。每个人在不同阶段的目标和兴趣并不完全一致，有时甚至完全对立，但随着年龄和经历的增长而逐渐固定，并最终锁定自己的终生理想。

3. 我能干什么——"What can I do？"

此时，需要对自己进行全面的深入复盘，对自己现在的职业能力与未来的发展潜力进行全面总结，对自己的能力与潜力进行全面总结。一个人的职业定位最终还要归结于自己的能力，而职业发展空间的大小取决于自己的潜力。对于一个人潜力应该从几个方面去认识，如对事物的兴趣、做事的韧力、临事的判断力，以及知识结构是否全面、是否及时更新知识等。

4. 环境允许我干什么——"What can support me？"

抛开主观方面的自己，还得结合客观大环境，包括家庭环境、社会环境等，考虑环境对自己职业发展的影响有多大。

环境支持在客观方面包括本地的各种状态，如经济发展、人事政策、企业制度、职业空间等；在主观方面包括同事关系、领导态度、亲戚关系等；两方面的因素应该综合起来看。人们在做职业选择时常常忽视主观方面的东西，没有将一切有利于自己发展的因素调动起来，从而影响了自己的职业选择。

5. 自己最终的职业目标是什么——"What I can be in the end？"

回答了上面的四个问题，找到可行性最高、最适合自己的职业目标，你就有了自己的职业发展规划。明晰了前面四个问题，你就会从各个问题中找到对实现有关职业目标有利和不利的条件，列出不利条件最少的、自己想做而且能做的职业，那么第五个问题有关"自己最终的职业目标是什么"自然就有了一个清楚明了的框架。

"5W"归零思考法可以通过自我梳理的方式，让你直接进行自我认知。接下来，可以通过四步法将职业规划的工作落到实处。

第一步：了解自己。

职业规划要做到有效可行，必须是在充分且正确地认识自身的条件与相关环境的基础上进行的。对自我与环境的了解越透彻，越能做好职业发展规划。通过对自己以往的经历与经验进行分析，找出自己的专业特长与兴趣点，这是职业发展规划的第一步。

第二步：清楚目标，明确梦想。

制定职业目标只要考虑自己希望在多少年之内达到什么目标，然后进行倒推就可以了。

目标的设定要以自己的最优才能、最佳性格、最大兴趣、最有利环境等信息为依据。

第三步：制订行动方案。

正如一场战役、一场足球比赛都需要确定作战方案一样，有效的职业发展规划需要有确实能够执行的方案，具体的可行性较强的行动方案有助于一步一步走向成功，实现目标。

对职业生涯方向的选择通常需要考虑三个问题：我想往哪个方面发展、我能往哪个方面发展、我可以往哪个方面发展？

第四步：停止空想，开始行动。

行动是所有职业发展规划中最艰难的一个步骤，因为行动就意味着要停止空想，切实开始行动。如果想法不能转换成行动，那么想法终归是想法，目标也只能停留在梦想阶段。

【训练 1-2】了解自己的兴趣、性格和能力

请扫描二维码 1-11，浏览电子活页中的内容，或者直接打开本书配套的电子文档，认真阅读与了解"了解自己的兴趣、性格和能力"文档的内容，然后从三方面认知自我——了解自己的兴趣、了解自己的性格、了解自己的能力。

【训练 1-3】运用 SWOT 分析法分析个人的优势与劣势、机会和面临的威胁

在进行 SWOT 分析前，我们先评估自己的优势与劣势。

（1）找出自己的优势和劣势。

每个人都有不同的特征，而这些特征代表不同的优势与劣势，不同的优势与劣势也代表我们在职场中适合做什么工作。例如，做技术工作的人一般需要较强的逻辑思考能力，需要能够沉得下心来。技术工作不太适合那种性格非常活跃的人。

例如，我的优势在于有一定的销售工作经验、目标明确，有较强的沟通和实践能力，有对销售工作的热情和期待，有冷静沉着的能力……我的劣势是过于急躁，急于表现，管理能力差，动手能力差……

（2）找出自己的职业机会和面临的威胁。

例如，我的机会是销售工作市场机会多，我面临的威胁是同行竞争激烈……

通过个人 SWOT 分析，对自身情况了然于胸，将对应内容填入表 1-1 中。

表 1-1　个人 SWOT 分析

项　　目	问　　题	答　　案
优势	什么是我最优秀的品质	
	我曾经学习了什么	
	我最成功的是什么	
劣势	我的性格有什么弱点	
	我的经验或者经历还有哪些缺陷	
	我最失败的是什么	
机会	什么样的环境是我的机会	
	什么样的行业、职业、组织有机会	
威胁	什么环境是我面临的威胁	
	什么样的行业、职业、组织有威胁	

【训练 1-4】职业定位测试

职业定位测试（职业锚测试）测量的是个人内心深处价值观、能力和动机的整合，帮助个人在面临职业选择时认清"真实的自我"。

职业定位测试就是最佳职业定位，是一个人在长期的职业生涯实践中通过对内部与外部条件、因素的比较，自觉主动选择最有利于自身发展和做出最大贡献的职业定位。职业定位测试主要适用于对自己的职业有所了解的在职员工。

请扫描二维码 1-12，浏览电子活页中的内容，或者直接打开本书配套的电子文档，认真阅读与了解"职业定位测试"文档的内容，然后参考该文档介绍的步骤与方法完成职业定位测试。

【训练 1-5】调研企业招聘信息与获取岗位需求

（1）根据专业人才培养方案了解专业定位，获取本专业的岗位面向。

（2）编制岗位需求调研方案，调研方案主要包括确定调研职位名称、调研城市名称、调研方式、调研内容、调研时间范围等。本活动采取的调研方式为网上调研，主要调研网站为前程无忧网、智联招聘网等知名的专业招聘网站。调研内容主要包括岗位职责和任职要求。

（3）明确团队成员分工，确定每位团队成员负责调研的城市或职位，并确定调研企业的数量，如每位成员获取 50 家企业的岗位需求信息。

（4）请扫描二维码 1-13，浏览电子活页中的内容，或者直接打开本书配套的电子文档，认真阅读与了解"借助'前程无忧'招聘网站调研企业招聘信息与获取岗位需求"文档的内容，然后参考该文档介绍的步骤与方法，搜索与浏览相关企业招聘信息，通过浏览企业招聘信息收集城市名称、企业名称、职位名称、岗位需求、任职要求等数据，并使用 Excel 电子表格逐条记录这些数据。

（5）对各企业的岗位需求、任职要求描述进行合并、调整和优化，得到本专业面向职位的通用岗位职责描述，得到各企业在知识、技能、素养等方面的共性要求。

（6）撰写本专业岗位需求调研报告，重点阐述岗位职责和任职要求，同时预测本专业的人才需求数量与就业情况，对本专业课程开设与能力培养提出建议。

模块 2

做好职业规划与关注职业发展

职业生涯目标规划就是明确自己想成为什么样的人，担当怎样的职业角色。具体讲就是想在职业生涯中达到怎样的职位和职称，成为专家还是事务性工作者。

一个人事业的成败，在很大程度上取决于有无正确的、适当的目标。没有目标就如同驶入大海的孤舟，四野茫茫，没有方向，不知道自己应该走向何方。目标犹如海洋中的灯塔，引导我们避开生活中的险滩暗礁，走向成功。

当一个人在头脑中对自己的职业发展方向有清晰的概念时，他的生命才会有意义和方向，而这也是人生中最珍贵的财富之一。所以说，目标对人生有巨大的导向作用。目标是指引我们获取生活中要想获得的东西的路标。有了目标，生命才有意义；有了目标，生活才充实；有了目标，人生才幸福。

职业发展方向与职业发展目标是不同的概念，职业发展目标是在职业发展方向上确定不同的职业发展阶段达到的发展目标。

【学习领会】

2.1 职场新人：规划比能力更重要

在现实生活中，职场新人，特别是比较有能力的新人对自己看得过重。在短期内得不到自己想要的东西的时候，他们就想到另外的地方去实现自己的目标。而到了另外一个地方，由于有了前面的铺垫，往往对企业的期望就更高了，就想得到更多，而企业在给与取的过程中，是有其内在的习惯和文化的。所以，很多职场新人短期内不能快速实现自己的职业目标，看到身边的朋友、同学、同事都开始"飞黄腾达"，判断短期内等待和努力都不会有机会的时候，便会萌生去意。但是，殊不知，这种选择的本身就是对自己以前选择的抛弃和对自己的不自信。而机会往往在你离去之后出现，因为机会更多的时候是动态的。

很多能力强的职场新人就在这样不断地选择中放弃了自己本应得到的东西。于是，那些坚持下来的人，哪怕本身没有什么大能力，但通过时间的累积与系统的学习，最终成了受益者。所以，职场新人要有规划，并且要利用职业规划对自己的行为进行调整，促使自己少走弯路。当然，作为一种选择，跳槽并非有错，只要坚持方向，保持自信，并呈现规划性，每次跳槽都会成为身价累积的基础。

归根结底，有了规划就是最大的资本。

2.2　职业规划的重要意义

职业规划的作用在于帮助我们树立明确的目标，运用科学的方法，采取可行的措施，发挥个人的专长，开发自己的潜能，不断修正前进的方向，最后获得事业成功。目标之所以有用，是因为它能帮助我们从现在走向未来。有了明确的目标和方向，人们才能去奋斗，并积极创造条件去实现目标，以免漫无目的地随波逐流。

大学生首先要认识到职业规划的重要意义，职业生涯活动将伴随我们的大半生，拥有成功的职业生涯才能实现完美人生。因此，职业规划具有特别重要的意义。

1. 职业规划可以发掘自我潜能，增强个人实力

一份行之有效的职业规划有以下作用。

（1）引导你正确认识自身的个性特质、现有与潜在的资源优势，帮助你重新对自己的价值进行定位并使其持续增值。

（2）引导你对自己的综合优势与劣势进行对比分析。

（3）使你树立明确的职业发展目标与职业理想。

（4）引导你评估个人目标与现实之间的差距。

（5）引导你进行前瞻与实际相结合的职业定位，搜索或发现新的或有潜力的职业机会。

（6）使你学会如何运用科学的方法采取可行的步骤与措施，不断增强你的职业竞争力，实现自己的职业目标与理想。

2. 职业规划可以指导大学生制定恰当的职业目标，增强发展的目的性与计划性，提升成功的机会

职业生涯发展要有计划，有目的，不可盲目地"撞大运"。很多时候，我们的职业生涯受挫就是由于职业规划没有做好。好的职业规划计划是成功的开始。古人认为，凡事"预则立，不预则废"就是这个道理。

当大学生只是强烈地意识到需要为自己制定目标时，这只是最开始的阶段，离最后目标的实现还有相当长的一段路要走。制定一个既适合自己，又满足社会需要，同时能够实现的目标并非一件易事。有时，你会毫无头绪，不知从何下手；有时，你制定的目标太遥远，很难实现；有时，目标太简单，对你几乎起不到促进作用。制定恰当的目标需要对自己有全面的了解，把握外部世界发展的趋势，掌握制定目标的技巧。在这方面，职业规划就可以帮助你更好地了解自己，了解你面对的外部世界。它会传授你基本的原理和思想，并在此基础上教你使用工具，掌握实用技巧。

3. 职业规划可以提升应对竞争的能力

当下，社会处在变革的时代，到处充满激烈的竞争。物竞天择，适者生存。职业活动的竞争非常突出。要想在激烈的竞争中脱颖而出并立于不败之地，就必须设计好自己的职业规划。这样才能做到心中有数，不打无准备之仗。不少应届毕业生不是首先坐下来做好自己的职业规划，而是拿着简历与求职书到处乱跑，总想撞到好运气，找到好工作，结果浪费了大

量的时间、精力与资金，到头来只能感叹招聘单位有眼无珠，不能"慧眼识英雄"，叹息自己英雄无用武之地。这部分大学毕业生没有充分认识到职业规划的意义与重要性，认为找到理想的工作靠的是学识、业绩、耐心、关系、口才等条件，认为职业规划纯属纸上谈兵，耽误时间，还不如多跑几家招聘单位。这是一种错误的理念。实际上，未雨绸缪，磨刀不误砍柴工，先做好职业规划，有了清晰的认识与明确的目标之后再将求职活动付诸实践，这样的效果会好得多，也更经济、更科学。

4. 职业规划可以激励大学生合理安排大学的学业

大学生的学业规划应该以职业为导向，也就是说，你选择什么样的职业，就应该有相应的学业规划。每个人的学业规划不是完全相同的，多多少少会存在一些差异。

5. 职业规划可以合理配置就业市场中的各种人才

大学生盲目就业往往会给本已混乱的人才市场雪上加霜。职业规划把大学应届毕业生引导到人职匹配的良性择业道路上，为人才市场供求两端理顺了秩序，从而为社会发展带来勃勃生机。

6. 职业规划可以提升大学生的职业能力

职业规划教育可以使大学生找到适合自己的就业方向，还能有意识地提高自己的综合素质，锤炼自身的综合能力，进而对相关的社会实践活动不断地尝试，提高自己的社会责任感和受挫能力，最终使自己的综合职业能力得到较大的提升，得到用人单位的认可并顺利进入职场，完美地实现自己的人生价值。

总之，职业规划的目的是要突破障碍、激发潜能、实现自我，它提供了一些有效的方法或工具，可以使大学生在不同发展阶段都能对自己的过去、现在和未来有一个重新审视、评估的机会，并不断调整自己、修订可执行的计划，为自己的每个人生阶段创造最大的成就感和满足感。正如在大海中航行的船只需要目标一样，只有经过规划的职业人生，才有明确的方向和强大的动力。

2.3 职业发展决策的基本过程

2.3.1 收集信息，找出制定职业发展决策的依据

任何决策都必须建立在信息收集的基础上。通过信息收集，我们对决策的目标逐步清晰。同时，信息收集也是优化决策的基础，缺乏充分的信息将难以做出最优决策。因此，信息收集过程不仅是职业发展决策的基础，还是职业发展决策的重要环节。

在决策前，需要收集大量信息，这些信息包括个人信息和外部环境信息。

（1）个人信息即自我个性方面的信息，如气质、性格、职业兴趣、职业价值观、能力等，以及这些个性特征与职业选择的关系。

（2）外部环境信息包括家庭背景、家庭社会资本、家庭心理环境和职业本身生命周期、行业信息、职业本身信息等，以及这些信息与职业选择的关系。

2.3.2　初步筛选，确定备选职业方向

在充分收集信息的基础上，我们需要对众多的职业进行初步筛选，确定几个可能的职业发展方向，以便进行充分评估。

在个性与职业中，我们在对个性特征与职业关系分析的基础上，经过比较和综合，筛去与我们的个性特征不相匹配的职业，初步确定个人职业发展的范围，它包括若干自我职业发展的方向。这些工作为以后的职业发展决策奠定了良好的基础，它使我们可以在有限的范围内进行深入的分析和比较。

2.3.3　分析评估，确定最优职业发展方向

在这个阶段，我们将借助平衡单决策模型，对备选的职业发展方向进行全面、深入的综合分析比较，权衡利弊，综合考虑，最后依据现实条件下的满意原则确定一个最合理的职业发展方向。这个阶段也称为职业选择定位阶段，即选择、确定一个最合理的职业发展方向。

2.3.4　确定职业发展目标与路径

职业发展方向与职业发展目标是不同的概念，职业发展目标是在职业发展方向上确定不同的职业发展阶段达到的发展目标。

职业发展方向就如同一棵树，而职业发展目标则是这棵树上不同的部分。在确定最合理的职业发展方向后，我们还要进行综合分析，进一步确定职业发展不同阶段的目标，即确定职业发展目标，这是我们制订职业生涯规划方案的基础之一。

2.3.5　检验评价，明确职业生涯规划方案的要点

在这个阶段，对已经选出的最优职业发展目标进行检验。经过检验，如果该职业发展方向存在不足，则回到上个阶段重新进行分析评估，直到确定最合理的职业发展方向为止；如果经过检验，确定是最合理的职业发展方向，则需要明确职业生涯规划的要点，即明确职业生涯规划方案的主要内容。

我们可以采用 SWOT 职业决策分析模型，对最合理的职业发展方向进行评估，并根据评估结果进一步确定职业生涯规划方案的主要内容。

2.4　影响个人职业生涯规划的因素有哪些

职业生涯规划对一个人的人生发展有着重要的作用，一个好的职业规划可以帮助职场人实现自己的职业理想与价值，一个合适的职业规划、明确的职业方向可以帮助自己更快地完成目标，成就更好的职业生涯。

影响个人职业生涯规划的因素主要有 5 个方面：个人因素、环境因素、组织因素、社会因素、职业因素。

1. 个人因素

个人因素在人的职业生涯中起着基础作用，决定人的发展方向和前景。影响职业生涯规划的个人因素包括心理、健康、性格、兴趣、体质、性别、年龄、学历、家庭背景、教育、

自我价值观等因素。其中性格、兴趣、自我价值观及教育极为重要。

个性特征、个性倾向和人际倾向等心理因素主要包括性格、气质、能力、兴趣、能力倾向、价值观、态度，以及是否喜欢与人打交道，是否喜欢与人合作等方面的特征。

性格决定一个人走什么样的路和从事什么样的职业，要根据性格特点来规划职业生涯。个人的兴趣在无形中影响着一个人的成长与发展，但兴趣是可以培养的。

除了体格状况特征，体质还包括忍耐力、适应性等方面的内容。不同的体质，有时限制对某些职业的选择或职业流动方式。

由于传统的职业观和社会对男女社会角色的期望的差异，以及生理差异造成的职业限制，尤其女性在家庭中担任的角色等因素，都会在职业生涯的不同阶段对女性的职业生涯规划产生较大的影响。

年龄因素与职业发展有密切的关系。随着年龄的增长，人的社会经验和阅历不断丰富，在家庭中承担的角色也在发生变化，职业选择的目标更为明确，职业生涯规划更现实、更理智。

受教育程度对劳动者的知识结构、职业能力与职业价值观等均产生重要的影响。职业发展深受教育或专业训练的影响，教育上的成功与社会阶层的晋升有明显的关联。

绝大多数人都是在一定的家庭背景中成长起来的，家庭背景明显影响个人的职业生涯规划。

人们在社区中生活，地方习俗、同辈群体及邻里的职业示范等因素均潜移默化地影响着一个人的职业生涯规划。

2. 环境因素

环境对个人的职业有直接或间接的影响，左右人们从事的行业，会改变一个人的人生发展轨迹。环境又有行业环境、地理环境、企业内部环境、家庭环境之分。其中行业环境直接影响企业的发展，进而影响个人的职业生涯发展。认识到环境的重要性，有利于个人选择有发展的行业和职业，有助于个人职业目标更好实现。

3. 组织因素

个人职业生涯是在一系列特定组织中度过的，组织给个人的感受及对职业具体内容的认识，往往影响个人的职业行为和未来的职业发展道路。组织对职业设计的影响因素包括发展空间、工作的硬环境和软环境等方面。

组织提供的职位、职务或者工作的岗位是决定个人在组织中自我设计和工作状态的重要因素。如果组织无法满足个人的发展要求，个人就有可能离开该组织，重新选择，或者继续留在组织中，通过改变和调整原来的期望来适应组织。

在职业生活中，工资、福利等工作回报及工作环境条件等方面的因素直接影响个人对组织的满意度。

对组织成员进行各种培训是个人职业发展的重要手段。在接受培训的过程中，个人可能进一步正确认识和认可自身从事的职业或工作，加深对所在组织的了解，有利于激发个人对自身发展的设计。

职务升迁和变换途径的规定、组织管理风格，以及人与人之间的合作和融洽程度都是人们调整职业角色甚至变换工作的不可忽视的因素。

4．社会因素

社会因素对每个人的职业生涯都有重大的影响。通过对社会大环境进行分析，了解所在国家或地区的经济、法治建设发展方向，寻求各种发展机会。影响职业生涯的社会因素包括社会阶层、经济发展水平、社会文化环境、政治制度和氛围。政治和经济是相互影响的，政治不仅影响一国的经济体制，而且影响企业的组织体制，从而直接影响个人的职业发展。政治制度和氛围还会潜移默化地影响个人的追求，从而对职业生涯产生影响。分析和了解影响职业的社会环境因素，有助于个人制定正确的职业生涯规划，使个人在变化的社会环境中不断取得职业生涯的新发展。

社会对职业生涯规划的影响因素包括职业需求、职业声望、人际交往和人际关系、社会制度和经济发展状况等。

职业需求指一定时期各种不同职业岗位对劳动者的需求量。职业需求可以鼓励和强化劳动者原有的职业倾向，或者抑制和打消劳动者不现实的设想，或者诱导劳动者产生新的职业期望。一般来说，职业需求越多，职业种类越广，就业机会越大，人们越倾向于选择某种职业。

职业声望是在社会习俗、职业传统、社会舆论和当前社会流行的价值观的影响下，对某种职业的社会功能、权利、报酬，以及晋升机遇、工作条件与职业需求等方面因素进行排序的过程。

社会通过特定的人际交往和人际关系影响择业者的态度和行为，甚至形成环境压力，促使或制约个人的职业决策。

就业制度和其他社会制度也对劳动者的职业生涯规划产生鼓励或抑制作用。

社会经济发展状况会影响个人对未来发展的预期，进而影响职业生涯规划。

5．职业因素

一般来讲，影响职业生涯规划的职业因素很多，但主要有四大因素，即职业理想、职业兴趣、职业能力和职业经历。

职业理想是个人职业生涯发展的前提，职业兴趣是个人职业生涯发展的基础，职业能力是实现职业理想的保障，职业经历是个人职业选择的导向。

（1）职业理想。

职业理想是人们在职业上依据社会要求和个人条件，确立的奋斗目标，即个人渴望达到的职业境界。它是人们实现个人生活理想、道德理想和社会理想的方式和途径，并受社会理想的制约。很多大学生还没有明确的职业理想，他们只有一些生活理想和社会理想。职业理想直接影响人们选择具体职业。

（2）职业兴趣。

职业兴趣决定一个人是否喜欢某个职业。理想在客观上确定了一个人要做什么，而兴趣是在主观上确定一个人喜欢什么，不喜欢什么。兴趣是影响人择业最主观的因素，也是判别一个职业是否适合自己的关键因素，所以大学生在择业时一定要充分考虑自己的兴趣。对于职业兴趣倾向，可以通过一定的职业测评方式来认知。职业兴趣往往是人们转换工作的重要影响因素，很多人因为不喜欢自己的工作而跳槽。

（3）职业能力。

职业能力影响的是一个人是否能够做好某个职业。能力包括职业能力和非职业能力。职业能力特指影响一个人做好一份职业，影响一个人在职业上发展的能力，而非指个人的所有能力。职业能力是由具体的职业客观要求的，如果一个人要做好某项工作，就必须具备相应的职业能力（专项职业能力），如团队协作能力、商务写作能力等。大学生在择业时要更多考虑自己具备的通用职业能力，适度兼顾专项职业能力。

（4）职业经历。

一个人做过哪些职业会在一定程度上影响其职业选择。职业经历是大学生了解并体验职业、验证职业选择的一个很好的途径。

职业生涯与人的一生密切联系，是人安身立命之所。职业生涯规划主要受以上五大因素的影响，它们相互关联、相互制约，共同影响人的一生。如果想寻找一个合适的职业生涯规划，就一定要充分考虑这些影响因素。

2.5　SWOT 分析法与大学生职业生涯规划

SWOT 分析法即态势分析法。所谓 SWOT 分析，即基于内部与外部竞争环境和竞争条件下的态势分析，将与研究对象密切相关的各种主要内部优势、劣势和外部机会、威胁等，通过调查列举出来，并依照矩阵形式排列，然后用系统分析思想，把各种因素相互匹配起来加以分析，从中得出相应的结论，而结论通常带有一定的决策性。运用这种方法，可以对研究对象所处的情景进行全面、系统、准确的研究，从而根据研究结果制定相应的发展战略、计划和对策。

SWOT 是英文单词"Strengths"（优势）、"Weaknesses"（劣势）、"Opportunities"（机会）、"Threats"（威胁）的首字母缩写，最早是由哈佛商学院的 K. J. 安德鲁教授于 1971 年在其《公司战略概念》一书中提出的。

按照企业竞争战略的完整概念，战略应是一个企业"能够做的"（即组织的强项和弱项）和"可能做的"（即环境的机会和威胁）之间的有机组合。SWOT 分析在四个维度上进行分析，然后通过矩阵式交叉分析，找出适合自己的基本策略。

因此，SWOT 分析法实际上是一个非常有用的职业决策工具，它能够将人们的优势与劣势和个人的内部条件进行综合概括，便于人们更好地理解自我、认识自我。

1. 优势

对于大学生而言，所谓优势主要分为个人优势和资源优势。所谓个人优势，指纯粹属于个人因素、不随外界因素变化的优势。例如，有些人口才很好，有些人交际能力出众，有些人很容易让人觉得可以信赖，而有些人上大学时读过一些书，形成了某一领域较系统的知识。以上这些都是优势，比较显著。口才好的可以从事需要与人打交道、需要说服别人的工作；在某一领域有系统知识的人，很容易在别人面前形成知识渊博的形象。

有一些优势相对来说属于隐性优势，如对数字很敏感、逻辑能力强、善于搜集情报信息等。如果担心自己看得不够全面，就请同学们帮忙，互相提醒。千万不要以为自己毫无优势，关键在于你是否认真挖掘。

所谓资源优势，主要包括人力资源、财力资源、品牌资源、知识资源等。例如，你认识一些有能力的朋友，你所学的专业刚好市场稀缺。

2．劣势

劣势，即相对于优势而言，欠缺的地方。找出劣势，对于战略规划的意义非常重大，在了解自己能做什么之前，应先了解自己最好不做什么、可能遇到什么麻烦，在懂得做加法之前，应学会做减法，这样可以帮助我们降低挫败的概率。

过度自信和过度自卑都可能影响我们的判断力。首先，不要把"没有优势"直接看作"劣势"，在某方面没有优势说明还不够出众，如果将其妄自菲薄为"劣势"，它就可能真的成为劣势。你可以针对前面所提的一些角度，进一步分析自己的劣势，严格、客观地剖析自己。例如，不善言语、含羞、粗枝大叶、专业冷门或太过热门等。分析劣势的目的不是使自己变得更沮丧，而是使自己了解应该如何避开这些劣势，使自己在职业生涯中变得更聪明。当然，如果你一定要挑战这些劣势，坚信"一切皆有可能"，倒也不是不行，只是困难会多出许多。

3．机会

所谓机会，主要指外界而言，对机会进行分析其实需要很广的视角，在宏观上包括国家的经济形势、产业政策、法律法规、各区域的产业发展态势、行业趋势等，在微观上包括搜集到的来自企业、政府部门、人才市场、学校或学长提供的各类有利的信息。大学生尤其要关注新生的或有高增长预期的职业领域，和自己专业或优势有关的边缘性、复合型职业领域，竞争不激烈，国家通过人才政策扶持的某种职业领域。

4．威胁

所谓威胁，包括市场竞争激烈、人才需求饱和、所学专业领域增长缓慢甚至衰退，出现新的低成本竞争者甚至技术替代者，人才需求方具有过强的谈判优势，出现不利的政策信息，职业门槛提高等；也包括身体健康隐患、家庭不稳定、糟糕的财务状况等自身因素。"威胁"这个词听着总让人有些不舒服，但如果对此有所预防，而别人没有做到，你就确立了一定程度的优势。所以，普遍存在的各类威胁也可能成为参与社会竞争的有力工具。

？【案例探析】

【案例 2-1】爬楼梯与找钥匙

有一对兄弟，家住一座大楼的八十层。有一天，他们外出旅游回家，发现大楼停电了。哥哥对弟弟说："我们爬楼梯上去吧！"于是，他们背着大大的行李包开始爬楼梯。

爬到二十层时，他们开始累了。哥哥说："包太重了，我们把包放在这里，等来电后再来拿吧。"于是，他们放下行李，感觉轻松多了。

他们有说有笑地往上爬。但是，好景不长，到了四十层，两人实在累了，想到只爬了一半，便开始互相埋怨，指责对方不注意大楼的停电公告，才会落得如此下场。

他们一边吵一边爬，终于爬到了六十层。这时，他们累得连吵架的力气都没有了。弟弟对哥哥说："我们不要吵了，爬完吧。"

他们默默地继续爬楼梯，终于到了八十层。他们兴奋地来到家门口，却发现钥匙留在了二十层的包里。

【案例启示】

有人说，这个故事像是反映了人的一生。

20 岁之前，我们活在家长、老师的期望之下，背负着很多的压力，自己也不够成熟，能力不足，因此步履难免不稳。

20 岁之后，失去了众人的压力，丢掉了包袱，我们开始全力以赴地追求自己的梦想，就这样愉快地过了 20 年。

到了 40 岁，我们发现青春已逝，不免产生许多遗憾和追悔……就这样在抱怨中度过了 20 年。

到了 60 岁，我们发现人生已经所剩不多，于是告诉自己不要再抱怨，珍惜剩下的日子，就这样默默地过完了自己的余生。

到了生命的尽头，我们才想起自己好像有什么事情没有完成……是什么呢？是我们的钥匙、我们人生的关键。原来，我们所有的理想和抱负都留在了 20 岁的青春岁月里，还没有来得及完成。

想一想，我们是不是要等到 40 岁或者 60 岁之后才追悔？我们最在意的是什么？我们希望将来的自己和现在的自己有什么不同？我们是不是可以做些什么不让遗憾发生？那么，我们要做什么？

对，我们要做好我们的职业生涯计划。

【案例 2-2】第一份工作决定职场前途

大学毕业后，贺同学在一家大公司找到一份文员的工作，虽然这工作没有多少含金量，工资也不高，但舒适又体面，也不用承受多大压力。

初入职场，有很多东西要学，贺同学也算勤勤恳恳。可是，一年以后，一切都熟悉了，她就觉得工作跟玩似的，无非就是做表格、复印文件、为领导跑腿，无聊又无趣，没有任何上升空间。

贺同学眼看同时入职的新人一个个升职加薪，或者变成部门骨干，自己还是拿着当初的薪酬，还是一个无关紧要的人物。很多次，她想要调岗，去做物流或者销售方面的工作，但一打听，这些工作强度都很大，加班是常态，更别想有时间坐在办公室里聊天了。放弃目前舒适的工作去受罪，贺同学实在不甘心，只能一边羡慕别人，一边内心纠结。

贺同学在文员岗位上一干就是三年，后来部门大换血，新的领导带来了新的文员。她被迫无奈，只得接受人事部门的调岗决定。贺同学有几个岗位可以选择，她选择做计划员。这个工作虽然不如文员轻松，但含金量颇高，很受公司重视，而且工资高出很多。

刚开始，贺同学觉得自己因祸得福，一次人事变动，让自己有了更好的工作。可是，好景不长，她很快就开始叫苦不迭。计划员要了解公司产品，随时前往生产现场，和各个部门协调，还要录入大量的数据，忙得她焦头烂额，别想坐下来聊天休息，连喝口水的时间都没有，就连周末也是电话不断，都是急需处理的棘手问题。

两个月下来，贺同学人瘦了一圈，觉得自己天天都被放在火上烤，觉得很不划算，于是打了辞职报告，重新在另一家公司找了一份文员的工作。虽然她偶尔还会羡慕别人拿高薪，嫉妒别人升职，但再也不敢轻易换工作了。

和贺同学比起来，申同学的运气似乎要差一些，大学毕业后，一直找不到合适的工作，最后不得不在一家小公司做销售员。作为一个没经验、没背景的新人，申同学最初的艰辛可想而知。她每天天不亮就起床，一边吃早餐一边在脑海里演练和客户见面的情景，在公交车上还在翻看客户资料，打电话说到嗓子哑，感冒了还得出差。

如此辛苦，申同学头几个月也没多少业绩，还经常被其他同事抢单。申同学觉得特别委屈，无数次萌生辞职的念头，但转念一想：连个普通的销售员都做不好，还能做什么呢？天底下又哪有轻松挣钱的工作呢？

申同学无路可退，只得咬牙坚持，慢慢地积累了不少客户，也适应了职场上的激烈竞争。她不再觉得苦累，并凭着骄人的业绩做了部门主管。

后来，申同学不想过这种无规律的生活，于是主动申请调岗，到人事部门做小职员。虽然新工作需要从头学习，但尝试过做销售员的艰辛，这点困难根本不算什么，她不仅很快胜任，还一路升到经理的位置。

【案例启示】

老师、家长和职场前辈都不厌其烦地告诉我们，先就业再择业，别挑剔第一份工作，因为它只是一个跳板，等积累了一定的经验，你就可以往高处跳。事实是，如果开始做了舒适的工作，我们就会像贺同学那样，再也不愿尝试艰辛的工作，自然也就失去了往高处跳的机会。与此相反，如果一开始就做烦琐、艰辛的工作，以后的每份工作都可以轻松胜任。

初入职场，对一切都不很了解，但有初生牛犊不怕虎的精神，想方设法做好第一份工作，而这个过程会成为一种惯性。你习惯了舒适，就不想再过艰辛的日子，你习惯了过艰辛的日子，就不怕艰辛了。而所有的好工作都不会很舒适。

所以，我们的第一份工作一定要挑剔，剔掉那些轻松舒适没发展前景的，挑烦琐、艰辛、有挑战的，只有这样的工作才是通往成功的阶梯。

【案例 2-3】专业对口的尴尬

在一次大型招聘会上，毕业于某高校的一位同学向一家汽车公司申请一个机械工程师的岗位。他学的是机械专业，在大学期间各门成绩都不错，曾从事过医药、空调、摩托车等产品的销售、品质主管，换了六七个工作，唯独没有机械方面的工作经历。招聘者看了他的情况后认为，如果他毕业后稳定从事机械方面的工作，就是公司需要的人选，但因为没有这方面的工作经验，公司无法录用他。

【案例启示】

该同学的例子表明很多大学生缺乏长期的职业规划给自己带来的危害。由于没有长远打算，很多大学生职业定位不清晰，随波逐流地换工作，到头来重新定位又要花很大力气，不得不陷入专业对口却很尴尬的境地。

【案例 2-4】马雁 28 年的职业生涯

请扫描二维码 2-1，浏览电子活页中的内容，或者直接打开本书配套的电子文档，认真阅读"工作 28 年，马雁迎来了人生第三次转折"文档的内容，然后探讨以下问题。

（1）文中提到的马雁，其 28 年的职业生涯可以划分为几个阶段，以表格形式列出每个阶段的起止时间、工作单位、工作岗位或职位、主要工作成绩，以及实现的阶段目标。

（2）你认为马雁成功的秘诀是什么？马雁 28 年的职业生涯有几次转折？这些转折是否存在换工作单位、跨专业就业的现象？

【案例提示】

马雁工作 28 年，经历了以下三次人生转折。

1991 年，23 岁的马雁从中国科学技术大学计算机应用专业毕业，被分配到黄山电子有限责任公司工作。

1997 年，她顺利考取"会计师资格证"，成为当时公司里一起报考的财务人员中唯一一个一次性考过的。

2001 年，马雁辞去国有大型企业会计电算化工作。这一年，刚好是她参加工作的第十年。

2004 年，马雁以"外来军"的身份进入美的集团，担任美的集团成本管控经理。

自 2004 年正式加入美的集团，历经 15 载，马雁亲眼见证美的集团的高速发展，更亲自带领团队不断完善美的集团的财务管理体系，以支持美的集团的业务扩张。

2019 年 5 月，马雁正式报名高顿企业内部培训师认证计划（GFTT）学习，成为广州第六期学员。培训结束后，她顺利成为一名职业讲师。

【各抒己见】

【话题 2-1】为什么要提前做好职业规划

请扫描二维码 2-2，浏览电子活页中的内容，或者直接打开本书配套的电子文档，认真阅读与了解"为什么要提前做好职业规划"文档的内容，深入思考提前做好职业规划的必要性和紧迫性，谈一谈大学生应该如何科学、理性地规划自己的职业生涯。

【话题 2-2】职业规划要从入学开始吗

大学生就业教育是高校人才培养的重要组成部分，是一个全程化、系统化的教育过程，新生的就业教育是重要的环节。职业规划应从入学开始，在新生入学就业教育工作方面，你所在院校采取了哪些指导服务措施？请从以下所列的指导服务措施中选择，在"□"中画"√"。

如果还有其他行之有效的指导服务措施，请单独列出。

1. 专业就业形势教育

□在客观分析当前就业形势的基础上，重点加强对新生就业观念的引导，并细化宣讲对象和内容，采取就业指导教师与各学院就业工作骨干相结合共同开展宣讲教育活动的方式，开展行业引领和专业教育，帮助新生尽快熟悉本专业特点和社会对本专业人才的需求，使新生能够准确定位，积极应对。

2. 职业生涯规划教育

□专门组织新生进行职业兴趣、价值观等测试，帮助新生从全新的、系统的角度规划自己的职业生涯。

□单独设立"新生咨询日"，特别针对新生开展面对面咨询。

□通过发动学生导师、专业教师和高年级优秀学生，邀请企业人力资源专家，开展新生和老生交流会、名企见面会、知名校友面对面活动、职业规划名家讲坛等丰富多彩的职业指导教学实践活动，帮助新生尽快掌握大学生职业生涯规划相关知识，尽早明确自身的发展定位。

3. 职业素质培养

□学校通过大学生就业指导课程、系列就业沙龙、"今天如何上大学"等讲座、"赢在职场"就业训练营等形式多样的活动，帮助新生了解所需职业素质，获取职场体验和感受，提前做好就业准备。

4. 调查调研

□通过发放新生就业观念调查问卷，掌握新生对未来就业的需求和期待，提升今后工作的实效性和针对性。

5. 形成长效机制

□除在每年 9—11 月进行集中教育外，学校还将就业教育活动贯穿于整个教学过程，使学生就业教育成为大学生教育管理的有机组成部分，并形成长效机制。

【话题 2-3】职业生涯规划有何意义

有关职业生涯规划的意义，在以下所列的各个选项中哪些选项比较贴切，请在"□"中画"√"；如果你认为还有其他选项，请列在已有选项后面。

□以既有的成就为基础，确立人生的方向，提供奋斗的策略。

□突破生活的格线，塑造清新充实的自我。

□准确评价个人特点和强项。

□评估个人目标和现实的差距。

□准确定位职业方向。

□重新认识自身的价值并使其增值。

□发现新的职业机遇。

□增强职业竞争力。
□将个人、事业与家庭联系起来。
□＿＿＿＿＿＿＿＿＿＿＿＿＿＿＿＿＿＿＿＿＿＿＿＿

【话题 2-4】有效的职业生涯规划有哪些好处

在以下所列的各个选项中，你认为哪些选项是有效的职业生涯规划带来的好处，请在"□"中画"√"；如果你认为还有其他选项，请列在已有选项后面。

□引导你正确认识自己的个性特质、现有与潜在的资源优势，帮助你重新对自己的价值进行定位并使其持续增值。
□引导你对自己的综合优势与劣势进行对比和分析。
□使你树立明确的职业发展目标与职业理想。
□引导你评估个人目标与现实之间的差距。
□引导你进行将前瞻与实际相结合的职业定位，搜索或发现新的或有潜力的职业机会。
□使你学会运用科学的方法，采取可行的步骤与措施，不断增强自己的职业竞争力，实现自己的职业目标与理想。
□＿＿＿＿＿＿＿＿＿＿＿＿＿＿＿＿＿＿＿＿＿＿＿＿

【话题 2-5】大学低年级学生忽略职业生涯规划的主要原因有哪些

在以下所列的各个选项中，你认为哪些选项是大学低年级学生忽略职业生涯规划的主要原因，请在"□"中画"√"；如果你认为还有其他选项，请列在已有选项后面。

□不知道如何去做。
□觉得这样做太麻烦。
□对自己确立的目标和计划没有信心。
□将自己的职业定位或职业目标定得过于长远或不切实际，最后丧失行动的勇气。
□＿＿＿＿＿＿＿＿＿＿＿＿＿＿＿＿＿＿＿＿＿＿＿＿

【话题 2-6】关于职业生涯规划，你是否存在误解

你是否赞成以下观点，请说出你的理由。
（1）在校期间的职业生涯规划不切实际。
（2）对于职业规划来说，计划没有变化快。
（3）面对当前的就业形势，先就业再择业。
（4）一开始没有规划好，后期再规划没有意义。

【方法指导】

"职业生涯规划"一词很早就进入了人们的视野，很多大学也开设了相关课程，如"职业生涯规划"或"大学生就业指导"。尽管是一门必修课，但学生往往没有足够重视。很多学生在

职业规划课堂上看其他书籍，有的干脆不去上课，觉得不是自己的专业课，没有那么重要。

为何即将走向社会，步入工作岗位，急切需要明确职业定位的一群人，对职业生涯规划如此不重视呢？

请扫描二维码 2-3，浏览电子活页中的内容，或者直接打开本书配套的电子文档，认真阅读与了解"大学生、职场人士对职业生涯规划有怎样的误解"文档的内容。

【话题 2-7】从行业、区域、企业、人岗匹配四个方面分析如何确定职业发展方向

请扫描二维码 2-4，浏览电子活页中的内容，或者直接打开本书配套的电子文档，认真阅读与了解"从行业、区域、企业、人岗匹配四个方面分析如何确定职业发展方向"文档的内容，然后思考并回答以下问题。

（1）根据所学专业，你打算选择哪一个行业？

（2）根据就读学校所在城市与家庭所在区域，你更倾向选择哪些区域或城市就业？

（3）求职时，国有企业、集体企业、外资企业、中外合资企业和民营企业，你比较愿意去哪类企业就业？在选择企业时，你更关注哪些主要因素？

（4）你认为"人岗匹配"重要吗？你认为人与岗哪些要素需要匹配？

【话题 2-8】感觉迷茫时，应该做什么来找对自己的方向

请扫描二维码 2-5，浏览电子活页中的内容，或者直接打开本书配套的电子文档，认真阅读与了解"感觉迷茫时，应该做什么来找对自己的方向"文档的内容，围绕以下话题展开讨论。

（1）在成长过程中，你是否有过迷失方法的感觉？你产生迷茫感觉的原因是什么？

（2）根据你的成长经历，谈一谈如何认知自我，走出迷茫，找到人生的方向。

【训练提升】

【训练 2-1】设立职业生涯规划目标

设立职业生涯规划目标能让你勇敢地去梦想，去了解自己。当不知道自己想要什么时，我们如何去要？所以，这个生涯规划的练习，是让我们去了解自己所要的，以及如何去要。建议你找一个时间，静静地坐下来，拿起纸与笔，一步一步来做。也许，你没有一次做完所有的步骤，没有关系，第二天再找一个时间，继续未完的内心历程。建议在一周内完成这个练习。然后，经常拿起来看看，你会慢慢发现自己的眼光开始变得敏锐起来，你能在生活、

工作、人际关系中快速发现有助于自己实现目标的因素。几周内，你的内心会越来越稳定，有方向感。别人会开始注意到你的改变。几个月内，你会发现自己的一些目标在一步一步变成现实。在无形中，你达到了一个令自己与他人惊讶的高度。

步骤1：先开始编织美梦，包括你想拥有的、想做的、想成为的、想体验的。

现在，请坐下来，拿一张纸和一支笔，动手写下你的心愿。在写的时候，不必管那些目标应该用什么方式去实现，就是尽量写。

直到觉得自己没有什么可以写的时候，你可以去回答下面几个问题，这些问题会引导你去了解自己内心深处的渴求。这会花上一些时间，但现在的努力会为下一步的收获打下基础。

（1）在生活中，你认为哪五件事情最有价值？

（2）在生活中，你有哪三个最重要的目标？

（3）假如立刻成为百万富翁，在哪些事情上，你的做法会和今天不一样？

（4）哪些事是你一直想做，但不敢去尝试的？

（5）在生活中，有哪些活动，你觉得最重要？

（6）假如确定自己不会失败（拥有充足的时间、资源、能力等），你会梦想做哪一件事情？

回答完上述问题后，把自己列出的所有目标分成以下六个类型。

（1）健康

（2）修养/知识

（3）爱情/家庭

（4）事业/财富

（5）朋友

（6）社会

步骤2：审视自己所写的目标，预期实现这些目标的时限。

你希望何时实现目标呢？有实现时限的才叫目标，没有实现时限的只能叫梦想。

步骤3：选出在这一年里对你最重要的四个（也可以增加到六个）目标。

从列出的目标里选择你最愿意投入的、最令你雀跃欲试的、最令你满足的四件事，并把它们写下来。现在，明确地、扼要地、肯定地写下你要实现它们的真正理由，告诉自己能实现目标的把握和它们对你的重要性。如果你做事知道如何找出充分的理由，那就无所不能，因为追求目标的动机比目标本身更能激励我们。

步骤4：核对所列的四个目标，是否与以下形成结果的五大规则相符。

（1）用肯定的语气预期结果，说出你希望的，而非不希望的。

（2）结果要尽可能具体，还要明确完成的期限与项目。

（3）事情完成时，你要能知道完成了。

（4）要能抓住主动权，而非任人左右。

（5）是否对社会有利。

步骤 5：列出自己已经拥有的各种重要的资源。

当进行一个计划时，你要知道应该使用哪些工具。列出一张你拥有资源的清单，里面包括自己的个性、朋友、财物、教育背景、时限、能力及其他。这份清单越详尽越好。

步骤 6：当做完这一切时，请回顾过去，有哪些所列的资源你运用得很纯熟？

回顾过去，找出你认为最成功的两三次经验，仔细想想做了什么特别的事，才取得事业、健康、财务、人际关系方面的成功。请记下这个特别的原因。

步骤 7：当做完前面的步骤时，请你写下要实现目标本身需要具备的条件。

【训练 2-2】职业性格测试

在职业心理中，性格影响一个人对职业的适应性，一定的性格适合从事一定的职业；同时，不同的职业对人有不同的性格要求。因此，在考虑或选择职业时，要考虑自己的职业兴趣，还要考虑自己的职业性格特点。

个人在选择职业时，通常最好根据自己的性格特点，选择适合自己的职业和工作。一般来说，外向型性格的人更适合做与外界接触广泛的职业，如管理人员、政治家、律师、记者、推销员等；内向型性格的人比较适合从事有计划的、稳定的、不需要与人过多交往的职业，如科技工作者、技术人员、会计师、统计员、一般办公室文员等；乐观的人适合教师、社会工作者等职业；冷静的人比较适合会计、科研人员等职业；理性的人适合工程师、技师等行业。如果自己的性格和职业需要的性格相反，那么工作的时候会遇到很大的心理冲突，在工作上成功的概率较小。例如，一个比较沉默的人担任销售员。沉默的人往往乐群性比较低，喜欢对事不对人；而销售工作需要应对人与人之间的复杂情绪交流。所以，沉默的人如果负责销售工作，那么在工作的过程中不可避免会有很多心理冲突。所以，在就业前，人们要认识自己的性格。

另外，认识自己的性格有利于反省，提高自己的性格修养，使自己更加适应职位，推动自己与周围人的人际关系。每个人的性格都有积极和消极两个方面，根据木桶原理，一个木桶中水面的高低取决于木桶壁上最低一个窟窿的位置。对人而言，每个人的短处会限制他的发展，所以要扬长补短。例如，有的人在工作中积极热情、乐于助人，好出头露面，但做事持久性不长，常表现得虎头蛇尾。这种人就应该注意锻炼自己的坚持性和持久性；有的人办事热情高、拼劲足、速度快，但有时马马虎虎，甚至遇事就急，性情暴烈，这种人就应该注意培养认真仔细的精神，防止急躁情绪；有的人做事深沉、认真、严谨，但有时优柔寡断，办事拖拉，这种人必须经常提醒自己"今天的事今天完成"，并逐步养成当机立断的性格。

如何知道自己属于哪种性格呢？我们可以通过一些测试来完成。职业性格测试是一种自评测试量表，测试时在一定程度上受被试者主观意识或心理状态的影响。尽管在测试项的设计上已尽量避免这种影响，但不能绝对排除。职业性格测试仅测试被试者的职业性格，对于职业的确定还需要根据被试者的职业能力、职业兴趣及当前社会就业形势等多种因素进行判断和决策。

请扫描二维码 2-6，浏览电子活页中的内容，或者直接打开本书配套的电子文档，认真阅读与了解"职业性格测试"文档的内容，参考该文档介绍的

步骤与方法完成职业性格测试，然后探讨各种性格类型与相关职业的匹配程度。

根据职业性格测试初步判断哪些职业更适合自己，哪些职业不太适合自己。

如果有一个或几个职业在经过职业兴趣、职业能力和职业性格自测后，都被确定为自己最适宜从事的职业，那么这一个或几个职业就是你的求职目标，应该将其作为第一职业选择方向。

想获得更加清晰的求职方向，还可以通过职业兴趣测试获得自己的职业兴趣类型，回答"我喜欢做什么"这一问题，以及"我可以做什么"这一问题。将职业价值观、职业兴趣和专业对口相结合，找到自己最适合的行业和职业。

【训练 2-3】职业生涯规划的"七问"

作为初入职场的新人，你是否在为寻找不到职业目标而困惑？你满腔热血，却常常奋斗无门。你是否心生疑问："职场生活难道真是这样吗？"

回答以下七个问题，找出自己的职业方向。

1. 我是谁

对自己进行深刻的反思，形成比较清醒的认识，将自己的优势和劣势一一列出来。

优势：_____。

不足：_____。

2. 我想干什么

兴趣是人们工作动力的源泉。有的人得到了优厚的薪酬福利和理想的职位，在别人看来是令人羡慕的成功人士，可自己却闷闷不乐，很可能是职业和工作不是自己的兴趣所致。所以，在设计自己的职业生涯的过程中，必须考虑职业方向、目标和路径与自己的兴趣是否吻合。从事与自己的兴趣爱好一致的工作，不仅会加速自己的成功过程，而且能达到"工作并快乐着"的职业人生顺境。

每个人在不同阶段的兴趣和目标并不完全一致，随着年龄和经历的增长而逐渐固定，并最终锁定自己的终身理想。

在下面列出自己想干的工作：

（1）_____。

（2）_____。

（3）_____。

3. 我能干什么

回答"我能干什么"就是对自己的能力与潜力进行全面总结。一个人的职业定位最根本的还要归结于他的能力，职业发展空间的大小取决于他的潜力。对一个人潜力的了解应该从几个方面去着手，如对事的兴趣、做事的韧性、临事的判断力，以及知识结构是否全面、是否及时更新。

你是左撇子，还是右撇子？假如你是左撇子，就要从事左撇子最擅长的工作，而不要设法去提高自己右手的行动能力。每个人最大的成长空间在于其最终的优势领域。你可以把自己已经被证明的能力和自认为还可以开发出来的潜能一一列出来，在进行职业选择时择己所长。

当工作使你感到压抑、不愉快并成绩平平时，你干这些事的能力便是你的弱点。对于集体，需要克服的是"短板定理"；对于个人，不要想着努力补齐短板，而是应该发挥自己的长处。

个人的职业定位最终以自己的能力为基础，而职业发展空间的大小取决于自己的潜力，所以应对自己的能力与潜力有一个全面的总结。

在下面列出自己能干的工作：

（1）_____。

（2）_____。

（3）_____。

4．环境支持或允许我干什么

环境分析是职业生涯规划的重要一环。大到国际环境、国家环境、城市环境、行业环境、经济发展环境等，小到企业环境、人际关系环境、家庭环境等，都是应该充分考虑的。例如，根据你的职业实力，你完全可以在沿海发达地区的知名企业谋得一个很有发展潜力的职位，但要考虑家庭环境是否允许。

环境对职业选择的重要影响包括两个方面：一是客观方面，如经济发展、人事政策、企业制度、岗位需求等；二是人为主观方面，如家庭关系、朋友关系、亲戚关系等。

在下面列出环境支持或允许自己干的工作：

支持：_____。

限制：_____。

5．社会需要什么

社会的需求不断演变，旧的需求不断消失，新的需求不断产生。昨天的抢手货或许今天就会变得无人问津。所以，在进行职业生涯规划时，一定要分析社会需求趋势，将自己的职业方向规划在社会发展的朝阳职业上，而不是选择夕阳职业。

6．我要什么

回答我要什么。你要的是更体面的职位，还是安稳平静的环境？你要的是家庭的天伦之乐，还是无拘无束的生活？这就要倾听来自心灵深处的职业锚的呐喊——你究竟喜欢什么、究竟需要什么、什么才是你最为珍惜和追求的……

7．我的职业目标是什么

明确了前面的 6 个问题，就可以从各个问题中找到对实现有关职业目标有利和不利的条件，列出不利条件最少的、自己想做又能够做的职业目标，第七个问题自然就有了一个清楚明了的答案。最后，将自己的职业生涯规划列出来，建立个人发展计划档案，通过系统学习、培训，实现就业理想目标：选择一个什么样的单位，预测自己在单位内的职务提升步骤，如何从低到高逐级而上。例如，从技术员做起，在此基础上努力熟悉业务领域、提高自己的能力，最终达到成为技术工程师的理想职业生涯目标；预测工作范围的变化情况，不同工作对自己的要求及应对措施；预测可能出现的竞争及应对措施，分析自我提高的可靠途径；在发展过程中出现偏差，如果工作不适应或被解聘，如何改变职业方向。

在下面列出自己的职业目标：

_____。

为了达到职业目标，我的行动计划是：

（1）_____。

（2）_____。

（3）_____。

模块 3

加强就业指导与提升就业能力

对大学生来说，一个完整的就业过程至少包括收集信息、分析自我、确立目标、准备材料、投递材料、参加招聘会、参加笔试、参加面试、签订协议、办理手续、走上岗位等环节。走好就业的每一步，对成功实现自己的职业理想十分重要。

每个人的追求不同、性格不同，适合的工作类型也不一样。大学生在毕业之后能够尽快找到适合自己的工作，才会在毕业之后拥有更多的发展机会。

每一位毕业生都要经历从"学生"到"员工"的人生蜕变过程，在这个蜕变过程中要不断完善自己。每个人的职场之路都不一样，有的顺风顺水，有的崎岖坎坷。是什么原因导致这么大的差别呢？有人说是运气成分，有人说是性格决定命运，都有一定道理。如果能够得到职场专家或者他人相助，那么大学生可以少走不少弯路。

【学习领会】

3.1 大学生就业指导的作用与意义

1. 有效促进大学生就业观念的转变

大学生就业观念的转变是大学生毕业后顺利实现就业的一个基本条件。有效的就业指导能够帮助大学生树立正确的择业观，选择较为适合自己身心特点的职业，使用人单位选择到所需的劳动者。这对国家建设与社会发展、对大学生实现自身价值都具有积极意义。

一些大学生对自己的未来发展缺乏科学规划，这往往成为他们面对就业压力时感到手足无措的一个主要原因。有不少大学生不同程度地认为考上大学后就业应该是学校负责、家长负责，抱着依赖、等待的思想和态度，被动等待学校推荐、单位选聘或依赖家庭社会关系。同时，他们将我国经济所有制中的国有企业、集体企业、独资企业、中外合资企业、个体企业等多种经济主体分为三六九等，把工作岗位分成高低贵贱，一职定终身的观念浓厚，缺乏面向基层和生产第一线就业的意愿，缺乏创业意识，缺乏到社会中去开辟一条属于自己的路的勇气。

"大学生职业生涯规划与就业指导"是一门必修课，对高校提出了高标准、高要求，各高校除在经费、设备等方面重视就业工作外，还必须重视对所有学生的就业教育和引导，所有学生都必须接受就业指导。国家、社会、高校、学生四方重视，从大学生入校到毕业，高校教育全程贯穿就业指导，通过对当前我国经济发展、就业政策和形势的分析，激发大学生关注自身的职业发展，使其意识到确立自身发展目标的重要性。大学生通过加强对职业特性的了解，思考未来理想职业与所学专业的关系，逐步确立长远而稳定的发展目标，增强学习的目的性、积极性。学校通过教学活动的开展，引导学生树立职业生涯发展的自主意识，树立正确的人生观、价值观和就业观，正确处理个人与社会的关系，把个人发展和国家需要、社会发展相结合，把个人自身价值的实现与社会的进步与发展结合在一起，愿意为个人的职业发展和社会发展做出积极的努力。

2. 有效帮助大学生正确认识自己

大学生最终必将走向社会，而职业是人们介入社会的方式，是个体谋生的手段，是个体实现人生价值的平台。大学生只有在社会中寻找到最适合自己的职业，才能发挥自身的潜能，体现出自我价值。而自我认识是找到适合自己的职业，也就是职业决策的首要环节。对很多毕业生而言，与其说是"就业困难"，不如说是"就业迷茫"，不知道自己应该从事什么样的工作、可以从事什么样的工作。一方面，这是由于相当部分大学生在中小学期间的主要精力就是学习，缺乏对自己行为的反思；另一方面，大学生仍然处于生长发育期，尽管生理趋于成熟，但心理尚未成熟，欠缺自我认识，缺少职业定位，找不到适合自己的角色。"大学生职业生涯规划与就业指导"课程教学活动和实践活动，有针对性地引导学生了解兴趣、人格、技能与能力、需要和价值观等概念的内涵；了解技能、能力与职业的关系，兴趣与职业的关系，人格与职业的关系，价值观与职业的关系；正确认识自身的个性特质、兴趣、能力、价值观，清楚自己喜欢的、适合的、能够干的职业和工作，以及现有与潜在的资源优势等；引导学生将自己的优势与劣势进行对比分析，评估自己的现状，评估个人目标与现实之间的差距，分析自己的需要，确定前瞻与实际相结合的职业定位，搜索、发现新的或有潜力的职业机会，形成初步的职业期待。大学生在进入大学后，就要认真审视自己，关注自己的兴趣爱好、气质特长，这样才能有效地促进自己综合素质的发展与能力的提高，有利于缩短职业适应期，很快进入职业角色。

3. 有效提高大学生的就业能力

大学生的就业能力通常被定义为：大学生在校期间通过系统的专业知识，以及相关知识的学习积累、综合素质提升、对自身潜能的开发而获得的能够实现自己就业目标和理想，满足社会需求，在社会生活中实现自我价值的本领，是一种与职业发展相关的综合能力。也就是说，大学生的就业能力包括毕业时求职就业的能力，还包括保持工作与转换工作的能力，是大学生作为社会人长期的职业发展能力。它是由知识、技能、个性、思维、观念、心理等一系列综合素质构成的集合体，其核心为学习能力、专业能力、实践能力、创新能力，是影响大学生就业的关键因素。当前，由于诸多原因，一些大学生不同程度地存在职业目标不明、学习能力不强、专业能力不足、实践能力低下、品格养成欠缺、创业意识淡薄等现象。系统的"大学生职业生涯规划与就业指导"课程，能够使大学生了解职业成功的因素，所需知识、技能及态度的变化；引导大学生树立自信心，学会收集、管理和使用就业信息，做出职业决策并制订个人行动计划。通过结构性安排，该课程让大学生协作共同完成指定任务，以使大学生掌握求职择业的各种技能，即语言表达能力、人际沟通能力、分析判断能力、问题解决能力、创新能力、组织管理能力与客户服务能力等通用技能。该课程注重就业指导教学实践活动的开展，以社会发展与需求为标准，使大学生自觉把满足社会人才需求和培养自身就业能力结合起来，全方位发展自己。

4．有效引导大学生正确择业

一个人的职业在相当大的程度上决定了他对生活方式的选择，决定了其发展与成才及对社会贡献的大小。择业是人生关键性问题之一，直接影响个人的发展和前途，如果处理不好，在人生道路上就会出现波折。因此，职业的选择，是对未来发展成才道路的选择。人的一生，绝大部分精力都用在工作上。如果一个人从事的职业与自己的兴趣相投，与自己的能力相符，就会乐此不疲，不断努力，在职业实践中实现自己的价值；如果一个人对自己从事的职业不感兴趣，工作就不可能安心，更谈不上事业发展和个人成就。针对大学生这一群体的特点和求职择业要求，学校从环境分析到求职技巧，从政策形势到有关法律法规等方面对大学生予以全面系统的指导和帮助，培养大学生的就业意识，帮助大学生树立正确的就业观。

5．有效调适就业心理

大学毕业生走向社会，社会经验不足，对社会缺乏深刻的了解和认识，对自己究竟适合什么工作缺乏客观、科学的分析和判断，以致在众多职业和岗位面前无所适从。高校就业指导可以帮助大学生客观分析主客观条件，理性看待不同工作岗位的利弊得失，在市场竞争日益加剧的环境中把握机会，找到比较满意的工作岗位，以健康的心态走向社会。

3.2　大学生就业指导的主要内容

1．职业选择指导

大学生的择业观指大学生在择业过程中选择某种社会职业的认知、评价、态度、方法和心理倾向的基本观点，反映了大学生的世界观、生活观和就业观。

每个人都渴望有一个好的职业。从总体上看，当前大学生职业选择观的积极因素是主要因素。对大学生进行职业选择指导可以帮助大学生正确理解自己的价值观，明确社会需求，并树立一种服从社会需求的意识，以实现自己的生活价值。它可以帮助大学生认识到个人利益、地位、声誉、职业和奉献精神之间的关系，还可以帮助大学生分析社会和各种职业的状况并找到成才的方法。

2．就业指导方针和政策指导

大学生在就业过程中产生的思想问题常常与其对国家政策缺乏了解有关。因此，在大学生选择工作之前，学校必须全面宣讲国家就业政策，使大学生能够正确认识，使他们理解"双向选择"不等同于"自由职业选择"，大学生、学校和企业之间存在相应的权利、责任和义务。

3．就业信息指导

就业信息指通过各种媒体传播的与就业有关的信息。为了消除或减少大学生在收集信息、处理信息和反馈信息方面的问题，学校有必要指导大学生如何获得就业信息，引导大学生辨别就业信息的来源、渠道和准确性，学会全面、准确地收集信息。就业信息具有很强的及时性，大学生应该学习如何过滤信息，并及时反馈信息。

4. 择业技巧指导

找工作是大学毕业生向社会推销自己的过程。在此过程中，就业技巧非常重要，是成功求职的关键之一。因此，学校必须指导大学毕业生准备求职资料，并介绍求职程序。学校还必须引导大学生掌握必要的公共关系知识，学习自我推荐技巧和掌握对话技巧，从而给企业留下良好的第一印象。

5. 就业心理指导

有调查数据表明，随着竞争日趋激烈，大学生的心理问题近年来呈上升趋势。面对激烈的市场竞争，学校运用心理学原理和方法，指导大学生学会消除心理干扰，克服盲目自信、自卑畏怯、依赖等待、急功近利等心理障碍；帮助大学生做好既有远大理想又要艰苦创业的心理准备，积极面对现实、适应社会；指导大学生避免择业过程中的盲目性、无序性、从众性；指导大学生在择业时不过分看重报酬、地域和行业，不过分注重职业是否符合自己的兴趣爱好，而忽视自己应尽的社会责任。

6. 就业服务个性化管理

学校定期召开尚无就业意向的学生座谈会，逐一与尚未与用人单位签约的学生谈话，引导学生正确定位、把握机遇，解决在应聘中遇到的现实问题，以顺利就业。学校鼓励学生尝试多种就业途径，鼓励学生自主创业、灵活就业。

？【案例探析】

【案例 3-1】扬长避短，顺利就业

应届毕业生龙同学，在大学学习的是会计专业。三年的努力不仅让她掌握了扎实的专业知识，还成功考取了初级会计、计算机二级和国际商贸单证员等证书。英语基本功不错的她除了可以从事会计工作，还可以选择外贸相关工作。在人际关系上，龙同学性格温和，人缘也不错。这些都是她求职的优势，但由于一味追求大中型企业，而且希望一步到位，她的求职经历很不顺。

根据龙同学的实际情况，学校的就业指导老师帮她分析了求职不顺利的原因，并建议她客观、正确地评估自己的能力，明确自己的职业定位。龙同学期望进大中型企业工作，但大中型企业在招聘会计时一般要求求职者至少拥有 2～3 年的工作经验，这对应届毕业生来说是一道难以逾越的门槛。基于此，就业指导老师建议龙同学从小企业入门。一方面，小企业的招聘条件相对较低，这就提高了龙同学求职的成功率；另一方面，小企业的财务人员一般较少，往往身兼多职，在小企业做会计可以接触到公司所有的财务事项，这对提高龙同学的工作能力和业务水平有很大的帮助。另外，在行业选择上，就业指导老师建议龙同学考虑生

产型的制造类企业，因为这类企业对会计的要求比较高，这就促使会计在工作中严格要求自己，对个人成长十分有利。

初入职场，除了要根据自己的实际情况来确定自己的职业，还要有长远的职业规划。在交谈中，就业指导老师发现龙同学求稳心切，希望找到一家不错的企业后一劳永逸。对此，就业指导老师建议她做好长远的职业规划，而不能只看眼前利益。她可以先选择一家与她求职条件相近的小企业作为职业生涯的起点，通过积累工作经验，达到大中型企业的用人标准，为长远发展做铺垫。

龙同学听了就业指导老师的分析，接受了建议，并参加了老师提供的四家基本符合她求职条件的企业面试，最终选择了一家纺织企业的会计工作。该企业规模不大，工作地点在乡镇，正因为如此才没有"求职人员必须有工作经验"的硬性规定。龙同学去该企业上班后，在做会计的同时还兼做一些外贸业务，专业特长得到了发挥。

每到毕业季，大学毕业生纷纷涌入职场。然而，大多数大学生盲目求职、好高骛远，对自己的职业发展也没有什么规划，导致求职屡屡受挫，连遭打击。在此，建议对职业有更高追求的大学生在毕业前做好三项准备工作：一是在校期间就要善于发掘自身优势，并将之发展为职业能力；二是要及时发现自身存在的不足，通过参加校内外举办的各种活动补充能量；三是要有长远的职业规划，切不可等到毕业找工作时才发现自己不知道想做什么工作、可以做什么工作。大学生做好了这三项准备工作，毕业后求职就可以事半功倍。

认真阅读案例内容，探析以下问题。

（1）在本案例中，龙同学有哪些优势和劣势？

（2）在本案例中，龙同学求职不顺利的主要原因有哪些？

（3）就业指导老师主要提供了哪些求职指导，龙同学及时做出了哪些改变，从而顺利就业？

【案例 3-2】陪伴式就业引导，助力大学毕业生成功迈入职场

粟同学是一名计算机专业的大学毕业生，初入社会的他，在各方面的就业压力下，无法面对现实，不愿进入职场。社区职业指导员引导他端正态度，转变观念，最终帮助他成功踏进职场。

一个大学刚毕业，本该朝气蓬勃的男孩子，父母都希望他能够尽早独立，积极踏出迈进社会的第一步。出于这种心情，粟同学的妈妈向社区工作人员进行咨询和求助。在了解具体情况后，社区职业指导员第一时间联系了粟同学本人。在沟通过程中，粟同学表现出了对找工作没有任何想法，以及过于依赖父母、不够成熟的心态。其实，从学生到社会中人，很多人并没有清楚地认识到这里的角色转换，因此也存在类似的问题。

（1）就业意愿不强。当下社会，人们的生活条件越来越好，父母对子女都是百般呵护，子女都是家庭中的焦点，这就使越来越多的初入社会的人过多依赖家庭，不具备独当一面的能力，凡事都靠父母，没有自己的主观思考能力。

（2）就业方向不明确。很多求职者不了解现实的就业环境，对自身的求职条件、求职目标不清晰，再加上长期的依赖心理，失去进取心，只能带着消极的心态在家待业。

针对粟同学的情况，社区职业指导员给出了以下求职思路。

（1）走出家门，接触社会。

社区职业指导员耐心做粟同学的思想工作，邀请他参加就业指导讲座与团队志愿活动，参与社区内的垃圾分类、未成年人辅导、文体活动等多种形式的团队活动，让他多融入集体，从而对自己、对生活产生积极乐观的心态。

（2）明确求职方向，做好职业规划。

大学生都面临激烈的竞争和就业压力，只有不断磨炼自己、提升自己，才会有更好的发展机遇。为了让粟同学勇敢地迈出第一步，社区事务受理服务中心向其提供了青年就业见习的机会，把粟同学安排到中心一边见习一边求职。

在见习期间，粟同学在实践中积累了工作经验，中心领导和职业指导员温暖的鼓舞、耐心的引导逐渐让他找到了自己的职业定位和方向。经过几轮推岗和面试，粟同学最终入职了一家电子企业，成功踏入社会。

勇敢地迈出求职第一步，便能拥抱更美好的明天。在粟同学的案例中，社区事务受理服务中心提供的"陪伴式就业引导"起到了关键作用，用润物细无声的方式帮助大学毕业生积累工作经验、树立正确的择业观，最终收获成功就业的果实。

认真阅读案例内容，探析以下问题。

（1）案例中提到的粟同学在就业方面存在哪些不良心态？

（2）社区职业指导员如何引导粟同学转变观念、成功就业？

（3）粟同学能够成功就业，什么事情起了关键作用？

【案例 3-3】求职新视野：朋辈互助

请扫描二维码 3-1，浏览电子活页中的内容，或者直接打开本书配套的电子文档，认真阅读与了解"求职新视野：朋辈互助"文档的内容，然后思考并回答以下问题。

（1）你是否认同"大学毕业生成立朋辈互助求职团队"这一做法？你所在学院（大学）是否也成立了多个朋辈互助求职团队？

（2）朋辈互助求职团队成员之间是竞争多于合作，还是合作多于竞争？

（3）参考案例中介绍的团队求职各种做法和体会，成立类似的求职互助小组，倡导与推行"合理分工、真诚合作、坦率分享、互相信任、互相帮助、互相关心、共同进步"的理念。

【各抒己见】

【探讨 3-1】应届毕业生在找工作的时候需要注意哪几点

在"□"中画"√"，选出你认为应届毕业生在找工作的时候需要注意的地方。

□准备好一份有亮点的简历。

简历是毕业生求职的必备物品，一份出众的、有亮点的简历能让你快速脱颖而出。

□多关注线上求职平台。

多利用互联网，关注线上求职平台。

□不要错过学校组织的招聘会。

学校在毕业季都会组织招聘会，有很多企业参加，同学们一定要把握机会。

□在面试前充分了解应聘公司，不打没有准备的仗。

面试官提出的问题往往跟自己的公司业务有关，所以应届毕业生在面试前一定要多了解该公司的信息。

□面试的时候保持自信，注意仪态仪表、举止风度。

毕业生在回答面试官问题的时候应该做到口齿清晰，向面试官展现自己的个人魅力和责任感、进取心，并且表现出对工作的热情。

□审慎选择第一份工作。

第一份工作是职场生涯的关键节点，指引着毕业生未来的方向，对毕业生未来的发展有重要的影响。如果毕业生能够在第一份工作中有所收获，那么即使将来跳槽，心态也很好，将来也会有好的发展。

【探讨 3-2】什么样的工作才是"好工作"

在"□"中画"√"，选出你认为的"好工作"。

□可以实现自己的价值，提高自己的能力。

□能够改善自己的生活。让自己和家人生活得更好，是工作的动力和幸福的源泉。

□能够帮助人们塑造健康的"三观"，拥有积极乐观的人生态度。

□有良好的发展空间，能够帮助人们实现自己的梦想，让人们拥有安全感和成就感。

【探讨 3-3】企业不欢迎什么样的大学生

以下列举的三类大学生，在就业时非常不受企业欢迎。所以，你千万不要成为以下三类人之一。自我反思：你当前是否存在不受企业欢迎的思想观念、性格特点或个人素质？你打算如何尽快转变观念、提升素质？

（1）混文凭的大学生。

有些大学生上学期间不好好学习，只顾玩游戏、玩手机，不学习，不钻研，一心想着混张文凭便万事大吉。

（2）专业能力差的大学生。

突出的专业水平、专业技能是大学生应当具备的基本素质，大学生没有扎实的专业基本功是不行的。

（3）过于高估自己的大学生。

自视太高，好高骛远，不求实际，眼高手低，这种大学生肯定没人敢用。大学生对自身的定位要合理，对职业的选择要合理，选择适合自己的职业。

【探讨3-4】最受企业欢迎的大学生特性

请扫描二维码3-2，浏览电子活页中的内容，或者直接打开本书配套的电子文档，认真阅读与了解"最受企业欢迎的大学生特性"文档的内容。该文档列举的是最受企业欢迎的大学生特性，对照一下，哪些特性是你的不足？在培养受企业欢迎的特性方面，你有哪些想法？

【探讨3-5】不要为面试失败寻找理由

请扫描二维码3-3，浏览电子活页中的内容，或者直接打开本书配套的电子文档，认真阅读与了解"面试不通过的常见原因"文档的内容。为了不为面试失败寻找理由，自我反思在时间观念、诚信意识、个人信誉、仪态举止、业务水平、突发情况处理能力、口头表达能力、沟通能力、心理素质等方面是否存在短板。你打算在大学期间如何补齐这些短板，以满足企业需求，提高求职面试成功率？

【探讨3-6】大学生如何提升就业竞争力

当前，大学毕业生的就业已成为社会普遍关注的问题。在竞争异常激烈的形势下，大学生如何提升就业竞争力，找到适合自己的职业起点，成功实现就业呢？

请扫描二维码3-4，浏览电子活页中的内容，或者直接打开本书配套的电子文档，认真阅读与了解"大学生如何提升就业竞争力"文档的内容，结合该文档的观点，谈一谈大学生应从哪些方面提升就业竞争力。

【探讨3-7】如何拥有一份稳定而满意的工作

认真阅读"参考资料"的内容，针对以下四个方面展开讨论，谈一谈如何才能拥有一份稳定而满意的工作。

（1）学会适应和坚持。

（2）要成为无法被取代的人。

（3）拥有别人没有的能力。

（4）保持积极乐观的心态。

【参考资料】

很多大学生在毕业之后都希望找到一份十全十美的稳定工作。但是，实际上可能根本就没有这样的工作，所以大家应该看清自己。

1．学会适应和坚持

任何一个行业都有做得好的人，大学毕业生想找到满意的工作，就要学会坚持。

很多大学生，在毕业之后，总是为找不到满意的工作而苦恼。其实，每一份工作都有好和不好的地方，各位大学毕业生应该学会适应和坚持。

没有人刚刚步入一个行业，就可以拿高薪、受人尊敬，都要脚踏实地一步一个脚印慢慢摸索。所以，各位大学生在毕业工作之后，要对自己有一个清楚的定位，知道自己的优势和劣势分别在什么地方，并且想办法将自己的优势发挥出来，同时将自己的劣势逐渐弥补，这样才能够让自己慢慢成为一个拥有满意工作的人。

2. 拥有别人没有的能力，成为无法被取代的人

大学毕业生要想办法成为无法被取代的人，距离成功就会越来越近。可替代性强的工作一般来说发展空间较小，个人能力也无法得到充分发挥。

自己的能力越强，越不容易被他人替代。大学毕业生要想让自己不容易被取代，就要想办法提升自己的能力。在你的能力变强之后，薪酬待遇和地位就会得到提升，也会拥有更多的机会。所以，各位大学毕业生在获得满意的工作之前，应该努力提升自己的能力。

如果大学毕业生可以做到别人做不到的事情，或者拥有别人没有的能力，那么就会成为最受欢迎的人。所以，各位大学毕业生要想办法让自己变得更有价值，这样才不会总是面临失业的风险。

3. 保持积极乐观的心态

企业就业机会减少，不代表没有就业机会。事实上，还有很多就业平台可以供大学毕业生选择。企业要想发展，必然会吸收新鲜血液，只要大学毕业生具备一定的能力，在哪里都能够得到收获。因此，大学毕业生要积极乐观地对待就业，一步一步，稳扎稳打，力争找到自己想要的工作。

【探讨 3-8】缓解大学毕业生就业难的问题，要从自身做起

认真阅读"参考资料"的内容，针对以下四个观点展开讨论，谈一谈缓解大学毕业生就业难的问题如何从自身做起。
（1）职业无高低贵贱之分。
（2）打铁还需自身硬。
（3）天上不会掉馅饼。
（4）行行可建功，处处能立业，劳动最光荣。

【参考资料】

就业竞争激烈是事实，大学毕业生也应该反思一下自己的就业观念是否出现了偏差。

1. 职业无高低贵贱之分

职业无高低贵贱之分，大学生的就业观念有待提高。除此之外，很多大学生没有意识到自己身上的缺陷和不足，只是一味地抱怨不被用人单位录用，其实是很不应该的。

大学生应该放低身段，摆正心态，找准自己的定位，重要的不是做什么工作，而是要有明确的奋斗方向和努力目标。

2. 打铁还需自身硬

"打铁还需自身硬",这句话值得每个大学毕业生深思,要想得到一份符合预期的工作,首先要让自己的能力和素质足以胜任该工作。

3. 天上不会掉馅饼

任何高薪岗位都不是"天上掉下来的馅饼",需要大学毕业生自己去争取,需要时间的历练。在找工作时,大学毕业生要避免盲目求快的浮躁心态。没有人可以一步登天,应该从最基础的工作做起,当能力达到一定水平时,就一定能获得相应的晋升。

4. 行行可建功,处处能立业,劳动最光荣

大学毕业生一定要明晰就业形势,合理定位,树立"行行可建功,处处能立业,劳动最光荣"的新型就业观和成才观,找到适合自己的位置,找到与自身能力、要求符合的岗位。

【训练提升】

【训练 3-1】做好求职前的准备

请扫描二维码 3-5,浏览电子活页中的内容,或者直接打开本书配套的电子文档,认真阅读与了解"做好求职前的准备"文档的内容,参考该文档介绍的要点和方法,尝试在求职前收集整理有用的信息、准备求职材料、准备服装、准备好咨询的问题。

【训练 3-2】判断一家公司的优劣

通过招聘网站或实地调研,了解一家正在招聘员工的公司,运用"参考资料"介绍的方法判断该公司的优劣,看看这家公司是否适合你去应聘。

【参考资料】

判断一家公司的优劣,可以从 6 个方面来了解它的基本情况。

1. 公司的成立时间

这家公司是有一定年限,已经开拓出了相应的市场,还是刚刚起步,处于不规范和摸索的状态?一般不太建议应届毕业生去初创企业,因为风险太大,不利于后期的职业发展。

2. 公司的经营状况

一家财务状况极其糟糕、管理极其混乱的公司是不可能给你带来什么好的成长体验的。

3．公司的用人机制和晋升制度

通过网络或者向自己的学长、朋友打听，了解一下这家公司的企业文化，是不拘一格发掘人才，还是任人唯亲。

4．公司的培训体系

在面试的时候，可以向面试官询问相关问题——公司是否对员工进行完善的培训，是否最大限度地尊重员工，是否考虑员工的职业发展要求。

5．公司下一步的市场发展方向

可以从网络论坛或者专业行业网站去了解相关信息——公司是固守原有的市场，还是计划进一步拓展市场并有更大的举措，抑或公司很多项目正在撤销，市场正在萎缩。

6．了解你的领导

在面试的最后一个环节，如果你的领导也参与面试，这是你了解他的一个重要途径。你需要了解他的个性特征，你是否能够接受，这将会影响你入职后工作的开展。

除此以外，多从各方渠道了解这家公司首席执行官的价值观，因为企业文化往往受到高层领导的影响。

【训练 3-3】有效提高解决问题的能力

请扫描二维码 3-6，浏览电子活页中的内容，或者直接打开本书配套的电子文档，认真阅读与了解"有效提高解决问题的能力"文档的内容。

（1）列举一个你曾经妥善解决的问题，解决该问题时你是否运用了该文档提到的方法？

（2）找一个近期内你还没有妥善解决的问题，运用该文档提到的方法寻求解决方案。

【训练 3-4】职业指导调查

请扫描二维码 3-7，浏览电子活页中的内容，或者直接打开本书配套的电子文档，完成文档中对应的"职业指导调查"，并将职业指导调查的统计结果作为学校职业指导和职业指导课程教学的参考。

模块 4

正视就业形势与用好就业政策

就业事关人民群众切身利益，事关国家发展大局和社会和谐稳定。近年来，党中央始终把就业工作摆在突出位置，保持了就业稳定和发展大局稳定。

大学毕业生的数量日益增长，大学生就业面临的竞争愈发激烈。政府不断扩大社会市场的就业面，为大学毕业生增加了许多就业机会。然而，面对日益增加的就业人群，大学毕业生依然要面对激烈的市场竞争。在这种形势下，大学毕业生应该有积极乐观的心态，要有敢闯敢拼敢干的决心和信心，要深信有党和国家做强大后盾。

【学习领会】

4.1 政策性就业岗位与就业计划

4.1.1 基层就业

基层就业就是到城乡基层工作。国家近几年出台了一系列优惠政策，鼓励大学毕业生积极参加社会主义新农村建设、城市社区建设和应征入伍。一般来讲，基层既包括广大农村，又包括城市街道和社区；既包括县级以下党政机关、企事业单位，又包括社会团体、非公有制组织和中小企业；既包括单位就业，又包括自主创业、自谋职业。

近年来，中央有关部门主要组织实施了 5 个引导大学毕业生到基层就业的专门项目，包括：团中央、教育部、财政部、人力资源和社会保障部四部门从 2003 年起组织实施的"大学生志愿服务西部计划"；中共中央组织部、人力资源和社会保障部、教育部等八部门从 2006 年开始组织实施的"三支一扶"（支教、支农、支医和扶贫）计划；教育部、财政部、人力资源和社会保障部、中央机构编制委员会办公室四部门从 2006 年开始组织实施的"农村义务教育阶段学校教师特设岗位计划"；中共中央组织部、教育部、财政部、人力资源和社会保障部等部门从 2008 年起组织实施的"选聘高校毕业生到村任职工作"；农业部、人力资源和社会保障部、教育部等部门从 2103 年起组织实施的"农业技术推广服务特设岗位计划"。

4.1.2 基层社会管理和公共服务岗位

基层社会管理和公共服务岗位包括"大学生村官"、支教、支农、支医、乡村扶贫，以及城市社区的法律援助、就业援助、社会保障协理、文化科技服务、养老服务、残疾人居家服务、廉租房配套服务等岗位。

2009 年 4 月，人力资源和社会保障部下发《关于公布第一批基层社会管理和公共服务岗位目录的通知》（人社部函〔2009〕135 号），向社会公布第一批基层社会管理和公共服务岗位目录，以指导各地做好鼓励和引导大学毕业生到基层就业的工作。这批发布的岗位目录共分为基层人力资源和社会保障管理、基层农业服务、基层卫生服务、基层文化科技服务、基层法律服务、基层民政（托老托幼）助残服务、基层市政管理、基层公共环境与设施管理维护及其他 9 大类领域，包括在街道（乡镇）、社区（村）等基层单位从事公共就业服务、社会保障、劳动关系协调、劳动监察、农业、扶贫开发、医疗、卫生、保健、防疫、文化、科技、体育、普法宣传、民事调解、托老、养老、托幼、助残、公共设施设备管理养护等相关事务管理服务工作 50 种岗位。

4.1.3　其他基层社会管理和公共服务岗位

其他基层社会管理和公共服务岗位是在街道社区、乡镇等基层开发或设立的相应的社会管理和公共服务岗位，部分由政府出资，或由相关组织和单位出资，其安排使用的人员按规定享受相关补贴。

4.1.4　公益性岗位

公益性岗位是由政府开发、以满足社区及居民公共利益为目的的管理和服务岗位。对符合条件在公益性岗位安置就业的就业困难人员，按规定给予社会保险补贴和岗位补贴。符合公益性岗位安置条件的就业困难大学毕业生，可按规定享受公益性岗位就业援助政策。

4.1.5　农村义务教育阶段学校教师特设岗位计划

2006 年，《教育部 财政部 人事部 中央编办关于实施农村义务教育阶段学校教师特设岗位计划的通知》（教师〔2006〕2 号）发布，四部门联合启动实施"特岗计划"，公开招聘大学毕业生到"两基"攻坚县农村义务教育阶段学校任教。特岗教师聘期为 3 年。

4.1.6　选聘大学毕业生到村任职

2008 年，中共中央组织部、教育部、财政部、人力资源和社会保障部出台了《关于印发〈关于选聘高校毕业生到村任职工作的意见（试行）〉的通知》（组通字〔2008〕18 号），计划用五年时间选聘 10 万名大学毕业生到农村担任村党支部书记助理、村委会主任助理或团支部书记、副书记等职务。从 2010 年开始，扩大选聘规模，逐步实现"一村一名大学生村官"计划的目标。选聘的大学毕业生在村工作期限一般为 2～3 年。

到村任职的选聘对象为 30 岁以下应届和往届毕业的全日制普通高校专科以上学历的毕业生，重点是应届毕业和毕业 1～2 年的本科生、研究生，原则上为中共党员（含预备党员），非中共党员的优秀团干部、优秀学生干部也可以选聘。

到村任职的选聘对象应满足以下基本条件。

（1）思想政治素质好，作风踏实，吃苦耐劳，组织纪律观念强。

（2）学习成绩良好，具备一定的组织协调能力。

（3）自愿到农村基层工作。

（4）身体健康。

此外，参加人力资源和社会保障部、团中央等部门组织的到农村基层服务的"三支一扶""志愿服务西部计划"等活动期满的大学毕业生，本人自愿且具备选聘条件的，经组织推荐可作为选聘对象。

选聘工作一般通过个人报名、资格审查、组织考察、体检、公示、决定聘用、培训上岗等程序进行。

4.1.7 "三支一扶"计划

"三支一扶"是支教、支医、支农、扶贫的简称。2006 年，《中共中央组织部 人事部 教育部 财政部 农业部 卫生部 国务院扶贫开发领导小组办公室 共青团中央关于组织开展高校毕业生到农村基层从事支教、支农、支医和扶贫工作的通知》（国人部发〔2006〕16 号）发布，以公开招募、自愿报名、组织选拔、统一派遣的方式，从 2006 年开始连续 5 年，每年招募 2 万名大学毕业生，主要安排到乡镇从事支教、支农、支医和扶贫工作，服务期限一般为 2～3 年。招募对象主要为全国普通高校应届毕业生。

2011 年 4 月，人力资源和社会保障部下发《关于继续做好高校毕业生三支一扶计划实施工作的通知》（人社部发〔2011〕27 号），决定继续组织开展大学毕业生"三支一扶"计划，从 2011 年起，每年选拔 2 万名，五年内选拔 10 万名大学毕业生到基层从事"三支一扶"服务。

4.1.8 大学生志愿服务西部计划

大学生志愿服务西部计划由共青团中央牵头，教育部、财政部、人力资源和社会保障部共同组织实施。从 2003 年开始，每年招募 1.8 万名普通高等学校应届毕业生，到西部贫困县的乡镇从事为期 1～3 年的教育、卫生、农技、扶贫，以及青年中心建设和管理等方面的志愿服务工作。

4.1.9 农业技术推广服务特设岗位计划

农业技术推广服务特设岗位计划由农业部牵头，人力资源和社会保障部、教育部与科技部共同组织实施。从 2013 年开始，每年招募一批普通高等学校应届毕业生，到乡镇或区域性农业技术推广机构从事为期 2～3 年的农业技术推广、动植物疫病防控、农产品质量安全服务等工作。

4.1.10 国家鼓励和引导大学毕业生去重要领域就业创业

"一带一路"建设、京津冀协同发展、长江经济带发展等国家重大战略提供了大量的岗位需求。大学毕业生要主动对接人才需求，积极到重点地区、重大工程、重大项目、重要领域去就业。要结合建设科技强国、质量强国、航天强国、网络强国、交通强国、数字中国、智慧社会要求，引导毕业生到高技术产业、战略性新兴产业、先进制造业和现代服务业等领域就业创业。深入挖掘互联网、大数据、人工智能和实体经济深度融合创造的就业机会，在共享经济、现代供应链、人力资本服务等领域拓展就业新空间。

4.2　大学生就业的主要优惠政策与措施

4-1

请扫描二维码 4-1，浏览电子活页中的内容，或者直接打开本书配套的电子文档，认真阅读与了解"大学生就业的主要优惠政策与措施"文档的内容，对以下优惠政策做到人人皆知，就业时充分享受到政策红利。

（1）国家鼓励大学毕业生到基层就业的主要优惠政策。

（2）国家对在基层工作的大学毕业生职业发展的鼓励政策措施。

（3）为鼓励大学毕业生面向基层就业实施的学费补偿和助学贷款代偿政策。

（4）参加中央部门组织实施的基层就业项目，服务期满后享受的优惠政策。

（5）大学毕业生到艰苦边远地区或国家扶贫开发工作重点县就业的优惠政策。

（6）国家对鼓励中小微企业吸纳大学毕业生的政策措施。

（7）国家对引导国有企业吸纳大学毕业生就业的政策措施。

（8）离校未就业大学毕业生可享受的服务和政策。

（9）离校未就业大学毕业生参加就业见习可享受的政策和服务。

（10）见习单位可享受的优惠政策。

4.3　补偿学费和代偿助学贷款的政策规定

4.3.1　国家实施补偿学费和代偿助学贷款的就业地域范围

国家对到中西部地区和艰苦边远地区基层单位就业并满足一定服务期限的中央部门所属大学毕业生，按规定实施相应的学费补偿和助学贷款代偿。

1．西部地区

西藏、内蒙古、广西、重庆、四川、贵州、云南、陕西、甘肃、青海、宁夏、新疆 12 个省（自治区、直辖市）。

2．中部地区

河北、山西、吉林、黑龙江、安徽、江西、河南、湖北、湖南、海南 10 个省。

3．艰苦边远地区

由国务院确定的经济水平、条件较差的一些州、县和少数民族地区（详情可登录中国政府网查询）。

4．基层单位

（1）中西部地区和艰苦边远地区县以下机关、企事业单位，包括乡（镇）政府机关、农村中小学、国有农（牧、林）场、农业技术推广站、畜牧兽医站、乡镇卫生院、计划生育服务站、乡镇文化站、乡镇劳动就业服务站等。

（2）工作现场地处以上地区县以下的气象、地震、地质、水电施工、煤炭、石油、航海、核工业等中央单位艰苦行业生产第一线。

4.3.2　学费补偿和助学贷款代偿的标准和年限

学费补偿、国家助学贷款代偿标准，本科生、专科生每人每年最高不超过 8000 元，研究生每人每年最高不超过 12000 元。

本科、专科（高职）、研究生和第二学士学位毕业生补偿学费或代偿国家助学贷款的年限，分别按照国家规定的相应学制计算。在校学习的时间低于相应学制规定年限的，按照实际学习时间计算补偿学费或代偿助学贷款年限。在校学习时间高于相应学制年限的，按照学制规定年限计算。

4.4　大学生应征入伍服义务兵役的政策规定

请扫描二维码 4-2，浏览电子活页中的内容，或者直接打开本书配套的电子文档，认真阅读与了解"大学生应征入伍服义务兵役的政策规定"文档的内容，回答以下问题，对有关大学生应征入伍服义务兵役的政策规定了如指掌，在应征入伍服义务兵役时能够充分享受这些优惠政策。

（1）国家鼓励大学生应征入伍服义务兵役，这里的"大学生"如何界定？

（2）应征入伍服义务兵役大学生的年龄是如何规定的？

（3）大学毕业生应征入伍服义务兵役享受哪些优惠政策？

（4）大学毕业生应征入伍"四个优先"政策是怎样规定的？

（5）大学生士兵退役后享受哪些就学优惠政策？

（6）高校应届毕业生退役后户籍档案迁移有何优惠政策？

（7）大学生应征入伍服义务兵役，国家给予资助的内容是什么？

（8）高校学生应征入伍享受学费补偿、国家助学贷款代偿及学费减免的标准是什么？

（9）高校学生应征入伍服义务兵役享受学费补偿、国家助学贷款代偿和学费减免的年限如何计算？

4.5　大学毕业生自主创业的政策规定

请扫描二维码 4-3，浏览电子活页中的内容，或者直接打开本书配套的电子文档，认真阅读与了解"大学毕业生自主创业的政策规定"文档的内容，回答以下问题，以保证自主创业能够享受到相应的优惠政策。

（1）大学毕业生自主创业，可以享受哪些优惠政策？

（2）大学生自主创业，对学籍管理有什么要求？

（3）高校对自主创业大学生可以提供什么条件？

4.6　提供就业服务与获取就业信息

4.6.1　为大学毕业生提供就业服务的主要机构

1．公共就业和人才服务机构

由各级人力资源和社会保障部门举办的公共就业和人才服务机构，为大学毕业生免费提供政策咨询、就业信息、职业指导、职业介绍、就业援助、就业与失业登记或求职登记等各项公共服务，按规定为登记失业大学毕业生免费提供人事档案管理等服务。此外，还定期开展面向大学毕业生的公共就业和人才服务专项活动，如每年 5 月"民营企业招聘周"、每年 9 月"大学毕业生就业服务月"、每年 11 月"大学毕业生就业服务周"等，为大学毕业生和用人单位搭建供需对接平台。

2．大学毕业生就业指导机构

目前，各省教育部门、各高校普遍建立了大学毕业生就业指导机构，为毕业生提供就业咨询、用人单位招聘及实习实训信息、求职技巧、职业生涯辅导、毕业生推荐、实习实践能力提升和就业手续办理等多项就业指导和服务。

3．职业中介机构

职业中介机构主要包括从事人力资源服务的经营性机构，政府鼓励各类职业中介机构为大学毕业生提供就业服务，对为登记失业大学毕业生提供服务并符合条件的职业中介机构按规定给予职业介绍补贴。

4.6.2　大学毕业生获取就业信息的主要渠道

大学毕业生可以通过以下渠道获取就业信息。

（1）浏览各类就业信息网站，包括中央有关部门主办的全国性就业信息网站、地方有关部门主办的就业信息网站、各高校就业信息网站及校内论坛求职版面、其他专业性就业网站等。

（2）参加各类招聘和双向选择活动，包括国家有关部门、地方、学校、用人单位等相关机构组织的各类现场或网络招聘活动。

（3）参与校企合作实习，包括社会实践、毕业实习等活动。

（4）查阅媒体广告，如报纸、刊物、电台、电视台、视频媒体等。

（5）他人推荐，如导师、校友、亲友等。

（6）主动到单位求职自荐。

？【案例探析】

【案例 4-1】如何看待当前和今后一个时期的就业形势

当前和今后一个时期，我国就业领域固有矛盾依然存在，新的影响因素还在增加，就业工作在推进中仍有不少短板。

请扫描二维码 4-4，浏览电子活页中的内容，或者直接打开本书配套的电子文档，认真阅读与了解"如何看待当前和今后一个时期的就业形势"文档的内容，分析当前和今后一个时期的就业形势有哪些新特点、新趋势。

4-4

【案例 4-2】促进大学毕业生充分就业的举措

请扫描二维码 4-5，浏览电子活页中的内容，或者直接打开本书配套的电子文档，认真阅读"促进大学毕业生充分就业的举措"文档的内容，了解为促进大学毕业生充分就业，有关部门主要采取了哪些强有力举措，并通过网络等渠道进行调查，收集当下有关部门主要采取的促进充分就业的举措。

4-5

【各抒己见】

【探讨 4-1】目前我国大学毕业生就业面临哪些困难

阅读下面的"参考资料"，其中列举的目前我国大学毕业生面临的就业困难是否真实存在？你认为大学毕业生面临的就业困难还有哪些？

【参考资料】

目前我国大学毕业生就业面临的困难主要有以下几个方面。

（1）大学毕业生的就业机会总体上是不平衡、不充分的。

目前，我国每年城镇新增劳动力供给超过 1500 万人，其中大学毕业生超过一半。同时，我国每年城镇新增就业约 1300 万人。由于我国整体处在动能转换时期，产业结构还不是很先进，新增就业岗位绝大部分并不特别适合大学毕业生，适应大学毕业生特点和成才需要的管理型、智能型、技术型的高质量就业岗位还不是很充分。就业机会不平衡的问题则主要体现在大学毕业生供求在区域、专业、性别要求等方面的不平衡，这些不平衡也导致大学毕业生就业面临一些困难。

（2）就业信息服务不充分。

目前，大学毕业生就业信息的提供方主要包括学校、用人单位、中介机构、人力资源服务机构、公共就业服务部门等。这些平台提供的信息在真实性、有效性和全面性方面存在的问题始终没有解决，这就导致毕业生求职要付出更高的成本。此外，在就业信息方面违法违规的事件也时有发生，对大学毕业生人身财产安全造成侵害。总体来说，就业信息服务不充分的问题还比较突出。

（3）大学毕业生普遍对于自己职业生涯发展的认识不清晰。

目前出现的慢就业、盲目创业、就业高流动性等现象都是大学毕业生职业生涯规划不清晰的表现。

（4）目前就业服务及政策宣传还不够到位。

大学毕业生对于政府支持就业的政策、项目、服务不清楚，影响其更高质量、更充分地就业。

【探讨 4-2】适应新就业形态快速发展，通过新经济实现就业创业

认真阅读"参考资料"的内容，加深对新经济形态、新就业形态的了解，回答以下问题。
（1）新经济形态和新就业形态对大学毕业生就业会带来哪些新变化？
（2）你应该如何迅速适应这种新变化，通过新经济实现就业创业？

【参考资料】

新就业形态指新技术与传统制造业和服务业相融合产生的新的经济形态。新技术推动了生产要素新组合模式，也就是新商业模式的产生，新商业模式又触发了一个新的载体，也就是我们所说的新业态。

可以说，新就业形态是特别适合大学毕业生就业的经济形态。目前，新增就业的70%是新经济形态做出的贡献。在新经济形态下，劳动者可以自主创业、自由择业，就业形式更为灵活。此外，新经济形态以互联网、大数据等新技术为前提，这更适合受过高等教育的大学毕业生。新经济形态的快速发展，实际上为大学毕业生创造了广阔的就业空间。大学毕业生在新技术、新模式、新业态、新产业等方面既可以进行原始创新，又可以进行集成创新，还可以进行追随性创新。新经济形态为大学毕业生提供了无限的可能。

一方面，要加强对大学毕业生的引导，让他们迎接新经济、创造新经济，通过新经济实现就业创业。另一方面，还应该重视新就业形态可能带来的从业者权益保障缺失的问题，制定好适应新经济形态发展的政策法规。

从当前形势看，灵活就业、自由职业比例在提升，特别是随着我国经济结构调整，一些新领域创造了更多新的就业机会。

未来，大学生的就业新空间在哪里？

从政策新空间看，国家发展改革委等13个部门联合发布的《关于支持新业态新模式健康发展　激活消费市场带动扩大就业的意见》（发改高技〔2020〕1157号）提出支持15种新业态、新模式发展，为大学毕业生提供就业空间，如线上服务、个体经济、共享经济等。

从产业新空间看，由于产业转型升级、科技水平提升，大数据、人工智能、物联网等新产业快速发展，人才需求不断增加。据测算，整个大数据产业需要2000万人，而大学毕业生供给远远不够。

从企业新空间看，不同企业情况不一样。在经济转型升级的背景下，一部分企业面临去库存、去产能，吸纳就业人数不多，但也有相当多的领域人才需求非常迫切。例如，2021年，

教育部和中关村、深圳产业园曾共同举行专场招聘会，中关村提供了13万个岗位，深圳提供了14万个岗位，但最终投递简历数量少于岗位数量。

从技能新空间看，目前很多技能领域人才非常缺乏。例如，物联网安装调试员、无人机驾驶员、电子竞技员等新技能人才紧缺，仅物联网安装调试员现在就有500万人的缺口。此外，家政等传统服务业领域也面临人才缺口。

从区域新空间看，长三角、珠三角等经济活跃区域的人力资源供给与当地经济发展需求不匹配。近几年，为了吸引更多人才就业，深圳在全世界征集高等教育优质资源。

从创业新空间看，目前国家鼓励"双创"，年轻人干事创业的政策环境和制度环境十分有利。

【探讨4-3】大学毕业生"找不到工作"与企业"招不到人"的矛盾如何破解

请扫描二维码4-6，浏览电子活页中的内容，或者直接打开本书配套的电子文档，认真阅读与了解"大学毕业生'找不到工作'与企业'招不到人'的矛盾如何破解"文档的内容，然后围绕以下问题进行讨论。

（1）你认为目前就业难产生的原因主要有哪些？

（2）你建议学校和社会三方面采取哪些有效举措破解就业难的问题？

（3）你认为大学生自身在适应就业形势、转变就业观念、提升综合能力等方面应有哪些改变或做法？

【探讨4-4】适应就业环境变化，促进大学生市场化、社会化就业

请扫描二维码4-7，浏览电子活页中的内容，或者直接打开本书配套的电子文档，认真阅读与了解"适应就业环境变化，促进大学生市场化、社会化就业"文档的内容，然后围绕以下话题展开讨论：

（1）你所在高校和当地政府在为大学毕业生提供就业服务方面采取了哪些行之有效的举措？这些举措你是否真正受益了？

（2）在促进大学生市场化、社会化就业，引导他们选择更匹配的职业和单位方面，你认为所在高校和当地政府还可以提供哪些服务、采取哪些举措？

【训练提升】

【训练4-1】梳理国家、地方、高校稳就业、促就业的举措

表4-1为国家、地方、高校稳就业、促就业的举措，列举了2023年党中央、教育部、人力资源和社会保障部的稳就业、促就业举措。请你收集与梳理当下国家、地方、高校稳就业、促就业的举措，将相关举措填入表中对应的单元中。

表 4-1　国家、地方、高校稳就业、促就业的举措

出处或牵头单位	2023 年	年
党的二十大报告	强化就业优先政策，健全就业促进机制，促进高质量充分就业。健全就业公共服务体系，完善重点群体就业支持体系，加强困难群体就业兜底帮扶。统筹城乡就业政策体系，破除妨碍劳动力、人才流动的体制和政策弊端，消除影响平等就业的不合理限制和就业歧视，使人人都有通过勤奋劳动实现自身发展的机会。健全终身职业技能培训制度，推动解决结构性就业矛盾。完善促进创业带动就业的保障制度，支持和规范发展新就业形态。健全劳动法律法规，完善劳动关系协商协调机制，完善劳动者权益保障制度，加强灵活就业和新就业形态劳动者权益保障	
教育部	《教育部关于做好 2023 届全国普通高校毕业生就业创业工作的通知》中指出：高校毕业生是国家宝贵的人才资源，是促进就业的重要群体。为深入学习贯彻党的二十大精神，全面落实党中央、国务院对高校毕业生就业创业工作的决策部署，教育部决定实施"2023 届全国普通高校毕业生就业创业促进行动"，各地各高校要切实增强责任感、使命感，紧密结合实际，创新思路举措，千方百计促进高校毕业生多渠道就业创业，奋力开创高校毕业生就业创业工作新局面。 要求重点做好以下各项工作： （1）更大力度开拓市场化、社会化就业渠道 （2）充分发挥政策性岗位吸纳作用 （3）建设高质量就业指导服务体系 （4）精准开展重点群体就业帮扶 （5）简化优化求职就业手续 （6）完善就业与招生培养联动机制 （7）加强组织领导	
人力资源和社会保障部	《人力资源和社会保障部关于开展 2023 年全国公共就业服务专项活动的通知》中强调：以习近平新时代中国特色社会主义思想为指导，全面贯彻落实党的二十大精神，坚持以人民为中心，强化就业优先政策，扎实做好稳就业各项工作，统筹推进常态化疫情防控与线上线下招聘等就业服务活动，着力打造"10+N"公共就业服务专项活动品牌，为劳动者求职就业和用人单位招聘用工搭建平台，促进劳动力市场供需匹配，推进稳就业工作。 要求重点开展以下各项活动： （1）春风行动暨就业援助月 （2）职引未来——大中城市联合招聘高校毕业生专场活动 （3）民营企业招聘月 （4）百日千万网络招聘专项行动 （5）离校未就业高校毕业生服务攻坚行动 （6）金秋招聘月 （7）职引未来——全国人力资源市场高校毕业生就业服务周 （8）职引未来——中央企业面向西藏青海新疆高校毕业生专场招聘活动	
所在省份		
所在学校		

【训练 4-2】熟知和运用促进高校毕业生高质量就业的措施

表 4-2 为促进高校毕业生高质量就业的有力措施，列举了 2023 年教育部、人力资源和社会保障部促进 2023 届高校毕业生更加充分更高质量就业采取的有力措施。通过网络、报纸等媒体了解当下国家促进高校毕业生高质量就业的有力措施，将相关内容填入表中对应的单元中，并充分运用这些措施力保高质量就业。

表 4-2　促进高校毕业生高质量就业的有力措施

条目名称	2023 年	年
专题会议	2022 年 11 月 15 日，教育部、人力资源和社会保障部在北京召开 2023 届全国普通高校毕业生就业创业工作网络视频会议	
关键数据	2023 届大学毕业生总规模约 1158 万人，同比增加 82 万人，面临的就业形势严峻复杂	
总体要求	各地各高校要深入学习贯彻党的二十大精神，深刻认识做好当前和今后一个时期大学毕业生就业创业工作的重大意义，准确把握 2023 届大学毕业生就业创业工作面临的形势，坚决扛起政治责任，聚焦重点任务，加强组织领导，压实工作责任，全力以赴做好大学毕业生就业创业工作	
有力措施	各地各高校要千方百计促进市场化就业，深入开展高校书记校长访企拓岗促就业专项行动，实施"万企进校园计划"，全面推广使用国家大学生就业服务平台，充分发挥中小企业吸纳就业作用，支持自主创业和灵活就业。 （1）要用足用好各类政策性岗位，配合有关部门优化政策性岗位招录安排，积极拓宽基层就业空间，鼓励更多毕业生报考重点领域和一线岗位，做好大学生征兵工作。 （2）要健全就业指导服务体系，有的放矢开展就业指导，不断强化就业育人实效，引导毕业生从实际出发选择职业和岗位，用好"互联网+就业"新模式，坚决保护毕业生就业权益。 （3）要用心用情帮扶就业困难群体，深入实施宏志助航计划，做好离校未就业毕业生跟踪服务。 （4）要简化优化求职就业手续，落实国务院办公厅有关文件精神，有关部门共同做好稳妥有序取消就业报到证工作，建立毕业去向登记制度，强化就业统计监测。 （5）要深入推进高等教育供给侧改革，强化学科专业布局调整，完善就业与招生培养联动机制。 （6）要落实就业"一把手"责任，注重配齐配强就业工作队伍，密切部门协同配合，加强宣传引导，营造全社会关心支持毕业生就业的良好氛围。 （7）要加力实施就业优先政策，充分调动市场主体、毕业生自身和公共部门积极性，全力稳定和扩大毕业生就业门路。 （8）要健全就业公共服务体系，强化招聘信息服务、能力提升服务、人才流动服务，提高对接匹配效率。 （9）要加强就业兜底帮扶，将困难毕业生情况掌握到位、就业帮扶举措落实到位、相关院校支持到位。 （10）要完善劳动者权益保障制度，严厉打击违法违规行为，切实提高毕业生维权意识，为他们提供公平有序的就业环境	

【训练 4-3】领会教育部关于做好全国普通高校毕业生就业创业工作的通知精神，促进高质量就业

通过网络、报纸等媒体了解当下《教育部关于做好 20××届全国普通高校毕业生就业创业工作的通知》内容，领会通知精神，改变就业观念、用好就业政策、充分发挥自身优势，促进高质量就业。

1. 把握教育部通知的要点

表 4-3 为教育部关于做好全国普通高校毕业生就业创业工作的通知的要点，列举了《教育部关于做好 2023 届全国普通高校毕业生就业创业工作的通知》的要点。通过网络了解当下《教育部关于做好 20××届全国普通高校毕业生就业创业工作的通知》的要点，并将相关内容填入表中对应的单元中。

表 4-3　教育部关于做好全国普通高校毕业生就业创业工作的通知的要点

年　　度	就业创业工作的要点
2023 年	（1）深入开展市场化岗位开拓行动 （2）实施"万企进校园计划" （3）全面推广使用国家大学生就业服务平台 （4）充分发挥中小企业吸纳就业作用 （5）支持自主创业和灵活就业 （6）优化政策性岗位招录安排 （7）积极拓宽基层就业空间 （8）积极配合做好大学生征兵工作 （9）全面加强就业指导 （10）深入推进就业育人 （11）切实维护毕业生就业权益 （12）健全就业帮扶机制 （13）深入实施宏志助航计划 （14）稳妥有序推进取消就业报到证 （15）建立毕业去向登记制度 （16）强化就业统计监测工作 （17）健全完善就业反馈机制 （18）深化就业工作评价改革 （19）压紧压实工作责任 （20）加强就业工作机构和队伍建设 （21）做好就业总结宣传工作
年	

（1）积极拓展政策性岗位。

《教育部关于做好 2023 届全国普通高校毕业生就业创业工作的通知》要求积极拓展政策性岗位，以下政策性岗位中你有意向去哪些岗位就业，在"□"里画"√"。

□公务员

□事业单位的就业岗位

□国有企业的就业岗位

□城乡基层社区各类服务性岗位

□地方性基层就业岗位

□"特岗计划"

□"大学生村官"

□"三支一扶"

□"西部计划"

□基层医疗卫生岗位

□基层养老服务岗位

□基层社会工作岗位

□基层司法辅助

□科研助理岗位

□征兵入伍

（2）严格执行就业工作"四不准"规定。

《教育部关于做好 2023 届全国普通高校毕业生就业创业工作的通知》要求严格执行就业统计监测工作"四不准""三严禁"要求。

"四不准"指以下四个方面。

① 不准以任何方式强迫毕业生签订就业协议和劳动合同。

② 不准将毕业证书、学位证书发放与毕业生签约挂钩。

③ 不准以户口和档案托管为由劝说毕业生签订虚假就业协议。

④ 不准将毕业生顶岗实习、见习证明材料作为就业证明材料。

"三严禁"指以下三个方面。

① 严禁发布含有限定"985 高校""211 高校"等字样的招聘信息。

② 严禁发布违反国家规定的有关性别、户籍、学历等歧视性条款的需求信息。

③ 严禁发布虚假和欺诈等非法就业信息，坚决反对任何形式的就业歧视。

（3）严格落实"四到位"。

《教育部关于做好 2023 届全国普通高校毕业生就业创业工作的通知》要求各地各高校要进一步加强大学毕业生就业工作保障，严格落实"四到位"。"四到位"指以下哪几个方面，请在正确选项的"□"中画"√"。

□就业机构

□人员

□场地

□经费

□制度

2. 了解就业创业的相关机制

表 4-4 为教育部关于做好全国普通高校毕业生就业创业工作的通知要求建立健全的机制，列举了《教育部关于做好 2023 届全国普通高校毕业生就业创业工作的通知》要求建立健全的各种机制，请将当下教育部相关通知中要求建立健全的机制填入表中对应的单元中。

表 4-4　教育部关于做好全国普通高校毕业生就业创业工作的通知要求建立健全的机制

年　　度	就业创业工作的有关机制
2023 年	（1）充分发挥全国普通高校毕业生就业创业指导委员会和行业协会的作用，完善"分行业就指委+分行业协会"促就业工作机制。 （2）各地各高校要建立完善就业与招生、培养联动的有效机制，把大学毕业生就业状况作为高等教育结构调整的重要内容。 （3）探索实施大学毕业生就业工作合格评价，建立部、省两级就业工作合格评价机制，促进高校就业工作制度化、规范化。 （4）各地各高校要把大学毕业生就业摆在突出的、重要的位置，落实就业"一把手"工程，建立健全主要领导亲自部署、分管领导靠前指挥、院系领导落实责任、各部门协同推进、全员参与的协调机制，将就业工作纳入领导班子考核重要内容。 （5）建立完善就业风险防范化解机制，确保安全稳定
年	

3．熟悉就业创业的相关政策

表 4-5 为教育部关于做好全国普通高校毕业生就业创业工作的通知要求落实的政策，列举了《教育部关于做好 2023 届全国普通高校毕业生就业创业工作的通知》要求落实的各项政策，请将当下教育部相关通知中要求完善落实的政策填入表中对应的单元中。

表 4-5　教育部关于做好全国普通高校毕业生就业创业工作的通知要求落实的政策

年　　度	就业创业工作的有关政策
2023 年	（1）各地教育部门要配合本地相关部门落实对中小微企业吸纳大学毕业生的优惠政策，支持开发创造更多适合大学毕业生的就业岗位。 （2）各地教育部门要配合有关部门落实灵活就业社会保障政策，为毕业生从事新形态就业提供支持，推动灵活就业规范化发展，切实维护大学毕业生合法权益。 （3）健全支持激励体系，落实好学费补偿和贷款代偿、考研加分等优惠政策。 （4）各地教育部门要研究制订细化方案和实施办法，落实好退役普通高职（专科）士兵免试参加普通专升本招生、退役大学生士兵专项硕士研究生招生计划等优惠政策
年	

4．了解就业创业的相关制度

表 4-6 为教育部关于做好全国普通高校毕业生就业创业工作的通知要求建立健全的制度，列举了《教育部关于做好 2023 届全国普通高校毕业生就业创业工作的通知》要求建立健全的各项制度，请将当下教育部相关通知中要求建立健全的制度填入表中对应的单元中。

表 4-6　教育部关于做好全国普通高校毕业生就业创业工作的通知要求建立健全的制度

年　　度	就业创业工作的有关制度
2023 年	（1）根据国务院办公厅有关文件要求，从 2023 年起，教育部门建立高校毕业生毕业去向登记制度，作为高校为毕业生办理离校手续的必要环节。 （2）实行大学毕业生就业去向落实率"红黄牌"提示制度
年	

5．运用就业创业的相关平台

表 4-7 为教育部关于做好全国普通高校毕业生就业创业工作的通知要求建立推广的平台，列举了《教育部关于做好 2023 届全国普通高校毕业生就业创业工作的通知》要求建立推广的各个平台，请将当下教育部相关通知中要求建立推广的平台填入表中对应的单元中。

表 4-7　教育部关于做好全国普通高校毕业生就业创业工作的通知要求建立推广的平台

年　　度	就业创业工作的应用平台
2023 年	（1）全面推广使用国家大学生就业服务平台。 （2）为中小企业招聘大学毕业生搭建平台
年	

6．参与就业创业的相关活动

表 4-8 为教育部关于做好全国普通高校毕业生就业创业工作的通知要求组织开展的活动，列举了《教育部关于做好 2023 届全国普通高校毕业生就业创业工作的通知》要求组织开展的各项活动，请将当下教育部相关通知中要求组织开展的各项活动填入表中对应的单元中。

表 4-8　教育部关于做好全国普通高校毕业生就业创业工作的通知要求组织开展的活动

年　　度	就业创业工作的有关活动
2023 年	（1）鼓励高校与对接企业和用人单位开展集中走访，深化多领域校企合作。教育部在全国范围内组织开展"校园招聘月""就业促进周"等岗位开拓和供需对接系列活动。 （2）各地各高校要充分发挥校园招聘主渠道作用，在符合新冠疫情防控要求的前提下，积极举办线下校园招聘活动，确保校园招聘活动有序开展。 （3）高校要创造条件主动邀请用人单位进校招聘，支持院系开展小而精、专而优的小型专场招聘活动。 （4）鼓励地方和高校依托平台联合举办区域性、行业性专场招聘活动。 （5）会同有关部门举办"全国中小企业人才供需对接大会""民企高校携手促就业""全国中小企业网上百日招聘高校毕业生""全国民营企业招聘月"等活动，为中小企业招聘大学毕业生搭建平台。 （6）开展就业育人优秀案例创建活动，选树一批就业典型人物，积极引导大学毕业生到祖国需要的地方建功立业
年	

【训练 4-4】对当前就业形势与就业政策的认知调查

1．调查目的

了解在校大学生对大学生就业形势与就业政策的认知程度和真实看法，有利于更好地了解当下大学生的就业形势。

2．调查对象与手段

（1）调查对象：本校今年毕业生
（2）调查时间：　　　年　　　月　　　日至　　　月　　　日

3．调查主题

（1）大学生对当下就业形势的认知程度。
（2）根据当下的就业形势确定择业方向。
（3）政府的就业政策。
（4）在校期间的表现对就业的影响。

4．调查内容

请扫描二维码 4-8，浏览电子活页中的内容，或者直接打开本书配套的电子文档，认真阅读与了解"对当前就业形势与就业政策的认知调查题"文档的内容，然后客观完成该文档指定的调查内容。

5．调查结果

（1）大学生普遍认为就业形势严峻，担心就业。

调查发现，（　　）%的大学生对当下就业形势有一定的了解。其中认为当下就业形势十分严峻的大学生高达（　　）%。另外，大学生普遍关注就业信息，且出现对就业过于忧虑的现象。大学生从第一学年就开始关注就业信息的比例为（　　）%，从第二学年开始关注就业信息的比例为（　　）%，有（　　）%的学生在第三学年时才对就业信息进行关注。

（2）大学生对就业的期望值过高。

从调查中发现，大学生普遍对就业城市期望较高。在调查人群中，希望到发达的大城市工作的人占（　　）%，愿意到中部城市工作的人只有（　　）%，愿意到西部工作的人只有（　　）%。而且，他们对就业的收入期望也较高。对于到小城镇工作，大部分大学生不愿意，只把其作为候补选择。

模块 5

转变就业观念与调适就业心态

随着我国大学毕业生就业制度的改革和高等教育规模的迅速扩大，大学毕业生的数量迅速增加，就业难的问题日益突出。毕业生人数与就业岗位相比，供大于求，待就业人数与社会有效需求短期内增幅有限的供需矛盾日益突出，而就业结构性矛盾依然存在——这些新形势、新情况对面临就业的大学生来讲，既增加了难度，又增加了择业过程中的心理负担。培养大学生良好的心理素质，认真研究并指导他们在择业过程中避免与跨越心理误区，对于积极做好大学毕业生就业工作具有重大意义。

近年来，大学生就业难问题一度成为社会关注的热点问题。大学生就业受到多方面因素的影响，社会、用人单位、高校及大学生本身都是其中的因素。大学毕业生应该增加对当前就业形势的了解，转变就业观念，调整就业心态，培养自身素质，提高就业竞争能力并以低姿态进入就业市场。

又是一批莘莘学子离开校园、走向社会中不同工作岗位的日子。怀着激动与好奇走出象牙塔的同学们，对社会充满希望和梦想。但是，学校与社会毕竟是两个不同的环境，在生活、学习、工作及人际交往方面有很大的差异，刚刚踏入社会的大学毕业生一时难以适应。良好的心理状态是毕业生投入工作的前提，所以做好大学毕业生的心理适应与调节工作，对他们今后的成长和发展至关重要。

【学习领会】

5.1 就业观

就业观指个人在选择某一职业时的观念、态度、认识及心态，是个人对就业的一种反应性倾向，是由认知、情感和行为倾向三个因素组成的。

就业观念指求职个体对就业方向和职业选择的基本观点和判断，是求职个体在一定的世界观、人生观和价值观的指导下，对自己未来从事职业和发展目标的基本认识和态度。大学生的就业观念在一定意义上是其世界观、人生观和价值观的反映。

就业观念是大学生选择职业的前提，是他们对职业的基本评价和看法，也是其世界观、人生观和价值观在就业问题上的反映。由于政治、经济、文化教育和社会因素的影响，不同大学生的就业观念是不相同的，择业标准也是多样化的。有的人把事业放在第一位，有的人把地区放在第一位；有的人把薪酬放在第一位，有的人则把升学放在第一位。

5.2　就业心理与择业认知心理

就业心理指人们在考虑就业问题，为获得职业做准备及在就业过程中产生的各种心理现象。

择业认知心理指大学毕业生在择业过程中对自己、对职业及其周围社会环境等的认识、了解和在择业中对事物的推理与判断。

5.3　大学生就业时常见的不良心理状态

在没有经过社会洗礼之前，许多学生的自我认知并不准确：有的产生自负心理，主要表现为择业期望值很高，不愿承担艰苦的工作，不愿到经济欠发达地区和基层去工作，往往给用人单位留下"眼高手低、浮躁虚夸"的不良印象；有的产生自卑心理，主要表现为对自身的素质和就业竞争能力评价过低，不敢主动向用人单位推销自己，不敢主动参与就业竞争，陷入不战自败的困境之中。同时，大学生对外围环境认知模糊，对环境估计不足，会出现坐等心理，容易失去机会。如果大学生思想不切实际，只注重经济和区域，讲究金钱第一、环境条件第一，不愿到待遇差、条件差的地方，就容易出现"高不成低不就"的状况。具有理想化趋向的大学生在就业过程中容易出现决策犹豫心理，从而错过一些良好的就业机会。

就业本身就是认识和适应社会的一个过程，在求职过程中遇到困难是正常的；在就业中遇到许多心理冲突、困惑，产生一些不良情绪也是正常的。大学生要学会调节自己的心态，能从容、冷静地面对这一人生重大课题。求职的大学毕业生在就业前应该充分了解自己，分析自己的优势、劣势，不要刻意寻找好的工作，而是选择适合自己的工作。生活充满变化与挑战，沉着应对挑战的积极途径就是维持健康的精神态度。大学毕业生在求职时最好放平心态，不要苛求，要以积极的心态去面对。

5.4　心理调适

心理调适指改变或扩大原有的认知结构，以适应新情境的历程。大学毕业生在择业过程中，不可避免地会遇到困难、挫折和冲突，引发各种心理问题，既不利于个人身心健康，又不利于求职就业。心理调适的作用就在于帮助大学生在遇到挫折和冲突时，能够客观地分析自我与现实，有效地排除心理困扰，控制和调节自己的情绪，从而保持稳定而积极的心态，维护自己的身心健康，做到人尽其才，各得其所。

所谓自我心理调适，就是根据自身发展及环境的需要对自己的心理进行控制调节，从而最大限度地发挥个人潜力，维持心理平衡，消除心理困扰。大学生学会自我心理调适，能够帮助自己在择业遇到困难、挫折和心理冲突时，进行自我调节与控制，化解困境，排除困扰，改善心境，寻找最佳途径实现自己的择业理想和目标，不至于因受挫而使情绪一落千丈或丧失信心。因此，大学生要充分认识心理调适的积极作用，提高自我调适的自觉性，增强承受挫折、化解冲突和矛盾的能力，及时调整自己的心理状态，促使心理健康，顺利择业。

就业市场化、自主择业给大学生带来了机遇，但许多大学生对"市场"残酷的一面认识不足，对就业市场的客观情况了解不够。通过对就业市场、就业形势的客观了解与深刻体验，我们必须明白，与其成天怨天尤人，浪费时间、影响自己的心情，不如勇敢面对现实，彻底放弃不切实际的幻想，脚踏实地去解决问题。

？【案例探析】

【案例 5-1】脚踏实地，成功就在你身边

林同学，男，曾任学院某班班长，在毕业前夕成功考取山东省选调到村任职的优秀大学毕业生（简称"选调生"）。

听说林同学考取选调生，同学们都很吃惊。同学甲说："他平时那么老实，除了干活比别人多，没看出哪里比别人强啊？"同学乙说："那么多看起来特别强的同学都没考上，他怎么就能这么顺利考上呢？"

确实，在很多老师眼里，林同学远远不像很多学生干部一样能说会道，表现非常突出，甚至有点木讷。大学二年级时，林同学所在班级的班长因个人原因辞职，林同学成功当选。当时，很多人对他表示怀疑。但是，经过两年的锻炼，林同学在各方面得到很大的提高，而且他所在的班级，本来是本专业最乱的班级，在他的带领下逐渐团结一致，无论是升学还是就业，都取得了很好的成绩。总结起来，正是这份"傻劲"让林同学赢得了同学们的信任，也正是这份"傻劲"让他从点滴中学到很多，取得最后的胜利。

分析案例并回答以下问题。

（1）林同学能够成功考取选调生，其成功秘诀是什么？

（2）林同学的做法给了你哪些启示？

【案例 5-2】调整心态，笑对就业

不少刚毕业的大学生自视甚高，心态浮躁，刚踏进工作单位就计划跳槽；结果跳来跳去，才发现还是原来的工作单位好。这个时候需要心理平衡，抱有平常心，不要一窝蜂去扎堆，要选择与自己匹配的职位。

找工作就是人岗匹配，找到适合自己的工作，不能高攀，也不能低就，否则会导致心态不好，引发跳槽。职业规划就是找到这个最佳匹配点和未来各阶段的发展平台。具有一定专业知识背景，具备专业特长，思路开阔，善于与人合作的大学生，是受企业欢迎的类型。从上班第一天开始，就要锻炼自己各方面的能力，取长补短。要保持谦虚的心态，要虚心、耐心、热心、诚心，这是职场新人必须具备的素质。具有扎实的工作作风和敬业精神，企业就会欣赏你，你的心态就会变得豁达开朗。

【案例 1】大学毕业生李同学来自云南罗平，毕业好久还未落实工作单位。在一次毕业生供需见面协调会上，就业指导老师将他的应聘材料推荐给多家招聘企业。刚好罗平有一家制药厂要他，专业对口，工作地点又在家乡，而他本人的择业意向是：工作地点必须在昆明，至于昆明的什么单位、具体做什么工作都无关紧要。除此以外，他对什么单位都不考虑。在

这种心态下，结果自然难以如愿。

李同学的就业观念在当前大学毕业生的择业过程中具有一定的代表性。不少大学毕业生期望过高，过于向往经济发达地区，尤其沿海地区的中心城市，最低的期望也是回家乡所在地的中心城市。他们只注重大城市经济文化发达、工作环境优越的一面，而忽视大城市人才相对过剩的一面。大学生择业期望值居高不下，甚至还有逐年上升的趋势，从而导致主观愿望与现实需求的巨大落差。

【案例2】崔同学是学计算机专业的，毕业后到一家计算机公司任职。过了三个月，他感到公司销售业务量大、技术工作量小，学不到东西，于是跳槽到一家软件公司，以为这下有了学习机会，结果工作内容与自己原来学的关联不大，非常吃力，工作质量和进度都不能满足要求。公司负责人很不满意地说："这是公司，不是培训班。"于是，崔同学被公司解雇了。过了两个月，崔同学才找到一家弱电公司。新公司业务很丰富，包括电子、通信、计算机，崔同学和几位同事负责局域网安装。在工作中，崔同学看不惯的事不少，特别是单调重复的工作、紧张疲惫的加班和沉闷压抑的气氛，让他又有了想离开的念头。

分析以上两个案例并回答以下问题。

（1）李同学择业心态如何，其就业观念是否正确？

（2）导致崔同学工作不稳定、频繁换岗的原因有哪些？大学生择业时应注意哪些事项？

【案例 5-3】跨专业也能成功求职

在应聘过程中，很多应届毕业生一看到和自己专业不对口的工作，往往扭头就走，但如果你非常喜欢并自认为适合这份工作，就应该勇敢去应聘。专业不对口的张同学在面试的时候就采取了先入为主的策略：不先亮出自己的简历，以避免考官先发制人说"抱歉"。在与考官对话的过程中，他充分展示了自己在市场营销方面的才能，让考官相信自己具备胜任这个工作岗位的能力。

在观念开放、人才流动频繁的现代社会，跨行求职已不是什么新鲜事，就业压力迫使越来越多的大学生选择跨专业求职，从事与自己所学专业不相关的工作。

一些刚走出校门的大学生，认为求职就是求人，因而在求职面试时总是说一些恭维话，以引起对方的好感。这也不失为一种应对方式，但一味说好话往往并不能打动考官。如下面案例中黄同学那样指出公司产品面临的问题，并提出切实可行的改进意见，令对方口服心服，往往可以达到成功求职的目的。有主见与个性在求职应聘时也是一种风采。

【案例1】张同学是财会专业的毕业生，在一场大型招聘会上相中了国内一家著名汽车代理公司提供的职位——营销员，但对方要求求职者是市场营销专业的毕业生。张同学还是决定试试，他问招聘人员为何只招聘市场营销专业的毕业生。招聘人员告诉他，公司要扩大业务，需要有市场开拓能力的学生。听完介绍后，张同学随即表示自己具备市场开拓能力，并列举了自己曾在某电动车厂实习时，参与开拓市场并取得不俗成绩的经历。听了张同学的自我介绍和具有专业水准的表述，招聘人员对他的"专业素养"很满意。三天后，张同学顺利通过面试，得到了这个理想的职位。

【案例2】黄同学是某大学中文系女生，人长得漂亮，对化妆品很有研究。大学毕业后，她想从事化妆品研发工作。由于专业不对口，几次应聘都被招聘企业拒绝。但是，她没有气馁，而是及时改变求职策略。她用了一个月的时间，到市场上详细调查了某化妆品公司的产品，采访了一些职场人士及爱好美容的女士，找出该公司产品的一些缺点，并向一位化工企业专家请教。

随后，她发挥自己的中文优势，整理出一份详细的报告书，直接找到自己想应聘的那家化妆品公司。该公司总经理看到报告书后，被黄同学对工作的热爱与执着感动，遂破格录用了她。

分析以上两个案例并回答以下问题。

（1）张同学能够成功跨行就业，其成功的秘诀是什么？他在面试时采用了什么策略，得到招聘人员的认可？

（2）黄同学能够成功跨行就业，其成功的秘诀是什么？她采用的是什么策略？

【案例 5-4】适合你的才是最好的

杨同学和赵同学在大学时是睡上下铺的好友。毕业时，杨同学认为，个人要想发展，就应当进大公司去寻找广阔的发展空间，因为大公司名气大，管理规范，发展机会很多。所以，他立志到大公司去实现自己的梦想，并且通过努力如愿以偿进了一家大公司。

赵同学认为，人在哪里工作并不重要，重要的是能够施展自己的才能，实现自己的价值。他还认为，小公司人少，个人发展的机会更多。所以，毕业时，他找了一家小公司。

在工作实践中，由于杨同学所在的公司人才济济，他只能做一些与自己的专业没有什么关系的工作。在相当长的一段时间里，他所在部门的重要工作都由领导安排其他人去做，根本轮不到他去实现自己的愿望。赵同学所在的公司人手少，有了活大家一起干，工作见效快，他的才能在这里很快就显露了出来。不久，公司业务发展，成立了一个公关部和一个策划部，由赵同学出任策划部经理，负责招聘一批大学生来部门工作。

经过一段时间，杨同学和赵同学一个郁郁寡欢，很不得志，另一个如鱼得水，快马加鞭。求职择业的大学生应该对自己做出正确的评价，从不同的招聘单位中选择最适合自己发展的单位。记住：最好的未必适合自己，只有适合自己的才是最好的。

分析案例并回答以下问题。

（1）杨同学进了一家大公司，赵同学进了一家小公司，从案例中描述的情况来看，哪一位同学更适合自己的工作？

（2）在毕业求职时，你倾向于找大公司，还是找小公司，理由是什么？

（3）怎样理解"最好的未必适合自己，只有适合自己的才是最好的"这一说法？

【案例 5-5】煮熟的鸭子飞了

徐同学、谭同学是住在同一个宿舍的学生，他们所学的专业都是市场营销。毕业时，他们在学校的食堂前看到了一家外资企业的招聘启事，都邮寄去了自己的求职材料。后来，他们都顺利地通过了笔试，并同时收到了面试通知。

面试时，他们被分在两个会议室。

主考官问了徐同学一系列关于市场营销的问题。徐同学对答如流，并不时提出自己的新见解，受到了主考官的赞赏。在另一个会议室，谭同学的面试也进行得很顺利，主考官对他的回答也十分满意。

在面试就要结束时，主考官向徐同学和谭同学提出了同样的问题："对不起，我们公司的计算机出了故障，参加面试的名单里没有你，非常抱歉！"

胜利在望的徐同学听到了主考官的话后，马上就变得没有了风度。他生气了，质问主考官为什么会出现这样的事。他这么优秀，在学校里每次考试都是第一名，为什么居然不能进入面试？他说，这是对方在成心耍弄他。

主考官对他说："你先别生气。其实，我们的计算机并没有出错，你以第一名的成绩进入了我们的面试名单。刚才的插曲不过是我们给你出的最后一道题。在竞争激烈的就业环境中，你感到惶恐和不安是正常的。但是，你的心理承受能力实在太差了。市场营销部是全公司最有可能经历风险的部门，作为这个部门的高级人员，需要有良好的心理素质。我们希望你能找到更合适的工作。"

徐同学愣住了：前功尽弃了！没想到这也是一道考题！

在另一间会议室里，谭同学听完同样的问题之后，面带微笑，十分镇定地说："我对贵公司发生的这个错误十分遗憾，但我今天既然来了，就说明我和贵公司有缘分。我想请您给我一次机会。这个计算机失误对我来说，或许是人生一个难得的机遇，对于贵公司来说，或许意外地选择了一个优秀的员工。"

主考官露出了满意的神情："你真是一个不错的小伙子！我愿意给你这个机会。"

有无良好的心理素质，对成才和就业有重要的影响。用人单位很重视求职者的心理素质。如果心理十分脆弱，就算专业成绩再好，也会错失良机。所以，大学生平时应当不断努力提高自己的心理素质。

分析案例并回答以下问题。

如果你在面试时面对同样的情况，你的内心可能发生什么变化？你会如何处理？

【案例 5-6】 如何走出职场受挫的心理误区

安静进入某品牌化妆品公司后，依靠以前做市场调研工作的优势，接连出台几个成功的策划方案。她那种锐意进取的工作劲头很快引起了经理的注意。为了更好地锻炼自己的下属，发现和挖掘"真金"，经理除让她完成分内的工作和任务外，还特别注意引导和培养她独当一面和团体协作的精神。

工作压力给了安静历练的机会，让她很快成熟起来。在一次大型活动的市场分析会上，经理把各个部门提交的方案批评得体无完肤。在沉闷的气氛中，经理把目光投向了安静。安静将自己还未来得及交给主管审阅的草案拿了出来。经理仔细地看完她的报告，脸上终于露出了一丝难得的光亮："我希望大家好好将这个方案完善一下，争取做得更好一些。"经理虽然没有直接表扬安静，但对她的赞许和肯定是显而易见的。

正当安静准备再接再厉时，却因为一次失误被主管狠狠训了一顿。安静知道主管是妒贤嫉能，想排挤自己，但心情还是特别沉重。好像这一训，不仅全盘否定了她以往的功绩，让她在同事面前再也抬不起头来。而且，一想到主管和一些人幸灾乐祸的眼神，她就对未来没有了信心。挫败感就像魔咒一样紧紧扼住了她的心，让她吃不香睡不好，好长一段时间精神恍惚，工作也远没有以前效率高。不良的状态导致她连连出错，最后不得不在经理惋惜的眼光中黯然递上了辞职书。

在生活和工作当中，我们时常会遭遇各种消极情绪的干扰，出现某种灰色心理。挫败感就是个体在满足需要的活动中遇到阻碍和干扰，使个体动机不能实现、个人需要不能满足的一种常见的心理感受。面对挫败，许多人常常会痛苦、自卑、怨恨、惧怕、怯懦、忌妒，甚至像安静一样失去希望和信心。在职场受挫后，如果当事人不善于自我调适，极易心理失衡，不仅影响正常的工作、生活，还严重影响健康。

在职场受挫后，如何防止消极结果和灰色心理的产生，从而很快走出心理误区呢？可以尝试以下介绍的方法。

1. 积极倾诉法

适度将自己的心理痛苦向他人倾诉，可以将失控力随着语言的倾诉逐步转化出去。倾诉作为一种健康防卫措施，无副作用，效果较好。同时，听诉者还会在同情心理的作用下，对受挫者给予抚慰，鼓起其奋进的勇气。所以，受挫者在一番倾诉之后会有意想不到的减压效果。同时，该发泄时就发泄，不要过分抑制自己。如在设定的自我放纵界限内，可以痛快地哭上几分钟，或拍桌子、跺脚，用肢体形式发泄不良情绪，这些都有助于缓解内心的压力。

2. 优势比较法

在遭遇挫败时，多去想想那些在职场上比自己受挫更大、困难更多、处境更差的人。通过挫折程度比较，将自己失控的情绪逐渐平静下来。同时，注意找出自己的优点，强化优越感，从而增加对挫折的承受力。挫折同样蕴含力量，它是一把双刃剑，既可以让一个人一蹶不振，也可以激发人的潜力，更有助于重建一个人的自信心。

3. 注意力转移法

当你因挫败感而忧郁、烦恼时，最好暂时忘记那些不愉快的事情，花一些时间到公园或树林走走，通过享受大自然的安详与静谧，舒缓一下紧绷的心情；或者听上一段自己喜欢的音乐，把轻松的乐曲当作慰藉心灵的阳光，而当你放声高歌时，你的心情就会变得更好。

4. 目标审视法

职场上的挫败感会破坏原有的工作氛围，毁灭原有的目标。因此，重新寻找一个方向，确立一个新的目标就显得非常重要。目标的确立需要通过分析和思考，这是一个将消极心理转向理智思索的过程。目标一旦确立，犹如心中点亮了一盏明灯，人就会形成调节和支配自己新行动的信念和意志力，从而排除挫折和干扰，向着目标努力。

不要在工作中过于追求尽善尽美，同时注意处理好上下级和同事之间的关系，协调大家的工作，这样有助于陷入灰色心理的你及时得到关怀和体贴。

【各抒己见】

【探讨 5-1】自查与克服大学毕业生就业的不良心理现象

1. 自查不良的就业心理现象

静下心来想一想，自己有以下列举的哪些大学毕业生的就业心理现象，在"□"中画"√"。

□临近毕业了，我到现在都不知道自己适合什么职业、应该找什么样的工作。

□学长学姐找到的工作都不怎么好，我不知道该怎么办。

□我心里有点矛盾，一方面想就业，一方面想升学，总是摇摆不定。

□我想留在发达一点的大城市，不想回到自己的家乡，觉得回去没有前途，大城市的机会比较多，但大城市的工作又很难找。

□快毕业了，工作还没有找到，心里很着急。

□我的颜值不高，成绩也不好，能力也不足，我真的担心自己找不到工作。

□我的毕业设计（毕业论文）还没有完成，又没有找到好的工作，甚至连简历都做得不好，感觉自己好没自信。

2. 克服不良的就业心理现象

要克服上述就业心理现象，在以下列举的各项措施中，看看哪些是你比较赞成的，在"□"中画"√"。

□改变那种以薪酬高低确定职业好坏的观念，树立职业好坏看发展前景的观念。

□改变等待观望的观念，树立直面现实、积极应对的观念。

□改变那种一个职业定终身的观念，树立"锻炼为先，成长为重"的观念。

□正确衡量自己是否具有较高的综合素质，有多少专业知识、多强的实际操作能力。

□认清严峻的就业形势，同时珍惜就业机会。

□明确自己的学习目的，把专业知识学好，熟练掌握几项技能。

□学会在就业中了解社会，强化本领，提高自身，求得发展。

□珍惜就业机会，切忌草率放弃就业机会。

□切忌仓促上阵，切忌眼高手低，切忌互相攀比。

【探讨 5-2】大学生择业时要避免哪些思想观念误区

请扫描二维码 5-1，浏览电子活页中的内容，或者直接打开本书配套的电子文档，认真阅读与了解"大学生择业时要避免哪些思想观念误区"文档的内容。自我反思一下，你有哪些思想观念误区。

5-1

【探讨 5-3】大学生择业时要遵循哪些原则

请扫描二维码 5-2，浏览电子活页中的内容，或者直接打开本书配套的电子文档，认真阅读与了解"大学生择业时要遵循哪些原则"文档的内容，然后思考并回答以下问题。

（1）结合所学专业、工作能力、爱好特长、优势劣势，正确认知自我，绘制自己的"自画像"。

（2）在专业、经历、地域、家庭等方面，你是否有优势？

（3）你的竞争意识和挫折承受能力如何？

（4）你是否已做好毕业后"从基层做起"的思想准备？

【探讨 5-4】就业时有哪些心理障碍，如何自我调适就业心理

请扫描二维码 5-3，浏览电子活页中的内容，或者直接打开本书配套的电子文档，认真阅读与了解"大学生在就业过程中的常见心理障碍"文档的内容。自我反思一下，哪些心理障碍你或多或少出现过，它们是在什么情况下出现的。

请扫描二维码 5-4，浏览电子活页中的内容，或者直接打开本书配套的电子文档，认真阅读与了解"大学生就业心理障碍的自我调适"文档的内容，参考该文档介绍的大学生就业心理障碍的自我调适方法，思考自己出现的就业心理障碍应采取哪些可行的方法进行有效调适。

【探讨 5-5】你的求职观念正确吗

请扫描二维码 5-5，浏览电子活页中的内容，或者直接打开本书配套的电子文档，认真阅读与了解"你的求职观念正确吗"文档的内容。你是否赞成以下求职观念？请说一说你的理由。

（1）工资不是老板给的，而是自己给的。

（2）先做人，后做事。

（3）平静面对每次求职失败，一直坚持到最后成功。

【探讨 5-6】就业观形成的影响因素有哪些

认真阅读"参考资料"的内容，结合自己和身边同学的就业观念，你认为就业观形成的主观影响因素和客观影响因素有哪些？

【参考资料】

1. 主观影响因素

（1）不能够准确认识就业形势。

人们在面对严峻的就业形势时产生了两个极端，有的丧失信心，情绪焦虑；有的过于乐

观，认为自己是天之骄子，可以找到很理想的工作。

（2）没有对职业的合理规划。

刚毕业的大学生大多数认为计划赶不上变化，缺乏规划意识，因此不能认准自身职业定位。很多毕业生对于从事什么行业的工作没有明确的认识，找工作时走一步看一步，往往工作一段时间后才发现自己不适合，再重新就业，浪费了时间和精力，错过了最佳的就业时机。

（3）在就业过程中不能调整好自己的心态。

高校的扩招、市场经济的发展，为大学毕业生提供了施展抱负的机会，也对大学毕业生的心理素质提出了挑战。有一部分大学毕业生在激烈的就业竞争面前，心理承受能力不足，心态出现偏差。

2. 客观影响因素

（1）学校因素。

高校的办学思路、人才培养目标、专业设置和就业指导对应届毕业生的就业观形成与发展具有不小的影响。

（2）家庭因素。

很多家长的愿望和意志往往体现在子女对大学专业的选择上，也体现在子女对职业的选择上。大部分家长不希望子女太辛苦，大大降低了大学生的拼搏意识和奋斗精神。

（3）社会因素。

我国历经市场经济发展、就业模式转变等社会经济变迁，新时代人群的个性在一定程度上影响着他们对就业的看法。

【探讨 5-7】如何走出就业观念的误区，树立正确的就业观

请扫描二维码 5-6，浏览电子活页中的内容，或者直接打开本书配套的电子文档，认真阅读与了解"大学生就业观念的常见误区"文档的内容，谈一谈该文档列举的大学生就业观念的常见误区，哪些误区在你的就业观念中或多或少地存在。

请扫描二维码 5-7，浏览电子活页中的内容，或者直接打开本书配套的电子文档，认真阅读与了解"如何树立正确的就业观"文档的内容，参考该文档提供的树立正确就业观的措施与方法，谈一谈自己会采取哪些措施与方法让自己走出就业观念误区、形成正确的就业观。

【探讨 5-8】大学生应该如何调整择业心态、走出择业心理误区

请扫描二维码 5-8，浏览电子活页中的内容，或者直接打开本书配套的电子文档，认真阅读与了解"大学生择业时，要克服五种不良心态"文档的内容，结合自己的择业情况，谈一谈自己是否不同程度地存在某些择业不良心态。

请扫描二维码 5-9，浏览电子活页中的内容，或者直接

打开本书配套的电子文档，认真阅读与了解"大学生应该如何调整择业心态"文档的内容，结合自己和身边同学的想法谈一谈大学生应该采取哪些有效措施调整择业心态、走出择业心理误区。

【探讨 5-9】正确把握自己，努力提高就业竞争力

正确把握自己，努力提高就业竞争力，是大学生就业迈向成功的关键。请扫描二维码 5-10，浏览电子活页中的内容，或者直接打开本书配套的电子文档，认真阅读与了解"大学生就业的一些不良现象"文档的内容，结合当前的就业情况，谈一谈自己或者身边的同学是否不同程度地存在这些就业的不良现象。

请扫描二维码 5-11，浏览电子活页中的内容，或者直接打开本书配套的电子文档，认真阅读与了解"自我调适就业心态"文档的内容，然后针对如何从我做起、从今天做起，不断调适好就业心态，转变就业观念，不断提升自己的职业能力和就业竞争力，谈一谈你的看法和做法。

5-10

5-11

【训练提升】

【训练 5-1】大学生就业观念与心态调查

（1）请扫描二维码 5-12，浏览电子活页中的内容，或者直接打开本书配套的电子文档，认真阅读与了解"大学生就业观念与心态调查"文档的内容，然后使用该文档完成大学生就业观念与心态调查。

（2）开展以"成才观、职业观、就业观"为主题的就业教育活动，引导大学生树立健康、积极、理性的就业心态。

5-12

【训练 5-2】探析择业的目标与方向

在收集企业招聘信息时，你发现一条自己比较感兴趣的招聘信息。

【企业名称】湖南伊喜仕教育科技有限公司
【职位名称】销售代表/销售业务员
【职能类别】渠道/分销专员/销售工程师
【岗位职责】

● 负责智慧校园产品智能讲台的销售工作，完成公司下达的任务。
● 负责市场与客户资料的收集整理。
● 负责对客户需求的调研与反馈。
● 负责售前服务工作。

- 按照要求进行客户分类管理，以及详细记录客户联系情况。
- 按照要求制订销售工作计划。
- 经过系统培训后熟练掌握讲解智能讲台产品。
- 通过渠道开发客户，掌握片区销售网络。
- 积极做好新产品的铺货和市场推广工作，负责公司促销活动。
- 按照公司协议规定，及时与客户对账和结款，确保货款正常回收。
- 与客户建立良好的客情及合作伙伴关系。

【岗位要求】

- 20～35 岁，大专及以上学历，男女不限，具备良好的沟通能力及语言组织能力，普通话流利。
- 熟练掌握 Office 办公软件，能够熟练处理市场数据并将其用于工作。
- 有 3 年以上的销售工作经验，有一定的客户资源者及从事过教育或互联网行业销售者优先考虑。
- 具备完成任务的身体条件和素质，抗压能力强，能够吃苦耐劳。
- 阳光开朗，主动性强，善于沟通，有明确的目标，品行端正。

【工资待遇】

- 底薪 2000 元+高额提成+奖金。
- 工作时间：每天 7 小时，5 天工作制，周末双休，加班可调休。
- 公司购买五险。
- 提供国家规定的法定节假日、婚假、年假等。
- 节日福利。

【公司信息】

公司是一家致力于教育智能化研究和开发，专注互联网、物联网、人工智能、云计算、区块链技术在教育智能化方面应用开发的高科技公司，拥有科技研发中心——成都分公司，并与中国科学院云计算中心(中科智谷)、湖南株洲教育投资集团合作，共同开发云智慧校园、云智慧教室和大型立体综合教学场，具有强大的科研能力和市场竞争力。已经开发的智慧教学核心产品——全球首款多屏融合式人工智能讲台成为智慧校园建设的基础产品，对开启教育技术装备 3.0 时代、打通智慧校园建设"最后一公里"具有十分重要的意义。

根据以上招聘信息或者自己到招聘网站获取招聘信息，结合自己的专业能力、性格特点、兴趣爱好等方面，从价值认同、生存性、成长性、社会功能性等方面探析招聘岗位是否符合自己的择业目标与方向。

【方法指导】

择业时，要认真思考择业的目标与方向。

1. 价值认同

你选择的职业和公司是否与自己坚守的价值观相符？这一点非常重要。根据马斯洛的需求层次理论，人们在满足基本的生理需求之后，便会增加更高层次的精神需求，而一旦自己选择的职业和公司从一开始就存在价值观方面的分歧，那么当谋生这一基本功能实现时，你会发现自己无法进一步得到更高层次的需求，那么你的所有努力便会全部功亏一篑。所以，在择业的时候，必须确定价值的认同度，切不可只看到眼前的待遇等因素，匆忙做决定。

2．生存性

生存性指工作可以养活自己，这是择业要考虑的因素。这里面包括工作地点、工作时间、工资待遇、行业前景等。

（1）工作地点决定了你必备的生活条件，如买房或者租房、交通工具、附近生活设施和学区的情况等。

（2）工作时间的长短会影响你的个人时间分配。例如，工作时间太长，那么个人自由支配的业余时间太短，就不适合那些热衷休闲娱乐等业余生活的人。

（3）工资待遇主要与个人的家庭条件有密切关系，而且工资的弹性和增长性也是要重点考虑的方面之一。如果一份工作从事 10 年、20 年，其待遇还是一成不变的，那么这份工作的生存性便很低。

（4）行业前景决定了职业的可持续性，是夕阳行业，还是朝阳行业，对于个体的机会成本影响巨大。

3．成长性

成长性关注的是个体，思考的是自我对所在公司和职业的兴趣度有多大，以及自我在公司和职业中的发展空间有多大。

（1）兴趣不仅决定你对职业的专注和投入，还决定你从职业中获得多少幸福感。请记住以下格言：兴趣是最好的老师。

（2）发展空间对于个人很重要。一个可成长性强的职业和公司可以给个体提供广阔的发展平台，包括强有力的支持系统、宽松的创新环境、富有激励性的成长体系等。个体在这里可以通过努力获得自己梦想的所有成就、财富与生活。

4．社会功能性

这里指的是职业和公司能够给予个人的社会功能多少能量和支持。

（1）社交能力、范围和情感体验。通过工作，可以让自己融入怎样的社会阶层和圈子？拥有怎样的社交生活和情感体验？获得怎样的社会资源和利益？

（2）与生活的融合度和幸福感。工作与自己的生活融合是否紧密？是否成为生活不可或缺的一部分，还是一种阻碍？你在工作中的幸福感如何？

（3）个体对组织的归属感、荣誉感、获得感、幸福感。个体在组织中是快乐愉悦和谐的，还是痛苦难耐的？个体对集体的依附性如何？组织对个体的关照度如何？

【训练 5-3】探析大学生如何走出求职误区，找到合适工作

大学毕业生刚进入社会，还没有完全适应学校与社会的差距、理想与现实的差距，所以在求职的时候容易走进一些误区。找工作是一项系统工程，既讲究求职方式，又需要求职技巧，还要把握好求职心态。刚离开校门走进社会的大学毕业生，充满理想，充满抱负。但是，现实往往让他们措手不及、彷徨无奈。

目前横亘在企业与大学生之间的三道鸿沟是企业与大学生之间信息的不匹配、期望的不匹配、要求与能力的不匹配。所以，大学生感受到择业压力是正常的，适当的压力将成为大学生择业的动力。大学生应该尝试从用人单位的角度思考问题，也就是换位思考。为何大学生就业那么难，很大一部分原因是绝大多数大学生只从自己的角度考虑问题，很少有人从用人单位的角度审视自己。应届毕业生寻找人生第一份工作，不妨把自己看成企业，看看这个位置需要什么条件的人，你是否具备这个条件。如果你是企业，找一个只讲待遇，不求上进或没有敬业精神的人，那么你会不会喜欢？弄清楚用人单位是怎样评价你的、自己与用人单位的需求存在哪些差距，有助于在今后的面试等环节中把握分寸。

对于每个大学毕业生来说，找工作是必须面对的一门课程。

请扫描二维码 5-13，浏览电子活页中的内容，或者直接打开本书配套的电子文档，认真阅读与了解"大学生就业的误区"文档的内容。大学毕业生面临多少求职误区？我们找工作时应该如何走出误区，进入求职快车道？针对这些问题谈一谈你的看法。

请扫描二维码 5-14，浏览电子活页中的内容，或者直接打开本书配套的电子文档，认真阅读与了解"大学生就业策略"文档的内容。我们怎样才能找到合适的工作？我们应该抱有怎样的就业观？我们是否树立了符合实际的择业观和就业观？思考这些求职问题，探讨大学生应该如何采取灵活的策略找到合适的工作。

【训练 5-4】如何调整就业心态，打造就业好心态

就业竞争日益激烈，调整就业心态，在面试时有一个好的状态，尽量抓住机会找到好工作，这不像给自己鼓劲加油那么简单。

学成从业、服务社会，实现自身价值，是每个大学毕业生的美好愿望。但是，对一些大学毕业生而言，与其说是"就业困难"，不如说是"心态不正"。一些大学生不是从自身的特点、能力和社会的需要出发，而是盲目攀比，只求得一时的心理平衡，殊不知这样往往不利于自身价值的实现和长远发展，甚至可能被汹涌的就业浪潮吞噬。

请扫描二维码 5-15 和 5-16，浏览电子活页中的内容，或者直接打开本书配套的电子文档，认真阅读与了解"大学生求职时的正确心态"和"打造就业好心态"文档的内容，然后针对自身情况，探讨什么才是大学生求职时的正确心态，以及如何打造就业心态，以保证自己成功就业。

模块 6

完善个人简历与撰写求职信函

　　找工作第一件事就是写简历，这是给招聘单位的一份"见面礼"，也是展示求职者素质的"门面"。简历写得好坏，关系到应聘的成败。

　　简历就是职场的起跑线，简历没做好，不管你有多优秀，人力资源管理人员也不会找你，人力资源管理人员没有义务通过糟糕的简历发现你的才能。求职，请别输在起跑线上。

　　求职的你，找到心仪的工作了吗？别气馁，做好准备，有更多机会正在等着你。你是不是一想到写简历就头疼？你发了那么多简历，却很少收到面试通知，不是简历投得不够多，而是你的简历做得不够好，因为你的简历还没有打动人力资源管理人员，不能吸引对方的目光。

【学习领会】

6.1　简历是什么

　　为什么招聘单位对很多大学毕业生写的简历不满意呢？一方面是因为大学毕业生不知道应该如何写好简历，另一方面也是由于人们误以为各个招聘单位的人力资源管理人员可以正确判断出应聘人员的价值。所以，我们不应该低估拿出一份经过深思熟虑写出的简历的重要性。

1. 简历是推销自己的首要工具

　　简历就是你展示成就和技能的一个文档，几乎就是你打开通向面试大门的唯一的钥匙。负责招聘的人力资源管理人员在面试之前获取的所有关于你的信息都来自简历。它是你向市场推销自己这一独特品牌的陈述报告。

2. 简历是一则广告

　　相信人们对"神州行，我看行""怕上火，喝王老吉"这两则广告早已耳熟能详。显而易见，广告的作用就是要吸引人们的目光，引起人们的关注，使产品形象深入人心。如果求职者的简历像广告一样鲜活有力，就不必担心无人问津。

　　简历其实就是促销广告，推销的产品就是你自己。一份好的简历，吸引的目光越多，受关注的程度越高,越能引起人力资源管理人员的青睐。广告内容有卖点才能引起受众的兴趣,简历亦然。简历制作成功与否,关键在于人力资源管理人员扫描你的简历时能否停下来仔细阅读。求职者的简历有亮点,才能在几秒钟内紧紧抓住人力资源管理人员的目光。简历的最佳广告效用是顾客(人力资源管理人员)看过后对产品(求职者本人)产生极大的兴趣和好奇心,并希望试用此产品(通知求职者面试),同时让顾客(人力资源管理人员)在潜意识中产生购买此产品(你正是他们想找的人)的念头。

3. 简历是一张名片

名片是商务人士的重要沟通、交流工具,用途十分广泛。两个素昧平生的人初次见面,可以通过交换名片传递关于各自的简单信息,并由此产生重要的第一印象。在向他人递送名片的同时,也是在告诉对方自己的简历。

从这种角度来看,简历就是一张名片,是求职者递送给企业人力资源管理人员的名片。对于应届毕业生来说,简历就是初涉职场的第一张名片。

做好你的名片,是求职成功的关键环节。如果人力资源管理人员看到你的简历能产生良好的第一印象,就能将你从众多的求职者中识别出来、联系你,并期望与你见上一面,以相互认识、加深了解。这时,简历便发挥了最好的名片功能。

6.2　完美简历的构成要素与基本内容

简历是打开职场大门的敲门砖,是展示求职者工作能力和个人优势的地方。较全面的简历内容会为求职者争取到更多的面试机会,大大提高求职的成功率。那么,如何制作一份出色的简历,以吸引人力资源管理人员的目光?

制作简历是求职过程中的重要环节,需要每位求职者精心准备。制作简历最基础的工作就是先了解自己,明确自己以后发展的方向是什么,知道自己的职业特长和兴趣爱好是什么,以此作为依据来制作简历。

一份完整、规范的简历包括个人基本信息、求职目标、教育背景、工作经历、技能证书、获奖荣誉等内容。简历的构成要素与基本内容如表 6-1 所示。

表 6-1　简历的构成要素与基本内容

构 成 要 素	基 本 内 容	说　　明
基本信息	姓名、住址、联系电话、电子邮箱	简历提供过多的个人信息,大量投递简历会向无关人员透露自己的隐私,造成安全隐患;而且,太多的个人信息并不会引起人力资源管理人员过多的关注,有时反而会使其产生反感
求职目标(意向)	申请的职位名称	主要说明求职者想要从事什么样的工作。虽然对于简历中是否要明确求职目标说法不一,但从人力资源管理人员的角度考虑,没有人会愿意仔细阅读一份未明确应聘职位的简历。求职者在制作简历时最好明确要应聘的职位
教育背景	使用倒序写法列出受教育时间、学校名称、专业名称、排名情况	大学毕业生的教育背景可写在工作经历之前。这是应届毕业生或者无任何工作经验的求职者需要用心准备的内容。学校正规的教育、自我提升和学习经历、参加专业机构的培训等内容都可以在教育背景中说明,但前提是这些经历要与应聘的工作相关

续表

构 成 要 素	基 本 内 容	说　　明
工作经历	实习经历、项目经历、校园活动经历。使用倒序写法列出工作时间、单位名称、职务名称、业绩与成效等内容	工作经历是简历的重头戏。从广义上讲，不管求职者从事的是全职工作还是兼职工作，是有薪工作还是义务工作，是校园实习还是社会实践，是参与课题研究还是项目经历，都可以算作工作经历。求职者需要做的是从众多工作经历中选择与应聘职位的能力要求密切相关的经历，使简历既能突出自己的亮点，又能保证内容的充实
技能证书	包括与申请职位相符的外语水平、计算机能力、从业资格证书等	技能及证书包括外语水平证书、计算机能力证书、培训证书、从业资格证书等，只要与应聘职位密切相关的都可以在简历中着重提出
获奖荣誉	所获各类奖项及荣誉	这是应届毕业生可以着重列出的内容。例如，在学校获得的荣誉、奖学金、参加的各种校园活动和比赛等，都可能成为简历的亮点

简历以"简"为首要原则，所以在简历中应尽量删除与应聘的工作不相关的内容。同时，为了避免简历空洞无物，要从各个方面挖掘与工作相关的信息，这一点对无工作经验的求职者来说尤其重要。

简历内容通常要按照时间顺序来写，但其中的工作经历、教育背景要按照倒序方式来写。

6.2.1　简历中的个人基本信息

简历开篇便要明确个人基本信息，即姓名、住址、联系电话和电子邮箱。

1．个人基本信息包含的内容

简历的个人基本信息包含很多内容，招聘单位必须知道的有姓名、固定住址、联系方式（移动电话或固定电话、电子邮箱），而性别、出生年月、年龄、籍贯、民族、政治面貌、婚姻状况、健康状况、户口所在地、身高、体重、身份证号、毕业院校、专业、现居住地、通信地址与邮编等则视个人及应聘的岗位情况而定，根据招聘需求决定是否写在简历中。

简历的个人信息分为必填信息和可填信息两类。

（1）必填信息：姓名、联系方式、求职意向。

（2）可填信息：性别、年龄、政治面貌、籍贯、民族、照片（可填信息，可以根据求职企业的要求，进行调整）。

一般来说，互联网企业/外资企业比较直接，不喜欢冗余的信息，只需写清楚必填信息即可。如果对自己的颜值充满自信，还可以放上一张比较正式的形象照，在无形之中给人一种专业印象。

个人基本信息应该简短完整，切忌烦琐，干扰阅读重点。基本信息一般出现在简历的最前端，让招聘单位识别并能联系上求职者就足够了。如果是应届毕业生的简历，个人信息就要尽量完善一些。

简历的个人信息的示例如下：

```
高尚
长沙市岳麓区梅溪湖路 66 号（410221）
133-×××-6666
0731-8583-××××
gaoshang@163.com
```

2．撰写个人基本信息的注意事项

（1）姓名要写全称，而不是"江先生""李女士"等称呼。

（2）如果姓名中包含生僻或难认的字，就应将姓名注上汉语拼音，避免人力资源管理人员因读音错误引起尴尬。

（3）需要加注英文名时，名在前，姓在后，而且首字母大写，如"Shang Gao"。

（4）地址中文写法是从大到小，英文写法是从小到大。例如，"长沙市岳麓区梅溪湖路 66 号"的英文写法是"No.66, Meixihu Road, Yuelu District, Changsha"。

（5）电话号码务必加上区号，号码中的数字用"-"隔开更为合适，手机号码尽量采取"3-4-4"的规范格式，以便人力资源管理人员准确拨打电话。

（6）直接写出地址、电话号码、电子邮箱即可，不必有"地址""手机号码""联系电话""电子邮箱"等字样提示。

（7）用于投递简历的电子邮箱用户名应与个人姓名一致或含有相关信息，不要使用"love""honey"等不严肃的词汇，防止简历被归类到垃圾邮件中。

（8）可以附加毕业院校、专业、身高等与应聘职位密切相关并能突出个人优势的信息。

6.2.2　简历中的求职目标

求职目标即求职意向，是简历中很重要的一个元素，包含求职者的职业规划信息，表明求职者想做什么，能为用人单位做些什么。求职目标介绍求职者对未来职业的目标定位，应聘单位会通过求职者的职业定位明确求职者的发展方向是否与公司招聘职位吻合。明确的求职目标展示了清晰的职业方向，便于人力资源管理人员迅速地识别各类求职者。

人力资源管理人员不会浪费时间根据求职者的简历为其选择合适的岗位，如果无法给自己明确定位，或没有清晰求职目标的求职者，就应该尽量将求职目标细化到某些具体的职位或职位范围，运用求职目标告诉人力资源管理人员你要应聘什么职位。

1．陈述求职目标的基本要求

求职目标在简历中的位置要醒目，直接放在个人基本信息下方比较合适。陈述求职目标应条理清晰，表达明确。

典型的求职目标写法是直截了当地表明应聘职位，如"求职目标：网页设计师"。人力资源管理人员可以根据求职目标看出求职者的职业生涯规划，至少是一段时间内的规划。求职者应尽量根据应聘的具体职位来写，可以锁定一个具体的、确定的职位，如"××职位"，也可以锁定多个职位，如"××职位/××职位"，或者锁定相关职位，如"××相关职位"。为了提升面试成功率，求职者有时在求职意向中写多个岗位，这样人力资源管理人员可能认为你能力不足，对自己没有清晰的认知。

求职目标写得非常明确固然利于人力资源管理人员挑选简历，但如果求职目标范围很狭窄，就可能失去同一用人单位提供的其他工作机会。为了避免求职目标范围狭窄而失去面试机会，求职者可以适当扩大求职目标范围，如人力资源部相关职位、财务部相关职位。

2．陈述求职目标的注意事项

（1）求职者要明确自己要找什么工作或应聘什么职位，求职目标要根据应聘职位名称的不同而做出相应改变，切忌同一个求职目标对应多个不同职位。

（2）求职目标越清晰具体，越能向人力资源管理人员传递明确的信息，尤其在投递针对特定职位的简历时，求职者应保证求职目标与招聘信息提供的目标职位名称一致。

（3）当锁定多个求职目标时，求职者应使每个目标锁定在相同或相似领域的同一职级水平上。在锁定多个目标职位时，求职者应注意职位的相关性，尽量保证所列的职位处于同一能力素质平台，不相距太远。例如，"人力资源管理职位/市场营销职位等"就会给人力资源管理人员一种非常随意的感觉。

（4）个人简历需要展现求职者和目标岗位的匹配度有多少，简历内容应根据求职目标的改变而做出相应调整，并突出目标职位要求的资格和能力。

（5）在求职目标中应着重突出最有利的、与所求职位相关的技能或经历。例如，英语达到专业八级水平的求职者应聘英语翻译，有过多次项目策划成功经历的求职者应聘企划主管。

6.2.3　简历中的教育背景

简历中的教育背景部分也很重要，因为教育背景是求职者具备应聘岗位所需能力的证明。先写教育背景还是先写工作经历，应视求职者的具体情况而定。

有丰富工作经历的，教育背景轻描淡写即可，应着重强调工作经历。

无丰富工作经历的，重点填写教育背景，并尽可能丰富。

1．学校教育背景

学校教育背景一般包括接受教育的时间、毕业学校、系别、所学专业等内容，详细程度视求职者的核心竞争力而定。对于无工作经历、无实习经历，毕业学校一般，专业又很普通或者跨专业求职的应届毕业生来说，只有通过丰富教育背景内容才可避免简历的暗淡无光。为了凸显并丰富教育背景，求职者还可将主修课程及成绩列出来，使简历更加充实。

教育经历推荐采用倒序写法，例如：

××××年××月—××××年××月　　××大学××学院××专业

主修课程应写跟应聘岗位的能力要求相关的6～7门课程。成绩好的，可以写明平均学分绩点（Grade Point Average，GPA）和排名。有辅修学位和第二学位，可以根据应聘职位决定是否写。

这里有两个注意事项。

（1）寻求非技术岗位，教育经历需要写明学校、学院、专业。如果成绩优异，就可以写上专业排名，如专业排名前10%，GPA3.7。

（2）寻求技术类岗位，教育经历可以罗列一些主要的专业课程。如果专业课程成绩突出，就可以写明，如专业课平均90.3分。

这样便于人力资源管理人员了解你所学的课程内容，毕竟学校里有些"万金油"专业，不写的话，人力资源管理人员不了解你是否学了相关的专业课程，可能白白错过一些机会。

2. 培训经历

培训经历是求职者技能提高的表现，可以使招聘企业节约培训成本（经济成本和时间成本），而得到培训机会也是企业对优秀员工的一种奖励。如果求职者有在职学习或培训经历，就一定要及时添加，以提高自己的求职竞争力。

从广义上讲，培训经历应该算是教育背景的一部分。无论求职者是在上学期间还是在工作中接受的培训，只要培训内容与应聘职位有较大的相关性，不妨将培训经历单列一项，以引起人力资源管理人员的关注。培训经历可以包括培训内容或项目、培训成果或成绩。

6.2.4　简历中的工作经历

1. 陈述工作经历的基本要求

陈述工作经历时，一般采用倒序写法，将工作单位、部门、职务一一列出，并运用 6W1H 原则或 STAR 原则描述工作职责和业绩成果。后文将会对两个原则进行详细介绍。

求职者描述工作经历中的工作内容或工作职责时，采用 6W1H 原则能够更有效地将工作职责清晰、准确地表达出来。描述工作内容时，6W1H 的各项要素不必完全具备，但要清晰明了地向人力资源管理人员传达与职位相关的信息。

当求职者的工作经历不是全职工作，即不是在公司内部担任具体职务，只是一些兼职工作片段时，如参加校园活动、企业实习、社会实践活动等，运用 STAR 原则陈述工作经历比较合适。

STAR 原则不适合描述时间跨度较长，而且由一系列任务构成的工作职责。运用 STAR 原则陈述时，各个项目描述要精辟简练，而且要与应聘职位的胜任能力密切相关。

例如：××公司用户运营（背景），负责××产品的用户增长工作（任务），通过用户调研/竞品分析/渠道测试和运营（行动），3 个月时间，仅花费 50 万元预算，新增注册用户超过100 万个（结果）。

广义上的工作经历不仅包括求职者从事过的有偿的、无偿的、全职的、兼职的工作经历和项目经历，也包括求职者在求学期间的实习经历、校园活动、社会实践等。

工作经历是简历中最重要的部分，是人力资源管理人员审核简历时较为关注的信息，同时也是简历最容易出彩的地方。所以，求职者应将真实的工作经历进行完美描述。

2. 陈述工作经历的注意事项

（1）工作经历采用倒序方法，从最近的工作开始写。

（2）对于以前较早的工作，因时间跨度较长，只写年份即可，如写成"20××—20××"。

（3）明确公司的名称，而不要以"某公司""某企业"代替。

（4）要写公司名字的全称，不要写简称（知名企业可写其英文简称）。

（5）工作或实习的企业部门及职务名称应尽量注明。

（6）工作职责及成果描述应措辞简练、具体，避免使用模糊词汇，用数字表达更为合适。

3. 陈述工作经历的具体方法

简单介绍自己的过往经历，把自己做过的事情连成一条主线描述出来。

请扫描二维码 6-1，浏览电子活页中的内容，或者直接打开本书配套的电子文档，认真阅读与了解"求职简历中陈述工作经历的具体方法"文档的内容，从以下几个方面陈述求职者的工作经历。

6-1

（1）校内经历。

（2）实习（实践）经历。

（3）工作经历（工作经验）。

（4）项目经历（项目经验）。

6.2.5　简历中的技能证书

1. 专业技能

专业技能可以从以下几个方面撰写。

（1）软件使用、计算机、英语、新媒体运营等。在写自己掌握的技能时，可以说明熟练程度。

（2）对于英语水平，可以加上分数。针对外资企业，要特别说明英语口语、笔译等能力。

（3）应聘设计或文案等岗位，可以在简历中附上相关作品的链接。

注意：内容真实，不可造假，自己不擅长的技能最好不要写。

2. 技能证书

技能证书包括各种认证考试证书、培训证书、从业资格证书等，只要与应聘岗位密切相关的，都可以在简历中重点写出。但是，对于人人都有的证书，就不用列了。

（1）认证证书：普通话证书、技能证书、计算机证书。

（2）语言证书：英语（以最高成绩为准。这是简历上对你英语能力的最好表现），小语种同理（如果有证书就写，没有就别写，不然对方也不知道你是什么水平，只能默认为接触过）。

格式：×××考试-级别

例如，韩语 TOPIK-3 级/日语 JLPT-N3。

应聘个别岗位的话，某些技能会是重要的加分项。

例如，应聘外资企业，英语专业八级就比六级更有竞争力；应聘设计师，Photoshop 操作能力、视频剪辑能力就有必要单独说明。

应聘设计师或文案等岗位，可以在简历中附上相关作品的链接，便于人力资源管理人员查看。

6.2.6　简历中的奖励或荣誉

在简历中，校级以上的奖励或荣誉都可以写，具有特色并且含金量高的校内奖励或荣誉也可以写，如"优秀学生""优秀学生干部""优秀团员"及奖学金等，或者参加省级及以上学术性竞赛、技能比赛获得的荣誉等。含金量不高的不要写。

如果在校内获得过奖学金，参加过某个大赛并取得不错的名次，求职者可以把相关的成绩、名次、结果写出来，但不用写得特别复杂，简洁明了就好。

奖励或荣誉按照时间倒序罗列。如果奖项比较多，就根据含金量及其和应聘岗位的相关度来筛选。证书贵在精，不在多，多强调与自己期望的职业相关的奖励或荣誉，以突出自己的专业技能和特殊优势。

奖励或荣誉是锦上添花的内容，一般填写 2～3 项比较有水准的即可；如果实在没有可写的，就将这一项直接去掉。

在描述所获奖项时，有以下的技巧。

（1）如果主办方名头响亮，就把主办方名称写上。

（2）如果比赛队伍很多，就要写明自己的名次，证明这个奖项获得的不易。

（3）尽量用数据描述成果。

例如：

×××大学第五届大学生创业创新大赛 金奖 20××.05

详细阐述：大学生创业创新大赛是×××大学规模最大、影响最广泛的大学生比赛，第五届大赛有来自各个专业和学院共计 200 多支参赛队伍，主要比赛内容包括商业计划书制作和挑战、创业路演、模拟投资、商业数据分析等环节。在此次比赛中带领团队奋斗 20 天，获得了金奖（全校仅 3 个名额）。

简单阐述：大学生创业创新大赛是×××大学规模最大、影响最广泛的大学生比赛，在此次比赛中，带领团队奋斗 20 天，打败了近 200 支参赛队伍，获得了前三名的好成绩。

获奖情况修改前的示例如表 6-2 所示，获奖情况洋洋洒洒写了半页纸，其实完全没有必要。

表 6-2 获奖情况修改前的示例

时　　间	获　奖　情　况
2020.12	学习优秀一等奖学金
2021.12	学习优秀一等奖学金
2020.10	××大学"三好学生"
2021.12	社会实践优秀奖学金
2021.10	暑期社会实践一等奖
2021.04	第十二届"人文杯"学生学术科技作品竞赛三等奖
2022.04	第十三届"人文杯"学生学术科技作品竞赛二等奖

修改要求如下：

重点体现：国家级、唯一的获奖。

可以适当增加描述：如××学院国家奖学金，本年度全院唯一获得者。

建议做如下的修改：

（1）时间倒序，从 2024 年到 2020 年，把最近的事情写在最前面。

（2）合并同类项：将同一年度、同一类别的奖项合并在一起。

修改后，内容更有逻辑，也节省了版面。获奖情况修改后的示例如表 6-3 所示。

表 6-3　获奖情况修改后的示例

时　　间	获 奖 情 况
2022 年	××大学"三好学生"、学习优秀一等奖学金
2021 年	第十二届"人文杯"学生学术科技作品竞赛三等奖、暑期社会实践一等奖、社会实践优秀奖学金、学习优秀一等奖学金
2020 年	第十三届"人文杯"学生学术科技作品竞赛二等奖

6.2.7　简历中的兴趣爱好

兴趣爱好在一定程度上能反映求职者的个性、心态等，兴趣丰富一般也被认为是能力强的表现，简历中可以写一些和应聘职位及公司文化匹配的爱好。

例如，写自己喜欢长跑或者登山，这体现了求职者有很强的意志力和韧性，应聘各种岗位都可以给自己加分。

首先，写与应聘岗位有关的兴趣爱好，因为用人单位希望寻觅对工作抱有热情的人。如果你的兴趣和工作相符，那是再好不过的了。其次，写有成绩的兴趣爱好。空谈兴趣不算数，只是消遣。如果在兴趣爱好上做出了成绩，就是个人特长了。例如，你热爱写作并获奖，弹钢琴达到了什么等级，把爱好当成工作业绩来写。兴趣爱好不要写太多，列两三项就够了，不然会让人力资源管理人员觉得你花太多时间在兴趣爱好上，可能忽略本职工作。

6.2.8　简历中的自我评价

自我评价并非必要，若写则应突出个性中适合岗位的特点。

自我评价主要是通过简明扼要的概述，向招聘负责人展现自己的综合素质，用简练的语言说明你的最大优势是什么。

在"自我评价"这一部分，经常可以看到求职者写的"性格开朗、工作认真负责、具有团队精神"等词汇。千篇一律的词汇无法凸显求职者的个性，因为这些词汇没有针对性。个人评价最忌空洞，建议求职者明确总结自身特点，最好能结合职位要求及自己专业特点进行阐述。

自我评价可以采取"总结+成果+能力+性格"这样的格式，内容一定要体现自己的优势。如果自我评价写成任何人都可以用的东西，就完全没有意义了。

（1）总结：几年工作经验、涉及什么行业、任职过什么类型的公司、岗位发展情况等。

（2）成果：有没有突出的成果、对公司业务的贡献。

（3）能力：熟悉和擅长的领域、有没有相关的资源、能否独立完成工作或者带领团队。

（4）性格：在性格上有什么优势，沟通能力、表达能力、学习能力如何。

表 6-4 为某应届毕业生自我评价。

表 6-4　某应届毕业生自我评价

条目	内　　容
总结	大学期间在 2 家互联网公司（××和××）实习过，负责新媒体运营，可以独立完成工作
成果	撰写的推文被×家账号转载，在 3 个月实习期内，公司账号涨粉 50%
能力	熟悉新媒体运营技巧及工具，具备文案策划撰写及数据分析能力；英语表达流利，可以自由交流
性格	具备良好的协作能力和沟通能力，可以适应高强度工作

6.2.9　简历中的附件及其他

1．照片

当人力资源管理人员看到一份简历时，最吸引其目光的就是照片，所以一张得体的照片特别重要。建议求职者在简历中附上一张清晰、端庄、大方的职业照，用活力和朝气吸引人力资源管理人员，尽量不要使用生活照、艺术照，特殊岗位要求除外。

2．期望薪酬

对于期望薪酬，求职者应该给出一个范围，这个范围最好是在招聘方给出的薪酬范围之内。在了解自己的目标职位在行业里的大致薪酬之后，结合自己之前的薪酬，给出一个大致的范围。范围不要太小，要可高可低，这样可以收放自如。这个范围的最低值就是你能接受的底线。

3．附件

附件包括个人获奖证书的复印件，外语四级、六级证书的复印件，计算机等级证书的复印件，发表的论文或其他作品的复印件等。

附上作品很重要，简历中再多的文字描述，也没有直接附上作品来得直接。

求职者应聘新媒体编辑，一定要附上 2～3 篇比较满意的原创作品，或者曾经在实习的过程中参与的策划案及成品。

6.3　制作简历的技巧与要求

对于大学毕业生而言，简历就是自己的名片，往往先于本人与招聘方见面，向招聘方讲述你的过去，展示你的现在，表达你的意愿，昭示你的决心。简历的重要性毋庸置疑，甚至可能承载你的未来。

对于每位求职者来说，一份好的简历意味着成功了一半，马虎不得。那么，怎样准备一份令人过目难忘、留下良好印象的简历呢？

每发出一份求职简历，每个求职者的内心就多了一份期盼与渴望，但往往事与愿违，因为发出的简历，往往石沉大海，屡屡打击求职者的信心。那么，究竟是什么原因造成这种情况呢？

求职者总是为投出的简历迟迟得不到回音而发愁——怎么就没有慧眼识人才的企业！人力资源管理人员也为堆积如山的简历发愁——收到的简历很多，但真正适合的人才很少。写简历是需要技巧的，求职者也许不能一蹴而就写出人见人爱的简历，但至少要了解人力资源管理人员愿意看到哪种简历。

1．语言准确

在人力资源管理人员通过面试了解求职者之前，简历就是求职者的"名片"，如果人力资源管理人员看到的是一份排版不美观、语句不通顺、错误百出，甚至关键信息缺失的简历，对求职者的印象就会很差，不想继续看下去。试想一下，一个连简历都马虎粗心对待的人，对工作能认真负责吗？

求职者写完简历后切勿急着投递，一定要仔细检查，检查是否有错别字、排版空缺及语句不通顺的情况并及时修改。简历不需要以"花里胡哨"为亮点来吸引人力资源管理人员的目光，一份精确简洁的简历才是人力资源管理人员需要的。

在简历中不要使用拗口的语句和生僻的字词，更不要有病句和错别字。对于外文简历，要特别注意，不要出现拼写错误和语法错误。招聘者考查求职者的外语能力一般就是从简历开始的。同时，简历行文要准确、规范。在大多数情况下，作为实用型文体，简历句式以简明的短句为好，文风要平实、沉稳、严肃，以叙述、说明为主，动辄引经据典、抒情议论是不可取的。

有的人写简历，喜欢使用许多文学性的修饰语。例如，"大学毕业，我毅然走上工作岗位""几年来勇挑重担，为了企业发展大计披星戴月，周末的深夜，常常还能看到办公室明亮的灯光。功夫不负有心人……"，结尾还忘不了加上一句"我热切期待着一个大展宏图、共创辉煌未来的良机"之类的口号。这样的简历，只能让人一笑置之。

2. 内容真实

简历最基本的要求就是真实。真实地记录和描述，能够使阅读者对你产生信任，而企业对于求职者最基本的要求就是诚实。阅历丰富的人力资源管理人员，对求职简历有敏锐的分析能力，会发现其中的破绽。

下面是一些不甚明智的做法。

（1）故意遗漏某段经历，造成简历不连贯。

（2）在工作业绩上弄虚作假，夸大所任职务的责任、权力和经验。

（3）隐瞒离职的真实原因，如将被迫辞职说成领导无方，将公司倒闭描绘成怀才不遇。

以诚实为本，不要弄虚作假，这一点尤其重要。每个大学毕业生都希望自己的简历能在千军万马中脱颖而出。于是，有人想方设法对自认为不是很满意的地方加以修饰或掩盖。这种心情是可以理解的，但没有诚信，就算才华横溢，也难以在社会上立足。

不要复制他人简历中的内容，这是很多错误产生的根源。例如，明明是"2025年××大学应届毕业生"，简历封面上却写着"2024年××大学应届毕业生"；更有甚者，连简历上的姓名和证书复印件及成绩单上的姓名都对不上。

3. 版面美观

一份好的简历，版面设计也是一个非常重要的因素，是真正的"第一印象"。简历要条理清楚，标识明确，段落不要过长，字体大小适中，排版美观，疏密得当。不要为了节省纸张，文字密集而局促，令阅读者感到吃力；也不要一页纸只有几行字，留下大片的空白。版面不要太花哨，要有类似公函的风格，这也能体现出求职者的基本职业素养。简历写完后，要仔细调整格式，使其符合行文规范。

排版整齐、简洁有序是对简历的基本要求，也是体现求职者细微差距的地方。简历一般白底黑字，字体为宋体，小四号字。重点内容、关键数字要醒目，特别有优势的部分使用黑体、加粗等方式凸显出来，斜体不一定受欢迎。楷体字看起来字号偏小，尽量不要使用。如果简历需要用两页纸，请清楚、完整地把自己的经历和取得的成绩表现出来；不要压缩版面，不要把字体缩小到别人难以阅读的程度。

4．详略得当

有的简历中的个人信息特别丰富，就像"户口调查表"一样，而有的简历中的个人信息有缺失，这两者都不可取。

一般来说，个人基本信息简洁、直观即可，不需要把身高、体重、家庭地址等都填上去，以免显得啰唆。有些求职者的简历过于简略，以至于连基本信息都不完整，忘记填写联系方式。

5．重点突出

对于不同的企业、不同的职位、不同的要求，求职者应当事先进行必要的分析，有针对性地准备简历。求职者盲目地将一份简历标准版本大量复制，效果会大打折扣。要根据企业和职位的要求，巧妙突出自己的优势，给人留下鲜明深刻的印象。这方面是整份简历的点睛之笔，也是最能表现求职者个性的地方，应当深思熟虑，不落俗套，写得精彩，既有说服力，又合乎情理。

才能并非越多越好，重点是让人力资源管理人员看到你应聘相关岗位是合适的。应聘技术型工作，工作经历和项目经验最重要，一定要在简历中突出自己在项目中的职责、贡献和突出点，要突出自己的长处，这是简历的重点，也是面试主要谈的内容。

6．信息完整

简历的作用，在于使一个陌生人在很短的时间内了解你的基本情况，就好像故事梗概，吸引对方继续看下去。因此，简历内容要完整，以使对方对你尽可能有比较全面的印象。

有的简历不注明应聘职位的名称，对于每天接收成百上千封简历的人力资源管理人员来说，可能马上就将这样的简历剔除了。

7．评价客观

简历中通常都会涉及他人对自己的评价，应当力求客观公正，包括行文中表现出的语气，要做到诚恳、谦虚、自信、礼貌。这样会令招聘者对你的人品和素质留下良好的印象。现在已经有越来越多的企业重视一个人的品行、开拓与合作精神等基本素质。在众多高学历求职者的激烈竞争中，这方面的因素更加凸显，最终使获胜者脱颖而出。总的来说，既不能妄自尊大，也不能妄自菲薄，对分寸的把握非常重要。避免夸夸其谈，适当坦陈自己在经验等方面的某些不足，反而更能赢得好感。

8．人岗匹配

好的简历都是围绕工作来写的，只有匹配工作要求，求职者才会引起招聘者的注意。选择与求职岗位相关的能力证明及经历，如应聘销售岗位，就不要全篇都写做文案的经历。

学会看招聘信息中的职位描述，让简历更有针对性。只有根据招聘要求写简历，让招聘者看到你能够胜任这个职位，你的机会才会变大。你要把自己胜任职位的能力写出来，写出相应的经历和能力，最好把自己的成功案例摆在上面，这样的简历才是有分量的。

有的简历呈现出来的工作经验与应聘岗位差异太大，瞬间成为被剔除的对象。例如，企业招聘软件开发人员，求职简历却呈现出求职者做销售或客户开发工作的经历。如果招聘者收到一份同时应聘三个岗位的简历，就会得出这样的结论：什么都能干的人，可能什么都干不好。因为这样的简历没有突出任何方面的技能或专长，自己对自身的发展不清楚，如无头的苍蝇乱撞，企业不会对这样的人感兴趣。

9. 言简意赅

招聘者每天要面对大量的求职简历，工作非常忙，在粗略进行第一次阅读和筛选时，每份简历所用时间不超过 1 分钟。如果简历很长，招聘者难免会遗漏部分内容，甚至缺乏耐心完整细致读完，这当然对求职者是很不利的。冗长的简历，让招聘者觉得求职者在浪费他的时间，还会得出求职者做事不干练的结论。言简意赅，流畅简练，令人一目了然的简历，在哪里都是最受欢迎的，也是对求职者工作能力最直接的反映。

简历中的每句话都应对求职有积极作用，将无关的话一律删去。

如果求职者有多个求职意向，尤其不同求职意向之间差别较大，那么建议做多份简历。在简历中，对于与求职意向相关的工作经历可以重点强调、详细展开，对于不太相关的经历可以一笔带过。

10. 具体有效

求职者应该根据应聘企业的性质及岗位的具体需求来准备简历，个人经历也需要根据所求的岗位进行调整。自己的工作经历要写得清楚一点，不要潦草带过。一件事情只有具体化，才有可能得到对方的认可。细分一件事情，将其分成多个方面，总会有一个方面给对方留下深刻的印象。

11. 突出优势

要在茫茫人海当中脱颖而出，你就一定要展现出自己最独特的一面，而且是那种只有你能、别人不能的能力，这样你才可以屹立于顶峰。

把自己的优势在简历开始时试着用三句话进行概括。

为了显示自己比其他竞争者更有优势，你需要的不是简单列出你的工作职责，而是列出你的特殊贡献，如效益增长百分比、客户增加数、得到的奖励等。

12. 注重细节

联系方式应在简历显眼处标识，千万不要放在不显眼的地方。如果有可能，就在简历每页的显眼处予以标识。而且，在联系电话的后面注明是哪个地区的电话，以便人力资源管理人员在与你联系前确定是否在前面加拨 0 或区号。

目前，很多企业都是在网上接收电子邮件简历，甚至直接在邮箱内进行首次筛选的。企业对电子邮件的主题格式、附件格式等都有具体要求，务必按人力资源管理人员的要求做，以确保简历不会被"误杀"，这也是对人力资源管理人员的尊重和理解。发送电子简历时，个人简历和证书、作品等的扫描件最好以附件 1、附件 2 的形式发送，这样人力资源管理人员可以根据不同的需要有选择地下载。当然，对于招聘单位有特殊要求的除外。

在列举实习经历时，应根据应聘单位和岗位的不同有所侧重，把与该工作有关的、有助于说服人力资源管理人员对你另眼相看的实习经历写上，以突出自己的优势，无关的实习经历一律不写。

对于个人特长、兴趣爱好，应根据应聘岗位的特点有所侧重，把最能说明问题的个人特长和兴趣爱好进行适当的描述。

求职者对自己投过简历的单位应该心中有数，对重点目标单位的招聘联系人称呼应牢记，避免对方与你联系时，对方重复了三次，你连对方是哪个单位都不知道。

简历篇幅为一至两页，两页不至于太短，也不至于信息太多。项目或经验过多的可以压缩，一般面试聊一两个主要项目就可以。

6.4　6W1H 原则

"6W1H"是 Who、Whom、Why、What、Where、When 和 How 7 个英文单词的简称，是人力资源管理人员在制定工作说明书时广泛采用的方法。按照工作说明书的思路写工作经历，会使人力资源管理人员接收到更为有效的信息，从而增加面试机会。

以求职者曾经做过行政秘书工作为例，运用 6W1H 原则描述其工作经历，如表 6-5 所示。

表 6-5　6W1H 原则在简历中的应用

6W1H 原则	说　明	示　例　内　容
Who	工作的责任主体是谁	行政秘书
（For）Whom	工作服务和汇报的对象是谁	行政经理
Why	为什么要做该项工作	（1）确保文件的规范撰稿和顺利传达 （2）确保公司会议的有序组织和顺利召开 （3）确保来宾的接待礼仪 （4）确保办公室日常管理工作的顺利进行
What	工作是什么	（1）起草、打印、整理并分发各类文件、报告、通知等 （2）安排公司会议，记录和整理会议内容及纪要 （3）接听电话、收发邮件 （4）接待来访宾客
Where	工作地点在哪里	公司行政办公室
When	工作的时间期限	公司正常上下班时间
How	完成工作使用的设备和程序	（1）按照行政经理的指示做好各项工作 （2）与公司各部门沟通，传递信息 （3）电话、计算机、复印机、传真机

6.5　STAR 原则

"STAR"是 Situation（背景）、Task（任务）、Action（行动）、Result（结果）4 个英文单词首字母的组合，STAR 原则是有效的招聘面试工具，被人力资源管理人员广泛采用。求职者制作简历时，不妨采取 STAR 原则陈述工作经历，投人力资源管理人员所好，从而增加面试的机会。

以求职者描述大学期间参加的一次大学生辩论赛为例，运用 STAR 原则陈述此项经历，如表 6-6 所示。

表 6-6　STAR 原则在简历中的应用

STAR 原则	说　明	示 例 内 容
S（背景）	描述当时的背景或情况： （1）时间 （2）地点 （3）背景	比赛共分 10 个小组，选手为来自省内各高校选拔的优秀辩论员，辩论题目聚焦当时社会热点，是一次激烈的口才与智慧的角逐
T（任务）	对需要完成的任务的描述： （1）什么任务 （2）要达到的目标是什么 （3）完成任务的其他要求是什么	代表××××大学参赛，任辩论赛小组组长，争取进入比赛前三名
A（行动）	针对当时的情况，采取的方法： （1）具体做了什么 （2）使用了什么工具 （3）克服了什么困难	熟悉比赛流程，学习掌握辩论技巧，收集整理社会热点资料，分配小组成员角色，编制训练题目，模拟辩论场景等
R（结果）	最终的结果或取得的成就： （1）获得什么成就 （2）学习到什么 （3）把结果量化	获得大学生辩论赛××地区冠军
能　力	锻炼或拥有了什么能力	领导能力、决策与控制能力、沟通能力、组织协调能力、团队合作能力、分析和解决问题能力

6.6　什么是求职信

求职信是求职者向用人单位介绍自己情况以求录用的专用性文书。求职信是求职者和用人单位之间沟通的桥梁。求职者在求职信中可以展示才干、能力、资格，突出其实绩、专长、技能等优势，从而得以被录用。因此，求职信的自我表现力非常明显，具有一定的公关要素与公关特色。

求职信也是交际的一种形式，它可以反映出一个人的专业水平。从用人单位的角度出发考虑问题，是使求职信产生积极效果的重要方法。求职者应该采取换位思考的方法，通过分析用人单位提出的要求，了解他们的需要，然后有针对性地向他们提供自己的背景资料，表现出自己独到的智慧与才干，使他们从自己身上看到希望，并做出对自己有利的决定。

在求职过程中是否需要附加一封求职信，众说纷纭。需要注意的是，简历在求职过程中往往是被动的，而求职信具有主动性，是求职者争取面试机会的半正式沟通方式。

对于简历本来就符合招聘要求的求职者而言，求职信的作用不是很大，但至少可以表明求职者的诚意。对于简历不是很符合招聘要求（想跨行业求职，工作经历或专业不适合）的求职者而言，求职信的作用就不可忽视了。

一份好的求职信能够体现求职者清晰的思路和良好的表达能力，也能够体现求职者的沟通交际能力和性格特征。求职信是求职者向企业递送简历时的自我表达，能够简明扼要地把"我愿意、我适合、我能够做什么样的工作"阐述明白即可。

6.7　求职信与求职简历的区别

如果你想引起人事主管或招聘人员的注意，写一封求职信比较好。求职信属于简历的附信，能够补充简历本身缺乏描述性词语的不足。

求职信与个人简历的撰写目的一样，都是要引起招聘人员的注意，争取面试机会，但两者有所不同。求职信是针对特定的个人来写的，而简历却是针对特定的工作职位来写的；简历主要叙述求职者的客观情况，而求职信主要表述求职者的主观愿望。相对于简历来说，求职信要集中突出个人的特征与求职意向，从而打动招聘人员，是对简历的补充和延伸，可以让招聘人员对你有更加深入的了解。

求职者应该针对不同的应聘单位写不同的求职信，最好能在求职信中出现一些应聘单位特有的词汇。假如求职者对自己的硬笔书法有信心，那么可以手写求职信。

6.8　求职信的作用与功能

求职信是打开求职大门的"金钥匙"，用于补充简历的内容，更清楚地表现求职者的工作企图心、个性、特质等。求职信可以展现出求职者的长处，从而增加面试的机会。求职信的目的应该是让招聘者知道求职者的工作能力和性格特征，感受到求职者对这份工作的认真和热情。只有能够体现求职者聪明才智的求职信，才能帮助求职者谋求到一份理想的工作。

用人单位可以通过求职信了解求职者的文字表达能力，加深对求职者的印象。

求职信主要具备以下两个功能。

（1）推销自己适合申请职位的优点。

（2）展示自己对职位的理解。

6.9　求职信的组成结构与写作要求

求职信与普通书信的写作格式是相同的。求职者写求职信离不开简单介绍自己，列出自己的优点和技能，要求对方给予面试机会。写求职信应该综合考虑招聘要求和自己的能力，说明自己具备的技能、知识、经历及应聘优势。

1. 标题

求职信的标题是求职信的标志，一般直接写"求职信"即可，以表明信件的性质。

2. 称谓

称谓在标题的下一行，顶格写明应聘单位的名称或负责人的姓名、职务。例如，××公司人力资源部主管/招聘主管、××公司×先生/女士。

在称呼后加冒号。注意：尽量不要写问候或寒暄的话语，通常用"您好""打扰了"等即可。

3. 引言

（1）自我介绍。

求职信一开始就要自报姓名，交代清楚求职者是谁，用一句话简单介绍求职者的学校、专业或工作背景。例如，"我是××××大学的学生，在×月毕业，专业是××××等。"只要把最重要的，也是与未来单位最有关的信息写清楚就可以。

（2）应聘职位。

求职者要写清楚应聘的具体职位或职业目标，说明该职位的招聘信息来源，写明自己对招聘单位的了解程度。

例如，"我在×××招聘网上看到了贵公司的招聘信息，很感兴趣，想加入你们的公司。"

一般书信的正文开头为问候语，但在求职信中大可不必。你与读信人彼此陌生，写问候语反倒给人做作之感，有时甚至让人感到莫名其妙。

4. 正文

正文部分是求职信的重点，但不能想到什么就写什么，也不能自己喜欢什么就写什么。求职者写求职信的目的是向人力资源管理人员展示自己符合这份工作的要求，同时具备做好这份工作的能力，所以求职信的正文部分应该针对应聘的工作来展开。

（1）介绍自己的基本情况。

简要陈述求职者的教育背景、性格特征与兴趣爱好，以及具备的资质和能力。

（2）展示自己的主要成绩。

展示求职者解决问题的能力，突出求职者的优势和特长，表达求职者的知识、经验和专业熟练程度，并且用特定的事例加以说明。求职者将招聘要求和自己的资质进行比较，说明该职位符合求职者的求职目标，用事实或数据证明求职者适合这个职位，表示愿意并有能力做好该工作，能够为招聘单位贡献价值。

对于应届毕业生来说，可以介绍自己在大学期间修读了哪些主要课程、成绩的排名情况、参加过哪些竞赛、获得过哪些奖项和证书、过往的实习经历等。

5. 结语

在结语部分，求职者重申对职位的兴趣和自己是合适人选，强调自己的愿望和要求，希望尽快得到回复，恳请人力资源管理人员给予面试机会，并留下最佳的联系方式，如联系电话、E-mail 等，方便人力资源管理人员联系。接下来，写上"此致，敬礼""顺颂商祺"之类的敬辞。"此致"二字可居中，"敬礼"要另起一行顶格写。

6. 致谢

求职者向对方表示感谢，感谢其在百忙之中花时间阅读自己的简历和求职信，用"真诚期望能获得面试的机会""希望有幸能为公司效力"这样的句子作为结尾，给人力资源管理人员留下好的印象。同时，求职者可以告诉对方自己会在某个时间打电话询问材料是否安全抵达，以及安排面试时间。这样做，即使打电话的结果不尽如人意，也总比一直等待一个永远不会打来的电话要好。

7. 附件

附件是简历和求职信所述内容的佐证材料，主要包括毕业证书、课程成绩登记表、获奖证书复印件、学校推荐信、个人简历等。在正文下一行空两格写明"附件"。附件应有必要的签名或盖章。附件不宜过多，除非是招聘单位在招聘广告中特别要求的。

8. 落款

求职者应在正文右下方署上自己的姓名，写上成文日期。注意：格式要正确，分两行排列。日期低于联系方式两行，靠右边。

求职者的签名，字迹不可潦草模糊。如果在联系方式中没有姓名，那么在求职者的签名下方应该打印出求职者的名字，以确保对方能够清晰辨认。

署名时要注意两点：一是不要过分谦卑，写"学生××敬上"等字眼；二是不要写得龙飞凤舞，炫耀书法，结果会适得其反。

总之，要把求职信写好，写得恰如其分并不容易。写求职信是一门艺术，需要求职者有一定的社会经验，有一定的写作素养，还要掌握心理学、公共关系学等知识。

【案例探析】

【案例 6-1】一份与众不同的简历赢回了面试机会

大学毕业生小文错过了面试，后来竟然用动画简历赢回了机会。

小文从会计专业毕业后，喜欢手工制作的她在网上看到一家手工网站的招聘信息，那个职位简直是为她量身定制的。她在瞬间激动得汗毛都竖了起来，但因为太紧张，记错了高铁时间，错过了面试。

为了证明自己的实力和诚意，小文开始构思一份与众不同的简历，再次向招聘单位争取面试机会。她手绘了 200 多份素材，自学视频制作，拍摄了 3000 多帧画面，经历了两次几乎让人崩溃的失败……

前前后后忙碌了两个月，小文制作了一段 2 分多钟的视频。在视频里，24 岁的小文化身成动漫人物形象，娓娓道出了自己对梦想、工作的看法。

小文的动画视频简历打动了面试官，再次获得面试机会，成功获得心仪已久的工作。

简历就是一个人在职场的名片。它决定了求职者给招聘者的第一印象，对求职者能否进入面试环节至关重要。一份好的简历能够帮助求职者找到梦寐以求的好工作；而一份坏的简历能够让求职者将一手好牌打烂。

【案例 6-2】兴趣爱好也有助于求职成功

××大学经济管理学院毕业生黎同学非常喜欢乒乓球运动，是大学校队的主力队员，曾多次代表学校参加比赛，获得多项殊荣。令黎同学没有想到的是，体育方面的爱好和优势竟成为其求职优势，打乒乓球的经历成为他求职成功的关键。

在一次招聘会上，黎同学看到某高校后勤集团招聘"经理助理"一职，便投递了一份简历。经过面试，招聘单位很快与他签订了就业意向。原来，该高校各系部间每年都要举行一次乒乓球比赛，将比赛成绩作为各部门年终考核的一部分，而该单位多年来总是无缘进入决赛，于是领导让人事部门在当年的招聘活动中优先考虑有打乒乓球特长者。因此，在诸多求职者中，黎同学脱颖而出，受到招聘单位的青睐。

小刘是工业工程专业的一名女生，尽管有相当一部分人认为女生比男生找工作难，但她第一次去某航空公司面试，就顺利被录用了。谈起这次面试成功的经验，小刘认为除自己学习成绩优异之外，还要得益于她的特长及她在口试当中的表现。在口试过程中，当用人单位问她除了学习，课余还有什么爱好时，她毫不犹豫地说自己的课余爱好是节目主持，并向用人单位简要介绍了自己几次难忘的主持经历，使用人单位产生了浓厚的兴趣，最终决定与她签约。

在渴求工作的大学毕业生之间，专业技能的差别一般不会特别大。有一项特长就可能引起重视，获得更多的就业机会。

个人特长是用人单位极为关注的一个重要内容，可以更全面地考查一个人的能力及职位的适应性。当下，一些用人单位招聘，在看重求职者专业知识和工作经验的同时，把一些兴趣特长也作为求职者的综合素质来看待，并作为是否聘用的因素之一。因此，大学生在学好书本知识的同时，要注意全面发展，培养个人兴趣爱好，增强就业竞争力，在制作简历或面试时一定要突出自己的个人特长。

用人单位有时不一定需要特别全面的人才，但急需合适的人才。在上面提到的例子中，在众多求职者中，黎同学不是最优秀的，却是招聘单位最需要的。大学生在求学期间培养自己的业余特长，说不定这种业余特长会成为日后求职成功的关键。

【各抒己见】

【探讨 6-1】判断求职简历是否合格

以下列举的各项，哪些是合格简历的写作要求，在对应内容的"□"中画"√"，哪些是不合格简历存在的问题，在对应内容的"□"中画"×"。

□简历内容应与职位需求匹配，量身定做。

□亮点突出，用词准确，排版专业。

□重点突出，符合招聘方阅读习惯。

□个性化定制，充分反映个人特质。

□挖掘个人经历，提炼能力，重组构架，展现亮点。

□使用数字来恰当地描述你的工作成就，如"领导 9 人销售团队"。

□照片正规，穿正装照。

□要善于抓要点，有的放矢，挑出最相关、最显著的事情写。

□篇幅不要超过两页 A4 纸，能控制在一页更好。

□使用基本的、朴实的格式，用精练的语言尽可能向人力资源管理人员传递他们需要的信息。

□用行为词来打头。例如，"处理所有客户的信件"。

□列出自己几个优点，并通过以前的成就和经历来证明这些优点的确存在。

□将主要的、能彰显你能力和技巧的事情写在简历中，用规范的格式让人力资源管理人员很容易找到需要的信息。记住，简历中的每一句话、每一个词都可能在面试中被问到，所以拿不准的事情不要写在简历中。

□人力资源管理人员其实更在意你的个人能力和教育背景，没人关心鸡毛蒜皮的小事。

□留你家里的电话、私人邮件地址，确保未来的领导很容易找到你。

□不要写明离职的原因。

□不要把自己粉饰成无所不能的天才，以此来吸引人力资源管理人员的目光。

□不能自圆其说的事情不要写。

□不要包含太多敏感的个人信息，这些信息可能导致就业歧视。

□不要把跟职位和工作无关的兴趣爱好都写进去，如旅游、看小说、唱歌等，这些兴趣爱好不会给你加分。

□不要把各门课程的成绩单都附上。如果成绩特别优秀，就写上曾经连续几年拿过一等奖学金或全年级第几名。

□不要设计得过于华丽，这会让用人单位觉得你太会总结自己，甚至认为你的简历是请专门的美术人员"装潢"出来的。

□与应聘职位无关的工作经验不要写，根据用人单位性质、职位要求，提供证明能力的背景资料即可。

□不要面面俱到地展示你的所有方面的才能，这样会让用人单位抓不住重点。

□把简历写成招聘方的职位描述。

□简历很平淡，内容太单薄。

□简历没有竞争力，没有特别的亮点。

□简历有好多页，还有封面。

□格式不够规范，排版不符合阅读习惯。

□使用"很多""很大""相当好"之类含糊的数量词，人力资源管理人员可能质疑你用语的准确性。

□包含一些无关紧要的事情，如"高二时成功竞选为班长"。

□试图通过反常规的格式、稀奇古怪的字体和五花八门的纸张来使自己与众不同。

□写明最低薪酬要求及职位要求。

【探讨 6-2】简历标题怎么写

专业的简历标题绝对会提升简历的打开率，以下列举的各项简历标题，哪些简历标题是建议采用的形式，在对应标题的"□"中画"√"，哪些是简历标题不太合适，在对应标题的"□"中画"×"。

□我的简历

□个人简历

□求职简历

□我的第一份简历

□×××的简历（修改第2稿）

□应聘简历

□简历

□Resume

□姓名+职位名称

□姓名+职位名称+学校名称

□姓名+职位名称+手机号

□姓名+学历+学校名称+应聘岗位+意向城市

□××××届应届毕业生岗位+院校名称+姓名+应聘岗位+意向工作地

【探讨 6-3】对比简历中工作经历的写法

（1）假设你曾经在大学期间组织过一次游园会，在简历中撰写工作经历时，你会选择哪一种写法，在对应内容的"□"中画"√"，并简单说明选择的理由。

□××大学艺术中心　干事　参与组织了××××年的游园会

□游园会是××大学最有影响的传统经典文化活动，参与组织、宣传工作，联系 22 个参演社团的 200 多名工作人员，记录会议摘要 1 万多字，协调排练场地 32 次，本届活动有 3000 多人次参加，成为最成功的一届游园会。

（2）假设你曾经有在外发传单的经历，在简历中撰写工作经历时，你会选择哪一种写法，在对应内容的"□"中画"√"，并简单说明选择的理由。

□××××年，为××××公司在外发送 DM（直接邮寄广告）××天，共发传单××张。

□负责×××项目的市场地推工作，在地推期间，通过一对一调研用户，了解用户的需求，并且为他们讲解产品功能，发送 DM 单页 500 张，获得有效反馈 200 个、意向客户 30 个，转化率 6%，远高于业内平均水准。

（3）以下两种工作经历的写法，哪一种既描述了工作内容，又说明了求职者的工作业绩，在对应内容的"□"中画"√"，并简单说明选择的理由。

□积极为公司撰写内刊稿件，撰写领导安排的文案。

□负责公司内刊稿件撰写及采编，3 个月完成新闻稿 15 篇、人物采访稿 3 篇。

【探讨 6-4】让人力资源管理人员眼前一亮的工作经历怎么写

写工作经历要尽可能贴合招聘职位的需求，没有无价值的经历，只有写不好经历的人。表 6-7 中所列内容是分别应聘杂志社编辑、医药销售代表、技术工程师、海天服装批发市场商服部负责人的工作经历描述，根据第 1 列列出的工作经历写作要求，从工作经历的两种描述中判断哪一种描述更合适，然后在第 3 列对应"□"中画"√"，并简单说明选择的理由。

表 6-7　工作经历描述优劣判断

工作经历写作要求	应聘职位与工作经历描述	优劣判断
运用具体数据描述比模糊的概念更有说服力，并要保证数据的真实性	应聘职位：杂志社编辑 描述 1：编辑杂志内容，负责每期杂志按期出版 描述 2：在任职期间负责 10 个选题的采编和撰写工作，并确保按期出版；负责出版的杂志中有 3 期进入畅销杂志排行榜	□ 描述 1 □ 描述 2
工作内容描述如果过于简单概括，就无法表达出工作内容的核心。可由细节展开陈述，并提供真实可靠的业绩数据证明工作业绩	应聘职位：医药销售代表 描述 1： （1）负责公司产品的区域销售 （2）推广医药产品 （3）收集客户信息 描述 2： （1）负责公司产品在长沙地区的销售和专业性支持工作，2021 年度销售业绩达 500 万元，与 2020 年同期相比销售业绩增长 20% （2）按照产品推广计划和程序开展多项医药产品的推广活动，介绍公司产品并提供相应资料 （3）在产品销售过程中收集客户对公司产品的意见、建议，并针对竞争产品的市场销售状况做相应的客户调查，将所收集信息及时向公司反馈	□ 描述 1 □ 描述 2
多次重复使用"负责"一词，这样的表述会使人力资源管理人员感觉过于单调、沉闷，无法提起认真阅读的兴趣。最好使用多个简明扼要的行为动词，避免重复使用"负责"一词，不同的行为动词会使工作内容显得更加生动具体，但要注意搭配恰当	应聘职位：技术工程师 描述 1： （1）负责现场技术支持工作 （2）负责客户服务技术支持工作 （3）负责技术改造工作 描述 2： （1）提供生产现场技术指导和技术咨询，负责产品的测试及技术改造 （2）为客户提供产品售前的现场技术咨询和演示，使其准确掌握产品的使用方法、性能及特点 （3）及时解答并处理产品售后的客户日常技术咨询及突发性问题	□ 描述 1 □ 描述 2
工作经历描述要条理清晰、措辞得当，避免口语化，对部门职能的描述不能过多，对个人工作职责的描述不能太少	应聘职位：海天服装批发市场商服部负责人 描述 1： 商服部主要负责市场内商户的日常需求。初到此部门，我是广播员兼文员。后来商服部负责人调走，档案管理员调到别的部门，此部门遂成为接收商户邮件、制作广告、传真出图、打字复印、开发数据、管理档案、退还押金的综合性部门，负责人兼员工皆是在下 描述 2： （1）负责市场内商户的打字、复印、传真、广告制作等日常支持性服务 （2）接收和分发商户邮件，确保商户业务的正常开展 （3）负责开发收据和退还商户押金等工作 （4）管理市场所有商户档案	□ 描述 1 □ 描述 2

【探讨 6-5】解答简历制作中的问题

6-2

　　请扫描二维码 6-2，浏览电子活页中的内容，或者直接打开本书配套的电子文档，认真阅读与了解"解答简历制作中的问题"文档的内容。制作简历时经常会遇到以下问题，思考并给出合理的答案。

　　（1）简历模板有用吗？

（2）简历必须是一张纸吗？

（3）有创意的简历好，还是传统简历好？

（4）通用简历好，还是定制简历好？

（5）一份通用简历可以用来求遍天下职位吗？

（6）投递简历的语言，用中文还是用英文？

（7）在简历中要不要写兴趣爱好？

（8）在简历中要不要写自我评价？

（9）在简历中要不要罗列所学的专业课程？

（10）实习质量重要，还是数量重要？

（11）简历是否需要加上职业规划？

（12）简历需要封面吗？

（13）简历需要贴照片吗？

（14）简历需要写页眉、页脚吗？

（15）简历有必要附证书复印件吗？

【探讨 6-6】求职简历的"要"与"不要"

请扫描二维码 6-3，浏览电子活页中的内容，或者直接打开本书配套的电子文档，认真阅读与了解"求职简历的'要'与'不要'"文档的内容，探讨以下话题。

（1）请扫描二维码 6-4，浏览电子活页所示的求职简历，探讨哪些内容必须"要"，哪些内容可以"不要"。保留"要"的内容，删除或完善"不要"的内容，再分析一下简历的质量是否提高了。

（2）针对自己撰写的简历进行讨论，探讨哪些内容必须
"要"，哪些内容可以"不要"。保留"要"的内容，删除或完善"不要"的内容，再分析一下简历的质量是否提高了。

【探讨 6-7】求职简历中存在的主要问题

请扫描二维码 6-5，浏览电子活页中的内容，或者直接打开本书配套的电子文档，认真阅读与了解"求职简历中存在的主要问题"文档的内容。扫描二维码 6-6，针对电子活页中的 3 份简历进行探讨，列出该简历存在的主要问题，并提出修改建议。

【探讨 6-8】如何撰写令人满意的项目经验

请扫描二维码 6-7，浏览电子活页中的内容，或者直接打开本书配套的电子文档，认真阅读与了解"撰写项目经验的注意事项"文档的内容，结合表 6-8 所示的项目经验示例，撰写某个项目的经验。

表 6-8　项目经验示例

项目经验描述	点　评
项目经验：××××大学电磁兼容实验项目　负责人 （1）组建课题小组，进行项目分工 （2）设计出先进仪器，降低能耗	项目经验描述模糊笼统
项目经验：××××大学电磁兼容实验项目　负责人 （1）担任项目负责人，成功申请到 5000 元的课题经费 （2）根据项目成员特长进行合理分工，成功组建高效和谐的团队 （3）根据项目目标进行合理的时间规划，确保目标按时完成 （4）在项目计划执行过程中，克服设备短缺的不利因素，利用多方资源解决技术难题 （5）设计出高精度、低能耗的精密仪器，使能源利用率提高 60%	使用精确具体的行为描述，明确项目角色分工和研究成果，为简历增添了亮点

【探讨 6-9】如何根据应聘岗位的需求完善简历

　　大学毕业生夏海洋同学打算应聘行政文员类岗位，请扫描二维码 6-8，浏览电子活页中的内容，或者直接打开本书配套的电子文档，认真阅读与了解"夏海洋同学撰写的第 1 版求职简历"，试从以下方面对第 1 版简历进行完善和优化。

　　（1）该简历排版格式是否可以进一步优化，如文本对齐、格式规范等？

　　（2）该简历是否存在错字和病句，若有请指出错字和病句。

　　（3）行政文员类岗位除了形象气质要好、办公软件操作熟练、沟通能力较强，还需要一定的文字功底和写作能力，对工作态度和责任心有较高要求。该简历的内容与行政文员类岗位的职业要求是否匹配？

　　苏老师根据夏海洋同学的求职意向，对他的简历进行了修改和完善，在统一格式的基础上，归纳其应聘优势，突出重点，精练文字。修改后的第 2 版简历如表 6-9 所示。

表 6-9　修改后的第 2 版简历

姓　名	夏海洋	性别	男	出生年月	20××.1.6	照片
民　族	汉	籍贯	上海	政治面貌	共青团员	
电子邮箱	xiahaiyang666@163.com			联系电话	139×××5678	
家庭地址	上海市××区××路××号			邮政编码	××××××	
求职意向	行政文员					
竞争优势	● 专业优势 本人毕业于上海××××学院文秘专业，熟练掌握办公软件应用，文笔流畅，英语口语良好。 ● 沟通表达能力较强 求学期间，本人积极主动寻找兼职和实习工作，为就业做准备。利用周末、寒暑假，曾先后从事过迪卡侬公司客服专员、麦当劳店员等兼职工作；在艾曼公司宣传部实习过 5 个月，岗位是宣传助理。工作期间，抱着学习的心态，我勤学多问，进一步熟悉办公设备的应用，增加了与他人友好沟通的经验，获益匪浅。 ● 组织协调能力较强 本人大学期间一直担任学校团支部宣传委员，有校内文艺活动组织经验，每次均获老师和同学们的好评。 ● 健康乐观开朗 本人高中就读于上海市青少年体育学校，身体素质佳，乐观开朗，喜欢各种球类和游泳等体育活动。健康的身体是承受工作压力的保障。 综上所述，我有信心一定能够胜任贵单位的工作。					

试分析并比较苏老师修改后的求职简历与夏海洋同学自己撰写的第 1 版求职简历，哪些方面发生了变化？修改后的简历有何特色？

【探讨 6-10】优秀简历应该如何写

苏州市亮星科技有限公司面向全国招聘"销售专员"，我们从某招聘网站获取其招聘信息，岗位职责要求如下：

（1）开拓新市场，开发新客户，增加产品销售范围。

（2）了解客户及行业发展趋势，根据客户需求推荐产品。

（3）负责联系客户，参与商务谈判，做好销售合同的签订、履行与管理等工作，做好新老客户的日常维护。

（4）做好销售合同的签订、履行与管理等工作，做好新老客户的日常维护。

（5）及时跟进客户项目，关注生产交付期，确保项目顺利进行。

职位要求如下：

（1）性格开朗，认真负责，有较好的学习能力、思考能力，热爱销售工作。

（2）熟悉电子产品，熟悉业务流程，有独立开发客户的能力。

（3）具有较强的逻辑思维能力和良好的客户服务意识。

肖荷同学有应聘该销售专员的意向，为此撰写了两份个人简历。请扫描二维码 6-9，浏览电子活页中的内容，或者直接打开本书配套的电子文档，认真阅读与了解"肖荷同学应聘销售专员时撰写两份个人简历"文档的内容。该电子文档中简历 1 在设计、排版方面基本上没有问题，主要问题出在个人简历的内容并没有体现出求职者的核心竞争力，主要体现以下方面。

（1）自我评价部分比较空洞，没有任何案例和数据支撑，给人的说服力不是很强。

（2）工作经历部分介绍工作内容非常空洞，STAR 法则没有用到，也没有任何与工作相关的数据体现。

（3）其他部分（例如，校园经历）没有详细阐述，比较空洞，不容易被人力资源管理人员注意。同时，简历中一些出彩的地方也没有突出显示。

请扫描二维码 6-10 和 6-11，浏览电子活页中的内容，或者直接打开本书配套的电子文档，认真阅读与了解"优秀简历的特征"和"制作优秀简历的技巧"文档的内容，针对肖荷同学的两份简历讨论以下问题。

（1）简历内容与应聘岗位的工作说明的关键词是否匹配？

（2）是否精准分析了岗位需求，与其工作经历是否匹配？

（3）是否借用了权威与名气，是否借用了数据和对比？

（4）从岗位匹配度、工作经历、专业背景等方面对这两份简历进行比较，看哪一份简历更接近优秀简历的要求，哪些地方还可以进一步优化。

【探讨 6-11】判断求职信的合格与不合格

以下列举的各项，哪些是合格求职信的写作要求，在对应内容的"□"中画"√"，哪些是不合格求职信存在的问题，在对应内容的"□"中画"×"，并简要说明选择的理由。

□针对不同企业的具体职位量身定制。

□集中于具体的职位胜任能力进行陈述。

□从读者的角度出发组织内容，并符合阅读习惯。

□有个人特色、亲切且能体现出专业水平。

□表述简明扼要，直奔主题。

□内容、语气、用词的选择和对希望的表达要积极，充分显示出求职者是一个乐观、有责任心和有创造力的人。

□自存副本。

□写没有实力的空话。

□写那些浪漫或表决心的空话，如"请给我一次机会，我会还一片天空"，这些语言修辞并不能给人力资源管理人员传递有效的信息，反而有哗众取宠之嫌，会弄巧成拙。

□主题不清，不知所云。

□过于强调能从招聘单位学到什么知识、技能。

□对个人过去的求职情形或人生状况做消极评价。

□热情洋溢地长篇抒情或不着边际地自我吹捧。

□写成个人自传，把与应聘职位无关的经历全部加进去。

□使用生僻词语、专业术语。

□格式混乱，条理不清。

□出现语法或拼写等细节错误。

□有文字上的错讹，偶尔出现错字、别字、病句及文理欠通顺的现象。

□是简历的翻版，应与简历分开，自成一体。

□求职信太长，多于一页。

□在求职信中谈论薪酬。

【探讨 6-12】求职信标题怎么写

请扫描二维码 6-12，浏览电子活页中的内容，或者直接打开本书配套的电子文档，认真阅读与了解"求职信标题怎么写"文档的内容，然后运用该文档介绍的方法，构思并撰写求职信的标题。

【探讨 6-13】求职信的第一句话怎么写

请扫描二维码 6-13，浏览电子活页中的内容，或者直接打开本书配套的电子文档，认真阅读与了解"求职信的第一句话怎么写"文档的内容，然后运用该文档介绍的方法，构思并撰写求职信的第一句话。

【探讨 6-14】求职信中出现的错误或问题

请扫描二维码 6-14，浏览电子活页中的内容，或者直接打开本书配套的电子文档，认真阅读与了解"求职信中的常见错误有哪些"文档的内容，然后完成以下任务。

（1）对照"求职信中的常见错误"找出求职信 1 中存在的错误或问题。

求职信 1

尊敬的先生：您好！

非常感谢您能在百忙当中抽空①阅读我的求职材料。

我是××大学××××届××专业毕业生，得悉贵单位正在招人②，出于对贵单位工作的喜爱③和事业发展前景的自信④，我真诚地相⑤您自我推荐，希望能加盟贵单位，为贵单位的事业添砖加瓦。

在此，附上个人简历一份，望您能阅读。

此致

敬礼

×××

××××年××月××日

【提示】

① 筛选简历是人力资源管理人员的职责，使用"抽空"一词不妥。

②"招人"过于口语化。

③ 对目标工作单位还没有熟悉，又何谈"喜爱"？求职者此时最好能表明自己对某个工作职位的态度。

④ 一是没有说明什么事业；二是"自信"在这里用词不当。

⑤"相"为错别字，求职者在使用计算机写求职信时，一定要注意检查拼写错误。

（2）探讨求职信 2 相比求职信 1 有哪些改进之处，哪些问题或错误已经修改。

求职信 2

尊敬的先生/女士：

您好！非常感谢您能在百忙当中阅读我的求职材料。

我是××大学××××届××专业毕业生，得悉贵单位正在招聘会计人员，出于对贵单位财务会计工作的喜爱，同时考虑到自身条件比较符合贵公司的会计岗位要求，因此向您投递了这份简历，真诚地希望能有机会参与贵公司的面试。如有幸加入贵公司，必将努力为贵公司的发展尽一份绵薄之力。

个人简历见附件。

此致

敬礼

×××

××××年××月××日

【提示】

简明的求职信更容易得到人力资源管理人员的青睐，但要尽量将需要表达的信息表述清楚，否则就没有必要写求职信了。本求职信点明了求职者所学专业及应聘岗位，体现了专业性，突出了自己拥有的专业知识，表达了对工作的喜爱之情。最后，以希望为公司发展做出贡献为结尾也是人力资源管理人员希望看到的。

【探讨 6-15】求职信如何展示最佳卖点

请扫描二维码 6-15，浏览电子活页中的内容，或者直接打开本书配套的电子文档，认真阅读与了解"求职信如何展示最佳卖点"文档的内容，对照该文档介绍的方法探讨表 6-10 所示的求职信在哪些地方展示了求职者的最佳卖点。

表 6-10　供分析的求职信（1）

分段序号	求职信内容	点评
1	尊敬的先生/女士：	
2	我在××××招聘网站上看到贵公司刊登的招聘网络维护工程师的信息，我对这个职位很感兴趣。因为根据职位描述，觉得这就是我一直在寻找的工作。	用简单的话语说明自己的教育背景与求职意向，并表达了强烈的求职意向
3	根据贵公司的招聘广告，这个职位要求名校背景、计算机科学或相关专业专科及以上学历，熟悉 Windows Sever 2010 和 Linux 操作系统。今年我将从××大学毕业。我所学的课程中包括计算机控制与管理，同时我还设计开发了 Visual InterDev 和 SQL Server 控制仿真系统。	缺乏在企业实习的经历，就尽可能用在校期间的科研与学术活动补充
4	在大学学习期间，我很好地掌握了我所学专业的理论知识与实践技能。我有比较好的英语读写能力，不仅通过了 CET-6 考试，还可以自如地用英语与他人交流。	在陈述自己专业技能与成就的同时，很好地向人力资源管理人员展示自己适合本职位的优势，暗示自己就是最佳人选
5	非常感谢您在百忙之中阅读我的简历，如果您还需要了解我的其他信息，敬请联系我。我很期待能获得与您面谈的机会。	用谦逊礼貌的话语，向人力资源管理人员表示感谢，并再次表明自己的诚意，给人力资源管理人员留下好印象
6	非常感谢！	

【探讨 6-16】求职信如何做到"三美、三要、三忌、三突出"

请扫描二维码 6-16，浏览电子活页中的内容，或者直接打开本书配套的电子文档，认真阅读与了解"大学生求职信要做到'三美、三要、三忌、三突出'"文档的内容，对照该文档所列"三美""三要""三忌""三突出"要点说说表 6-11 所示求职信是否体现了"三美"，做到"三要""三突出"，避免"三忌"。如果该求职信没有完全做到，那么还有哪些地方需要进一步优化完善？

表6-11　供分析的求职信（2）

分段序号	求职信内容	点　评
1	您好！我是××大学即将毕业的学生×××，非常高兴在前程无忧网、中华英才网和我们的校园网站上看到中国移动广东分公司的招聘信息，特别是看到广州和中山分公司都在其中，如果能在自己的家乡加入移动，对我这个喜爱移动、喜爱广州的人来说是绝妙的。	第1段，既告诉对方自己如何得知招聘信息，同时表达了自己的热诚
2	但是，您一定有疑虑，因为我这个学旅游和酒店管理的人却想应聘市场营销！关于这个问题，我想进行如下说明： 　　（1）在专业知识上，我并不逊于市场营销专业的学生。我们的专业除学习市场营销的一系列课程外，还专注于消费者心理的研究，正如移动所说"沟通从心开始"，把握消费者心理对于营销策划更为重要。另外，我还广泛阅读了从《定位》到《忠诚的价值》等众多营销论著。 　　（2）市场营销中许多具有艺术性、技巧性和因地制宜的东西，都不是可以从书上学到的，策划狂人史玉柱也不过是一个整天计算数学方程式的学生，大卫·奥格威在成为广告教父之前是一个从牛津大学退学的郁闷厨子。在这点上，我已经证明了我的天赋，我的营销案例分析课程得分是全院最高分95分，而且从中您能够看到，我曾经成功地参与了企业的策划活动。	第2段，把自己最大的优点呈现出来，既然是校园招聘，最有利的证据就是自己的学分，而且是比别的同学都高的学分。事实上，该职位对专业本身并无限制，但该同学主动"自暴其短"，说明自己的专业不是市场营销，实际上是想以先抑后扬的手法起到"后来居上"的效果，意思是说，你看，我专业不对口，可是我的知识结构和那些专业对口的学生相比丝毫也不逊色，而这变相地说明了自己的学习能力更强
3	在广西移动的业务当中，我很中意12580移动秘书服务，我觉得这是一个设计得非常好的增值服务，上班一族以及像我们这样正在找工作的大学生就非常需要此项服务。最关键的问题是如何将其推广给顾客。假如我有幸能够加入移动，我会采取如下的方法进行推广： 　　（1）在大学校园设立咨询台进行推广。我们可以联系学校的就业指导中心，强调我们这项服务可以帮助大学生不错过任何一家企业的通知，那么很可能学校会免费提供场地让我们做宣传。 　　（2）免费免操作为顾客提供半个月的12580移动秘书服务，所谓免操作，指顾客不需要到营业厅办理，不需要自己打1860电话开通，也不需要设立密码，一切都和短信息一样，是自行开通的。顾客对于任何一项服务都是非常怕麻烦的，所以我们要把服务做到零麻烦。当顾客已经习惯这项服务时，我们就可以要求顾客打电话开通此项业务了。	第3段，以模拟工作的方法来展现自己对该职位的理解，尽管方案未必能够行得通，但充分展示了自己对移动的关注和热诚
4	当然，目前我对于移动的业务完全是门外汉，您可能对我的幼稚哑然失笑，不过，我只是想让您了解我对通信业务的热情和喜爱。同时，我相信自己能够为广西移动的壮大添砖加瓦，和"全球通"的新广告词一样，"我能"！ 　　感谢您的阅读，期待您的回复。同时祝您身体健康，一切顺意！	第4段，再次表示出热忱，以祝福对方的形式收尾
5	××大学　××× 20××年××月××日	

【提示】

这份求职信强有力地执行了自己的使命。

（1）弥补申请人的不足。该职位并不限制专业，×××同学先提出自己专业不对口这个"伪不足"，其实是为了制造一种后来居上的感觉，意思是说，你看，我学的不是市场营销专业，但我的知识结构和经验比那些专业对口的学生强多了。这是写作常用的手法，叫"先抑后扬"。

（2）强调申请人的优势。即使在简历中已经说过一次自己在营销课中获得95分的高分，在推荐信中完全可以再强调一次。

（3）以模拟工作证明申请人的这些优点：善于思考+关注移动+对周围非常热诚。

idea 【训练提升】

【训练 6-1】撰写简历中的兴趣爱好

一个热门岗位的筛选比例是多少呢？答案是 1∶2000，甚至 1∶3000。面对如此低的通过率，大家毫厘必争，你还能安心地放过兴趣爱好这个助力吗？

请扫描二维码 6-17，浏览电子活页中的内容，或者直接打开本书配套的电子文档，认真阅读与了解"简历中的兴趣爱好如何撰写"文档的内容。假设你应聘新媒体编辑职位，以下所列的兴趣爱好，哪些写法是合适的，在对应内容的"□"中画"√"，对于不合适的写法说明原因。

□热爱并且擅长摄影，熟练使用 Photoshop 软件，很喜欢×××摄影师的作品。

□平时爱好写手账，擅长手绘。

□有拍 vlog（"video blog"或"video log"，意思是视频记录）的习惯，热爱并擅长简单的短视频剪辑制作，附件中有我的作品。

□喜欢打篮球，看电影，吃火锅……

□爱好阅读，在豆瓣写书评三年，建立了同城读书分享小组，每月聚会一次。

□爱好旅行，一年走遍中国十五个省份，是马蜂窝（网站）上游记分享大 V。

参照电子活页中介绍的兴趣爱好的有效写法，撰写简历中的兴趣爱好。

【训练 6-2】经历简单、经验不足的毕业生撰写简历中的项目经历

乔旺同学打算应聘"互联网产品运营"实习生岗位。他在大学期间有两门课程的考试题目分别是游戏开发和短片制作，他与多名同学组成一个团队共同合作完成这两个任务。另外，教师还布置了两个课后社会实践作业，分别是 App 开发和进社区活动。由于是第一次应聘实习生岗位，实际上除了这些校内课程项目经历和社会实践活动经历，乔旺同学并没有其他实习经历和工作经历，但他善于进行梳理总结，撰写了一份经历很丰富的个人简历。乔旺同学凭借相对丰富的经历获得了面试机会，在面试中表现出了不错的素质和能力，成功拿到了实习录用通知。

请扫描二维码 6-18，浏览电子活页中的内容，或者直接打开本书配套的电子文档，认真阅读与了解"乔旺同学的个人简历"。

请扫描二维码 6-19，浏览电子活页中的内容，或者直接打开本书配套的电子文档，认真阅读与了解"经历简单、经验不足的毕业生如何写简历中的项

目经历"文档的内容，参考乔旺同学的个人简历和电子活页中介绍的方法，对自己的课程项目经历和社会实践活动经历进行梳理总结，撰写简历中的校内项目经历和社会活动经历。

【训练 6-3】从五个方面描述求职者的项目经验

一个完整的项目经验应该包含五个方面的内容——项目名称、项目时间、项目描述、求职者的角色、业绩成果。请参考下面的示例内容，从五个方面描述自己的项目经验。

【示例】
项目经验

20××.7—20××.10　　××管理咨询有限公司　　课题研究组　　小组成员
项目名称："××南汇经济开发区创新能力研究"

- 对企业进行实地调研，其中样本企业 300 个，回收有效问卷 286 份。
- 运用 Excel、SPSS 软件整理约 15000 组数据，确保数据的真实性、科学性。
- 撰写调研报告，得到组长的高度认可，并为公司科学决策提供支持。
- 学习了大量的咨询和调研知识，提高了人际沟通能力。

【训练 6-4】应聘新媒体运营岗位时尝试撰写工作经历

假设你在大学里运营过社团的微信公众号，现在有一个应聘新媒体运营岗位的机会，参考以下示例撰写工作经历，要求写明运营新媒体时写了多少篇文案、阅读量和转发量是多少、多少账号要求转载求职者的文章、参与运营后公众号粉丝增长了多少。

【示例】
工作经历

2005.11—20××.5　　××科技有限公司　　财务部　　出纳员　　北京

- 负责公司现金收支项目的申报工作。
- 负责员工差旅费用的核算、报销工作。
- 核算公司各部门的资金使用情况，差错次数为 0。
- 负责银行存款、库存现金、有价证券的管理工作，未出现工作纰漏。
- 审核资金支付申请，按公司规定办理资金支付手续，并及时进行现金、银行存款日记账。
- 作为公司年末应收账款催款任务小组成员，主要负责收款、核算应收比例，协助销售部门顺利完成收款任务。

2002.8—2005.11　　××科技有限公司　　财务部　　出纳员　　北京

- 入职两周内便掌握了公司各种财务核算软件的应用。
- 运用 Excel 核算员工工资，资金节约率达 6%。
- 负责员工交通费用、通信费用、差旅费用等各项办公费用的核算、报销、建账工作，差错率为 0。
- 审核各类原始凭证，并及时登记现金、银行存款日记录。
- 负责银行印鉴和银行保留章的保管工作。

【训练 6-5】撰写让人力资源管理人员眼前一亮的工作经历

请扫描二维码 6-20，浏览电子活页中的内容，或者直接打开本书配套的电子文档，认真阅读与了解"撰写让人力资源管理人员眼前一亮的工作经历"文档的内容，结合以下工作经历示例，根据自己拟应聘的岗位，撰写简历中的工作经历。

现拟应聘一个销售职位，工作经历简述如下所示。

- 2015—2017 年，×××电视台，记者
- 2017—2020 年，×××网，运营人员
- 2020 年至今，×××网，COO（运营总监）

针对不同的公司，要把已有的工作经历都派上用场，工作经历应该怎么写？示例如下所示。

【示例】

工作经历

- 2015—2017 年，×××电视台，记者

两年记者生涯，采访了 900 多人，出镜 100 多次，卫星连线 3 次。这些经历让我有超乎常人的沟通能力：采访遇到困难时，我总能站在受访者的角度思考，让他们相信我是来帮他们解决问题的，从而使采访顺利进行。我认为，销售人员如果不能站在用户的角度去思考问题，那么必然不是一个好销售人员。我可以在 10 秒钟内看出采访对象的真实需求是什么，我可以在不打草稿的情况下对着全国几十万观众讲上 3 分钟。

- 2017—2020 年，×××网，运营人员

三年运营经验，锻炼了我找出用户需求的能力。我深知，将用户的需求精准挖掘出来，是销售的第一步。

- 2020 年至今，×××网，COO

两年 COO 经验让我懂得如何根据产品来调整运营、销售方案，如何管理团队。我认为，一个销售人员，只有深刻理解自己的产品，并且知道用户的需求，才能让用户意识到产品的价值，从而促进销售……

【训练 6-6】选择一份高质量简历模板并检查简历内容

对于大学生来说，使用专业的简历模板是写好简历的关键一步。专业的简历模板可以让你更顺利地表达出自己的经历和优势，帮你写出优秀的简历。

选用模板的原则是，美观而不花哨，简单而有内容。

要有核心关键词，便于人力资源管理人员查找核心内容。形式为内容服务。

优秀的简历模板能帮求职者节省很多修改时间，而且避免很多格式、字体上的小错误，非常有必要。简历中什么地方应该写什么，不该写什么，都安排得明明白白，只需好好打磨简历内容就行了。

1. 高质量简历模板的基本要求

（1）样式：干净整洁、有层次感。
（2）排版：板块和版式要和内容符合（如内容长度、板块数量、是否有照片等）。
（3）对齐：所有段落上下对齐，左右对齐。整体看上去没有参差不齐的感觉。

（4）字间距：文字占据绝大部分空间，不要留白太多，也不要字和字之间挨得太紧密。

（5）统一排版风格：在确定排版的大致思路后，用一种风格排版，让简历看起来有一种节奏感，显得更加专业一些。

此外，建议在简历中适当用一些线条、加粗、彩色字体等来区分模块，突出重点。

2．常见简历模板的布局结构

（1）表格式简历模板。

表格式简历模板适合填表时使用，看起来千篇一律，显得比较死板，会给人一种束缚感。

（2）密集文字式简历模板。

这种简历模板虽然重点突出，但文字很多，看上去不够清晰明了。

（3）分块式简历模板。

分块式简历模板通常将简历版面划分为多个区域，可以纵向使用线条分块，也可以左右分块。左右分块是目前比较常见的排版方式，重点突出、美观大方，符合常人的浏览习惯。此外，还有将整个版面划分为 4 块或更多块的，每块通过背景颜色加以区别。

（4）另类式简历模板。

另类式简历模板追求视觉效果，但会导致信息量不足，无法说明自己适合相应的工作。

请扫描二维码 6-21，浏览电子活页中的内容，或者直接打开本书配套的电子文档，认真阅读与了解“从 4 个方面检查简历”文档的内容。从下面的简历模板示例中选择两个自己比较满意的简历模板，然后参考电子活页中介绍的相关检查要点，对选择的简历模板内容进行检查，看其是否符合高质量简历的要求。

6-21

3．简历模板示例

（1）表格式简历模板。

表格式简历模板如图 6-1 和图 6-2 所示。

<table>
<tr><td>姓　名</td><td></td><td>性别</td><td></td><td>出生年月</td><td></td><td rowspan="4">照片</td></tr>
<tr><td>民　族</td><td></td><td>籍贯</td><td></td><td>政治面貌</td><td></td></tr>
<tr><td>电子邮箱</td><td colspan="3"></td><td>手机号码</td><td></td></tr>
<tr><td>住　址</td><td colspan="3"></td><td>邮政编码</td><td></td></tr>
<tr><td>求职意向</td><td colspan="6"></td></tr>
</table>

教育经历				
起止时间	学校名称	所学专业	教育类别	学习形式

实习经历				
起止时间	工作单位	部门名称	工作职责	担任职务

奖励记录				
奖励名称	获奖等级	奖励排名	获奖时间	授奖单位

图 6-1　表格式简历模板 1

<table>
<tr><td>姓　名</td><td>夏海洋</td><td>性别</td><td>男</td><td>出生年月</td><td>20××.6</td><td rowspan="5">照片</td></tr>
<tr><td>民　族</td><td>汉</td><td>籍贯</td><td>湖南长沙</td><td>政治面貌</td><td>共青团员</td></tr>
<tr><td>专　业</td><td>旅游管理</td><td>学制</td><td>全日制三年</td><td>学　历</td><td>××</td></tr>
<tr><td>电子邮箱</td><td colspan="3">xiahaiyang666@163.com</td><td>手机号码</td><td>188-1234-5678</td></tr>
<tr><td>通信地址</td><td colspan="3">湖南省长沙市芙蓉大道 168 号</td><td>邮政编码</td><td>413000</td></tr>
<tr><td>毕业院校</td><td colspan="3">××××××学院</td><td>毕业时间</td><td colspan="2">20××年 6 月</td></tr>
<tr><td>求职意向</td><td colspan="6">旅行社导游、酒店文员、内勤助理</td></tr>
<tr><td>资格证书</td><td colspan="6">★导游证书
★英语应用能力 A 级证书
★计算机初级证书</td></tr>
<tr><td>实践经历</td><td colspan="6">★在校期间：学院食堂管理员，主要负责学生就餐、点菜等方面的工作。
★周末时间：在市区步步高超市负责牛奶销售及商品促销等方面的工作。
★暑假期间：协助旅游公司导游带团队去××××旅游，途中负责游客的餐饮与住宿、景点讲解等工作。</td></tr>
<tr><td>奖惩情况</td><td colspan="6">★在校期间，曾三次荣获奖学金。
★20××年荣获“校级三好学生”称号。</td></tr>
<tr><td>专业能力</td><td colspan="6">★有积极向上的生活态度、踏实肯干的工作热情和广泛的兴趣爱好。
★有较强的沟通表达能力、组织协调能力。
★能熟练操作 Word、Excel 等办公软件。</td></tr>
<tr><td>自我评价</td><td colspan="6">专业知识扎实，了解一定的外贸知识。
有较强的自学能力，可快速掌握新知识、新技术。
工作责任心强、待人诚恳，有吃苦耐劳的精神，注重团队合作。</td></tr>
</table>

图 6-2　表格式简历模板 2

（2）单列式简历模板。

图 6-3 为单列式简历模板 1。

赵日磊

天津市武清区××路 29 号（300002）

+86 133-××××-2222

zhaorilei@frbookonine.com

求职意向：
销售代表

教育背景：
20××.9- 20××.6　××大学　市场营销专业　×科

◆ 主修课程包括管理学原理、市场营销概论、国际贸易实务、商品流通学、消费者行为学、市场调查与分析、销售渠道管理、广告理论与实务等。

◆ 大学期间主修课平均成绩 90 分，班级排名 3/50。

课外实践：

◆ 大一、大二期间担任校市场研究会干事，参与组织多次研讨会。

◆ 大三期间担任学生会生活部部长，组织多次校园活动，都取得了不错的效果。

◆ 利用周末休假做过多次兼职业务员，使自己获得了很多宝贵的销售经验。

◆ 2020 年暑假期间，兼职做过××公司的业务员，当月销售业绩在全公司排名 5/50。

获奖荣誉：

◆ 20××年获得课外实践先进个人荣誉称号。

兴趣爱好：

唱歌、旅游等。

图 6-3　单列式简历模板 1

请扫描二维码 6-22，浏览电子活页中的内容，或者直接打开本书配套的电子文档，认真阅读与了解"单列式简历模板 2"。

请扫描二维码 6-23，浏览电子活页中的内容，或者直接打开本书配套的电子文档，认真阅读与了解"单列式简历模板 3"。

（3）两列式简历模板。

请扫描二维码 6-24，浏览电子活页中的内容，或者直接打开本书配套的电子文档，认真阅读与了解"左窄右宽两列式简历模板"。

请扫描二维码 6-25，浏览电子活页中的内容，或者直接打开本书配套的电子文档，认真阅读与了解"左宽右窄两列式简历模板"。

请扫描二维码 6-26，浏览电子活页中的内容，或者直接打开本书配套的电子文档，认真阅读与了解"等宽两列式简历模板"。

（4）背景颜色分块式简历模板。

请扫描二维码 6-27，浏览电子活页中的内容，或者直接打开本书配套的电子文档，认真阅读与了解"通过背景颜色分块式的简历模板"。

【训练 6-7】撰写高质量的简历

请扫描二维码 6-28，浏览电子活页中的内容，或者直接打开本书配套的电子文档，认真阅读与了解"零实习经验的简历写法"文档的内容。

请扫描二维码 6-29，浏览电子活页中的内容，或者直接打开本书配套的电子文档，认真阅读与了解"有一定的社团活动经历和自办项目经历的简历写法"文档的内容。

请扫描二维码 6-30，浏览电子活页中的内容，或者直接打开本书配套的电子文档，认真阅读与了解"有一定项目经历的简历写法"文档的内容。

请扫描二维码 6-31，浏览电子活页中的内容，或者直接打开本书配套的电子文档，认真阅读与了解"有比较丰富的实习工作经验的简历写法"文档的内容。

参考电子活页文档中介绍的简历模板和简历写法，进一步优化简历中的兴趣爱好、项目经历、工作经历，也可以使用自己比较中意的简历模板，根据自己的求职意向撰写一份结构完整、版面美观、内容充分的求职简历。

【训练 6-8】判断求职信是否符合基本要求

（1）以下列举的各项，哪些是求职信的基本要求，在对应内容的"□"中画"√"。

□对招聘方名称的准确称呼可以拉近求职者与招聘方的距离，使招聘方感受到求职者的诚意。

□说出自己的姓名。一开始就自报姓名，避免让看信的人总在想："你到底是谁？"

□说明自己要应聘的职位，这样好让招聘单位有的放矢地关注你适合的那个职位的特征。

□说明自己获取招聘信息的渠道。例如，"我在××人才招聘网站上看到贵公司刊登的招聘广告"。

□陈述自己的大致情况，这是不可缺少的，但也不要太啰唆。

□明确自己有能力、有兴趣、有信心胜任工作。若要别人肯定你，你就要先肯定自己，而且丝毫不加掩饰地明确肯定自己。

□恰当地赞美招聘单位。最好根据一些具体情况进行赞美，如果了解的情况太少，就可以说："我认为贵公司十分重视人才。"

□诚恳表明希望获得面试的机会。写求职信的唯一目的就是获得面试的机会，主动说出要求获得面试的机会，总比不说要好。

□在求职信的结尾要表明"希望能为贵公司效力"，体现出自己为公司服务的强烈愿望。

□落款、日期当然是要有的。

□联系电话：让招聘方很方便找到你。

（2）阅读下面这封求职信，判断哪些方面符合求职信的基本要求，哪些方面不符合求职信的基本要求。

求职信

尊敬的招聘经理：

　　您好！

　　我叫××，现年××岁。很高兴能得到您的青睐，期望能有机会加盟贵公司。我在校学习成绩良好。经过×年的专业知识学习，我掌握了一定的市场营销理论知识，具备国际贸易实务、广告学、消费者行为学、市场调查与预测方面的理论知识。在学习之余，我积极参加各种社会实践活动。我曾在苏宁电器专柜做××电视机的促销员，向顾客讲解电视机的功能，促成顾客购买，并协助公司处理售后问题。我也曾在新学期开学之际和同学一起买电话卡、日用品，学到了许多在课堂上学不到的东西，开阔了眼界，也使我日趋成熟。

　　我经常参加各种体育活动，喜欢跑步、登山、打排球等运动，在锻炼中既强健了体魄，又培养了团结协作的精神。我正处于人生精力充沛的时期，我渴望在更广阔的天地里展露自己的才能，我不满足现有的能力水平，我渴望能在实践中得到锻炼和提高。我要不断锻炼加强处事能力，学习吸收管理经验。作为一个刚步入社会的大学生，我不在意待遇的高低，只求有一个让我接触新事物、获取新知识、增加社会阅历的机会，希望早日用我的全部智慧、热忱和努力，实现我的人生价值。

　　我深信我所具有的专业知识和相关工作经验，以及自身的刻苦进取精神、谦虚认真的态度能胜任贵公司的工作，为公司的业务蒸蒸日上而贡献力量。

　　此致

　　敬礼！

×××
20××年××月××日

【训练 6-9】撰写高质量的求职信

　　请扫描二维码 6-32，浏览电子活页中的内容，或者直接打开本书配套的电子文档，认真阅读与了解"求职信的写作原则与要求"文档的内容，参考以下 3 篇大学生求职信样例，撰写一篇高质量的求职信。

6-32

大学生求职信样例 1：

求职信

尊敬的××公司人力资源部经理：

　　您好！非常感谢您在百忙之中关注我的求职申请。

　　我是××学院软件技术专业应届毕业生，从××招聘网站上得知贵公司在招聘网页设计员，凭着对信息技术的浓厚兴趣和热情，以及对软件开发的专业学习和丰富的实习经历，现申请贵公司网页设计员职位。

　　除了软件技术专业的学习经历，我在大学期间还从各种实践活动、软件项目开发、创业比赛中积累了软件项目需求分析、软件测试等方面的专业基础知识和丰富的实践经验。我拥有很强的项目开发能力和团队协作能力。××学院也培养了我勤奋、严谨的生活作风和学习作风，为从事网页设计工作做好了充分的准备。

我相信自己非常适合这份工作，并期待与您详细面谈。您在方便时可拨打我的电话133-××××-××××。个人详细简历附后，多谢惠览。

此致

敬礼

×××

××××年××月××日

大学生求职信样例 2：

求职信

尊敬的领导：

您好!

首先我衷心地感谢您能在百忙之中阅读我的求职信。

我是××学院高速铁道技术专业的一名毕业生，应聘的职位是车辆检修，愿意为贵公司的兴盛繁荣尽微薄之力。

我在大学期间学习并掌握了动车组专业知识，这些知识让我对动车和普通车辆的了解更深刻、更专业。同时，我也主修了多门实训课程。通过实训，我能将理论与实践相结合，使自己的知识转化成技能。

通过理论与实践相结合，我的动手能力得到了明显提高，同时注重提高自己的个人素质。在平时的学习和生活中，我能吃苦、负责任、办事有条理、仔细认真，在班集体中能团结同学，为班集体争光。

贵公司车辆检修工作需要的是一个对自己岗位认可、动手能力强、能吃苦耐劳、办事细心、有条理的人员，我觉得自己就是这样一个人，适合这个岗位。

若能喜获您的赏识，能被贵公司录用，我会在实践中不断地积累经验和学习新知识来提高自身素质。

再次感谢您阅读完我的求职信！

此致

敬礼！

×××

××××年××月××日

【点评】大学生求职信样例 1 和样例 2 都是一种比较常见的求职信写法，也是比较传统的写法，求职信的标题、称呼、引言、正文、结束语、落款面面俱到，措辞简明扼要，着重强调了自己的胜任能力，符合求职信的写作要求。

这种求职信的缺点是过于平淡，当人力资源管理人员面对众多简历和求职信时，容易将其忽略，很难给对方留下深刻印象。

大学生求职信样例 3 如表 6-12 所示。

表 6-12　大学生求职信样例 3

求职信内容	点评
尊敬的人事部经理： 您好！	
我是××大学的一名即将毕业的学生。	该同学的专业是信息管理与信息系统，很多人力资源管理人员不是很了解，但确实属于计算机相关专业，所以在此处暂时不表明，让人力资源管理人员继续阅读下去，而不是因为不了解而失去兴趣
非常高兴，在我们学校的招聘网站上看到贵公司的招聘信息。通过网络，我早就了解贵公司是一个非常注意员工与企业共同发展的企业。如果能加入贵公司，这对于我这个有志于从事软件开发的人来说，是非常期待的。	介绍自己如何获悉招聘信息，同时要让人力资源管理人员能够感受到求职者的热忱。同时，对企业的了解是自己的总结，而非从网络抄袭的内容，使人力资源管理人员感觉到你对他们公司确实做过非常细致的了解，很真实
可能您会有些疑虑，一个信息管理与信息系统专业的女生，我为什么要应聘软件开发这个岗位？关于这个问题，我有以下说明：	让人力资源管理人员感受到自己强烈的求职意向后，再说明自己的专业和女性背景，可以使人力资源管理人员自然而然地想继续了解求职者的优势
（1）我的专业属于计算机相关专业。这个专业是计算机与管理的复合专业，主要培养的是企业的信息化管理与软件开发人才。所以，我们有很多计算机软件专业课程，如软件工程、Java 程序设计等，还有很多工商管理专业课程，如企业管理、会计学等。而且，在大学期间，我的专业成绩是全班第 5 名，获得过 1 次二等奖学金、2 次三等奖学金。	将原因分条目列举，突出重点。同时，对自己的成绩和奖学金情况进行说明，证明自己是相关专业中学习能力比较好的一个，增加了人力资源管理人员的好感
（2）我有实际项目经验。在 3 个月的企业实习期间，我有幸参与了实习企业承担的一家研究所的 OA 系统开发，独立承担了考勤模块的功能设计与编码。虽然有一个项目的开发经验，但我知道与贵公司的要求还有一定的差距。所以，在毕业设计中，我也选择了软件开发方向的毕业设计课题，希望通过自己的努力，尽快弥补经验的不足。	突出项目经验，正好切合岗位需求。同时，不自满，点明自身不足，并且有切实可行的提高计划
我做事认真仔细。作为一个女生，我知道我与很多计算机专业的男生相比，在做事效率上还有很大差距。但是，我做事认真仔细，在那个 OA 软件项目中，我承担模块的漏洞率明显低于其他人员 20%。	用数据说话，比事实更有说服力
对于任何一种工作，我觉得不仅需要具有相应的能力，能够按时完成工作任务，还需要保证质量。软件开发这个岗位更是如此，这正是我作为女生应聘这个岗位的优势。	阐述自己对于岗位的理解，能用自己真实的语言进行描述，而不是生搬硬套，从其他地方进行复制
最后，非常感谢您的阅读，衷心期待您的回复。同时，祝您身体健康，工作顺利！	表现出对岗位的热忱，并以祝福的语句结束
此致 敬礼！ 　　　　　　　　　　　　　　　　××× 　　　　　　　　　　　　　　××××年××月××日	

【点评】该求职信让人感觉很亲切，像朋友写的信一样。这种感觉对于任何人来说，都会觉得很舒服，让人感觉到求职者的亲和力。

【训练 6-10】正确撰写简历邮件与投递简历

请扫描二维码 6-33，浏览电子活页中的内容，或者直接打开本书配套的电子文档，认真阅读与了解"如何正确撰写简历邮件与投递简历"文档的内容，然后参照表 6-13 所示的简历邮件样例，撰写一封简历邮件，并投递简历，收件人可以为自己或就业指导老师。

表 6-13　简历邮件样例

要素名称	相关内容	说明
邮件标题	金诗怡——新媒体运营主管	邮件标题格式：姓名+职位
发件人邮箱	shiyi01@163.com	使用 QQ 以外的专业邮箱
收件人	×××	招聘单位人力资源管理人员
发邮件时间	20××年 02 月 05 日 07:30（星期×）	8 点前投递，人力资源管理人员上班直接看到
附件	1 个（金诗怡——新媒体运营主营.doc）	附件名称同邮件标题，方便人力资源管理人员查找
邮件正文内容	您好： 　　我叫金诗怡，就读于××××大学新媒体专业，并拥有三年以上新媒体工作经历。我在前程无忧网上了解到贵公司正在招聘新媒体运营主管的职位，很有兴趣。附件是我的简历，方便您了解我的个人信息。十分期待您的回复，感谢！	介绍自己，以及与职位对口的信息
联系方式	手机：156-8765-4321 邮箱：shiyi01@163 com 微信：shiyijin	留下联系方式，方便人力资源管理人员随时查找

模块 7

掌握面试礼仪与塑造优雅形象

　　面试是大学生就业求职过程中关键的一环，因为这个阶段的求职者已经从众多简历投寄者中脱颖而出，可以坐到面试官前直接表现自己了，成功与否，就在于面试。因此，在面试时如何获得用人单位的青睐显得尤为重要，无论你有什么样的简历和才华，如果在面试中搞砸了，就无法得到企业的录用。

　　面试是一个非常重要的过程，无论你是职场上的老手，还是菜鸟，在面试的时候都要注意一些事项，以避免面试被拒。对于一些错误，你可能还没有意识到，但面试官很在意。

　　有些大学生在这个过程中感到不知所措，或者做得不好，使自己在求职中因小失大，没有成功。在求职过程中，要注意基本面试礼仪和技巧，这样才能事半功倍，增强面试的有效性。

　　在求职时，学历、能力是非常重要的，但外表形象也是绝对不能忽视的，印象分也是非常重要的。在面试时要特别注重自己的形象，给别人留下良好的第一印象是成功的第一步。在面试之前，一定要对自己的外表进行修饰。一般来说，对方认为你是他们需要的人选，就会找你面试，进行交谈。如果对方能与你详谈，那就表明你很可能入选了。因此，讲话时一定要用心、诚实，进一步给人留下好印象。

　　整个面试过程通常只有一小时左右，我们可以把它想象成一部舞台剧。戏里的主角是面试官和参加面试的求职者，角色只有两个，但剧情是千变万化的。作为扮演求职者的一方，一定要把握面试礼仪上的分寸，不要过火或不到位，把"好戏"演砸了。其实，在面试过程中，你的履历、谈吐、思维，所有一切都需要用礼仪表现出来。面试的礼仪十分重要，从中可以反映出一个人的内在修养。懂得和注重面试礼仪会增加招聘单位对你的好感，从而增加面试成功的概率。因此，面试中的出色表现非常重要，而面试中的礼仪也是面试官考查你的重点之一。

【学习领会】

7.1　仪表

　　仪表是一个人精神面貌的外在体现，是内在美的外在体现。
　　仪表是一个人的外表的总体形象，主要包括仪容和仪态两个方面。

1. 仪容

仪容通常指人的外观、外貌，其中的重点指人的容貌。在人际交往中，每个人的仪容都会引起交往对象的特别关注，并将影响到对方对自己的整体评价。

一个人的容貌，包括五官的外貌和适当的发型。

仪容美是社交礼仪对个人仪容的首要要求，包括以下三个方面。

（1）自然美——先天条件。

（2）修饰美——扬长避短。

（3）内在美——气质优雅、美好心灵。

真正意义上的仪容美，应该是上述三方面的高度统一。修饰仪容的基本规则是，美观、整洁、卫生、得体。

2. 仪态

仪态指人们在交际活动中的举止表现出来的姿态和风度，主要包括姿势、举止、动作和表情。表情是人的面部动态流露的情感，在给别人的印象中，表情非常重要。

仪表美属于个体美的外在因素，是一个人内在美和外在美的和谐统一，反映人的精神状态。美丽优雅、端庄大方的仪表形象与人的精神境界融为一体，展现一个人的气质、风度和魅力。

7.2　着装的 TPO 原则

总的来说，着装要规范、得体，要牢记并严守 TPO 原则。TPO 原则，是有关服饰礼仪的基本原则之一。TPO 原则，即着装要考虑时间（Time）、地点（Place）、场合（Occasion）。它的含义是，人们在选择服装、考虑其具体款式时，首先应当综合考虑时间、地点、场合，使自己的着装及具体款式与具体的时间、地点、场合协调一致。

7.3　面试礼仪

求职面试几乎是大学生走向社会的第一步，每个人都希望充分展示自我，打动面试官。要在求职面试中立于不败之地，不仅要有较高的思想素质、较强的业务能力，还要有良好的礼仪修养，这样才能给面试官留下美好的第一印象，进而增加面试分数。

求职者在面试前，最好对着镜子把自己从上到下打量一番，花费一点心思为自己塑造良好的仪表。求职者平时不仅要注意个人清洁卫生，还要注重自己的仪表，把自己美好的形象展现给用人单位。良好的仪表不仅可以愉悦自己的心情，使自己信心十足，从容应对面试，还能取悦用人单位。

一个人的仪表不仅反映其文化水平和各方面的修养，还承担着传递其个性、身份、心理状态等信息的作用。

用人单位通过衣着、装扮、语言、手势、表情、笑容等方面来考查求职者的综合素质和工作能力。

7.4　身体语言

身体语言指人的动作和举止，主要包括仪表、姿态、体态、神情、手势、动作等内容，还包括面部表情、说话时的目光接触、身体的姿势控制、习惯动作、讲话时的嗓音等方面。无声胜有声，身体语言是一个人的修养、文化素质及为人处世的基本态度的自然流露。

有的人面试失败，事后分析，专业对口，也没说过什么不得体的话，不知道问题出在哪里。其实，除职场竞争激烈是主要原因外，面试时身体语言表现不当而暴露弱点也是一个重要因素。有一项研究表明，人的第一印象的建立，45%取决于语言交流，55%取决于非语言交流，即身体语言交流。身体语言影响面试的成败，有时一个眼神或者手势都会影响到面试官对你的整体评分。在面试中，恰当使用非语言交流技巧，将为你带来事半功倍的效果。

除讲话以外，无声语言是重要的公关手段，主要有手势语、目光语、身势语、面部语、服饰语等。通过仪表、姿态、神情、动作来传递信息，往往具有有声语言无法比拟的效果，是塑造职业形象的更高境界。例如，适当微笑的面部表情就显现出一个人的乐观、豁达、自信；服饰大方得体能反映出大学生风华正茂，有知识、有修养，它可以在人力资源管理人员眼中形成一道绚丽的风景，增强你的求职竞争力。

7.5　大学生面试的基本仪表礼仪

1．衣服平整如新，不要皱皱巴巴

在面试前，需要留意一下自己的衣服是不是皱皱巴巴的。穿着这样的衣服去面试，面试官会觉得你是一个生活邋遢的人。存放衣服的时候，一般可以把衣服挂起来，让衣服保持平整。如果衣服太皱，就用熨斗将其熨平整。

2．衣服一尘不染，干净整洁

穿着虽然得体，但如果衣服上有汗渍、污渍，则会适得其反。一旦面试官发现你的衣服有脏的地方，就会认为你不讲卫生。

服装整洁意味着你重视这份工作，重视这个单位，也重视自己今后代表的企业形象。服装整洁并不需要过分花费，却能赢得招聘者的好感。

3．简单大方，打扮得体

面试不是约会，应尽可能抛弃各种装饰。特别是刚刚走出学校的大学生，给人纯洁的美感，会更让人喜欢。所以，毕业生应聘时穿学生装，理学生式的短发，还是很得体的。在正式场合穿上合体的西装，略带学生气，浑身上下洋溢着青春的活力，会得到招聘者的认可。面试时切忌异样打扮，如留长发、染头发、衣着过于时髦或俗气，这些都不会给招聘者带来好印象。

4．拒绝异味，勤洗澡、勤换衣

面试的时候不能让面试官闻到你身体的异味。特别是夏天的时候，运动出汗之后要洗澡换衣。

5．淡妆修容，显出靓丽气质

适当的修饰可以让大学生看起来更加靓丽，选择淡妆，不可浓妆艳抹。

7.6 大学生面试的着装注意事项

1．忌过于时髦

不少人喜欢穿"乞丐裤"和"破衣服"，穿这样的衣服去面试只会让面试官认为你吊儿郎当、没有诚意，对面试成绩只会起到减分的作用。

2．忌可爱风

女生是不是对粉红色情有独钟？有人一身衣服全部是粉红的，面试官难免会对其产生柔弱的印象。

3．忌浑身名牌

参加面试确实需要注重"面子工程"，但一身名牌可能让面试官对你产生"骄纵""不能吃苦耐劳"的印象。穿质量好的衣服是必要的，但不得炫富，穿一身名牌。

4．忌性感暴露

有人想在面试着装中吸引面试官的注意，于是着装性感暴露，这不是一个好办法。这样不仅不会给自己加分，反而会让面试官对你产生"轻浮""不可靠"的负面印象。

5．忌浓妆艳抹

为了追求时尚，一些女生喜欢化浓妆出门。在面试的时候，化淡妆即可，否则过犹不及。

6．忌穿露趾鞋

露趾鞋是不少女生追捧的对象。在面试时要注意，如果面试官比较保守，就会对你产生不好的印象。

7．忌过度装束

过度装束，穿超高跟鞋、超短裙和低胸服等，会给人力资源管理人员留下趾高气扬、放荡不羁的印象。

7.7 面试的姿态和礼仪

姿态是身体显现出来的样子，求职者要在面试过程中把优美的姿态展现给面试的人力资源管理人员，给对方留下好感。"行如风，站如松，坐如钟"是对姿态美的最好概括。俗话说"此时无声胜有声"，求职者要用无声的、职业化的举止，向招聘方表明"我是最适合的人选"。

7.7.1　行姿礼仪

人走路的形态能反映出一个人的个性、情绪及修养等，是形象礼仪的一部分。求职者要想塑造良好的形象就不得不注意行姿。

求职者面试时重要的是自信，这种自信可以通过行姿表现出来。正常行姿应当是身体挺立，昂首挺胸，收腹直腰，下颌微收，双目前视，目光自然，面带微笑，双肩放松；两臂自然前后摆动，摆幅以前摆 30～35 度、后摆约 15 度为宜；手掌朝向体内；两腿有节奏地向前迈步，步幅适当，步速平稳，步履自然、稳健、轻松，有节奏感。起步时，身体重心稍向前微倾，重心落在前脚掌上。行走时不要左顾右盼，东张西望。具体而言，男生应步伐稳健有力，走平行线，显示潇洒豪迈；女生应步履自然，步伐略小，走直线，应显得轻捷，避免做作。

行走时可右肩背皮包，手持文件夹置于臂膀间。需要注意的是，如果同行的有招聘单位的接待人员，应该走在他们的斜后方，距离一米左右。

7.7.2　站姿礼仪

正常的站姿应当是上体挺直，头部端正，两眼平视前方，下颌微收，表情自然，稍带微笑；挺胸收腹，臀部向内向上收紧；两肩平整，双臂放松，自然下垂，虎口向前，中指放在裤缝中线；两腿并拢立直、贴紧，脚跟靠拢，两脚尖分开呈"V"形，夹角为 60 度左右。

站姿禁忌的是歪脖、斜腰、挺腹、屈腿、翘臀等。切忌双手叉腰、放进裤袋，或抱在胸前；不要东倒西歪，左摇右晃，耸肩勾背；不要弯腰驼背或挺肚后仰，这样会显得拘谨、缺乏自信和经验，更重要的是有失庄重。

7.7.3　坐姿礼仪

坐姿也有讲究，良好的坐姿是给面试官留下良好印象的关键要素之一。

正常的坐姿应当是上身自然挺直，两肩放松，下巴向内微收，两腿自然弯曲，双脚平落在地面上，双膝自然并拢（男生可略分开），双手掌心向下，自然放在双膝上（有扶手时，双手轻搭或一搭一放。无扶手时，两手相交，或轻握，或呈八字形置于腿上；也可以左手放在左腿上，右手搭在左手背上），保持轻松自如的姿势。这样既显得精神抖擞，又不给人死板、紧张的印象。

求职者入座和起座时动作要轻缓，不要过急或过猛，不要发出任何嘈杂的声音。

求职者入座时要从椅子旁边走到椅子前入座，轻轻用手拉出椅子，不要弄出大的声响，背对椅子平稳坐下。

求职者落座后，宜坐满椅子的三分之二，身体可稍向前倾（表示尊重和谦虚），挺胸收腹，后背轻靠椅背，可将两手自然放于桌面。

求职者坐下后，上身挺直，头部端正，目光平视面试官，嘴微闭，面带微笑。

在面试过程中，求职者要表现出充满精力和热忱，松懈的姿势会让人感到你疲惫不堪或漫不经心。有两种坐姿不可取：一是紧贴椅背坐，显得太放松；二是只坐在椅边，显得太紧张。这两种坐法，都不利于面试的进行。

求职者不要弓着腰，也不要把腰挺得很直，这样反倒会给人留下死板的印象，应该自然地将腰伸直，并拢双膝，把手自然地放在上面。

两臂不要交叉在胸前，更不能把手放在邻座椅背上，身体不要随意扭动，双手不应有多余的动作，双腿不可反复抖动或跷起二郎腿，这些动作容易给别人一种轻浮傲慢、有失庄重的印象，都是缺乏教养的表现。

有些人因为紧张，无意识地用手摸头发、摸耳朵、伸舌头、玩笔，甚至捂嘴说话，虽然是无心的，但面试官可能认为其没有用心交谈，怀疑其话语的真实性。

如果面对的是一张软绵绵的沙发靠椅，求职者就要尽量控制自己，不要陷坐下去。

对于不同性别，面试就座时的礼仪要求也不同。男生就座时，双脚踏地，双膝之间的距离大致与肩宽相当，双手可以分别放在左右膝盖上，若面试穿着较正式的西装，则应解开上衣纽扣。女生若穿着裙子，入座前则应用手背扶裙，坐下后将裙边收拢，两腿并拢，双脚同时向左或向右放，两手叠放在膝盖上。若长时间端坐，可将两腿交叉叠放，但要注意上面的腿向回收，脚尖向下。女生可以将双腿并拢偏在一侧，忌双腿交叉或习惯性地跷二郎腿，身体可以微微前倾，这样可使声音变得洪亮，整个人显得特别有自信。

7.7.4 手势礼仪

求职者的手势应当规范，尽量少用，不可滥用。面试答题时，求职者的手势不宜过多，动作不宜过大；不得用手抓挠身体任何部位，避免出现拉衣袖、抓头发、抓耳挠腮、玩饰物、揉眼睛、不停抬腕看表等手势动作。

7.8 面试语言表达礼仪

如果说外部形象是面试的第一张名片，那么语言就是第二张名片，它客观反映了一个人的文化素质和内涵修养。

语言就是力量，语言艺术是一门综合艺术，包含丰富的内涵。一个语言艺术造诣较深的人需要多方面的素质，如具有较高的理论水平、广博的知识、扎扎实实的语言功底。谦虚、诚恳、自然、亲和、自信的谈话态度会让你在任何场合都受到欢迎，动人的公关语言、艺术性的口才将帮助你获得成功。

面试时要在现有的语言水平上，尽可能地发挥口才。对对方提出的问题既对答如流、恰到好处，又不夸夸其谈、夸大其词。

求职者在答题的时候，音量可适当提高，注意抑扬顿挫。

语速不要过快，也不要过慢，掌握好说话的节奏，不急不躁，娓娓道来。

语调要有高低起伏，抑扬顿挫，最忌毫无变化。

求职者要注意语言的规范与风格，使用专业语言，不要使用日常俚语或者网络用语，不带"嗯""这个"等无关紧要的习惯语。

从说话的声音可以看出一个人是否紧张、是否自信，求职者平时应多练习演讲、交谈的艺术。

7.9 面试交谈技巧

把握面试时机，最大限度地利用自己的长处来树立良好形象，掌握良好的交谈技巧也是面试成功的重要因素。

7.9.1　保持适当的距离

求职者要做到与面试官愉快交谈，除要注意说话的内容外，还应注意与面试官保持一定的距离，这样才能让对方听清楚、听明白。保持适当的距离交谈，也是对别人的礼貌。

1．保持距离合乎礼仪

从礼仪上说，说话时与对方离得太远，会使对方认为你不愿向他表示友好和亲近，这显然是失礼的。但是，如果双方离得太近，一不小心就会把口沫溅在别人脸上，这是最尴尬的。因此，从礼仪角度来讲，求职者一般与面试官保持一两个人的距离为宜。这样做，既让对方感到亲切，又保持一定的社交距离，在人们的主观感受上是最舒服的。

2．保持距离交谈更有效

在求职面试中，人作为一个整体形象，双方交谈传递信息，不仅凭借语言，还要依赖身体语言发挥魅力，如手部动作、表情变化等。面试时选择最佳位置和最佳距离，才能够更好地发挥。

面试交谈时，无论是从卫生角度还是从礼貌角度考虑，都应该与对方保持一定的距离，这样有利于大家的健康，对双方都有利。倘若交谈时忽然想打喷嚏、清喉咙，要转过身去，最好取出手帕或用餐巾纸捂住口，之后要表示歉意，以获得面试官谅解。

7.9.2　注视对方

在和面试官谈话的时候，求职者要正视对方鼻眼三角区部位，和对方进行目光接触；如果不敢正视对方，对方会认为你害羞、害怕，甚至觉得你"有隐情"。

7.9.3　学会倾听

好的交谈是建立在倾听基础上的。倾听是一种很重要的礼节。不会倾听，也就无法回答好面试官的问题。

倾听就是要对对方说的话表示出兴趣。在面试过程中，面试官的每句话都可以说是非常重要的。求职者要集中精力，认真去听，记住说话人讲话的内容和重点。

倾听对方谈话时，要自然流露出敬意，这才是一个有教养、懂礼仪的人的表现。求职者要做到以下几点。

（1）记住说话者的名字。
（2）身体微微倾向说话者，表示对说话者的重视。
（3）用目光注视说话者，保持微笑。
（4）适当地做出一些反应，如点头、会意地微笑、提出相关的问题。

7.9.4　答题冷静

1．消除紧张

当感到紧张而无法摆脱时，求职者不妨坦诚相告。例如："坦率地讲，这是我第一次面试，所以感到有点紧张，可不可以让我冷静一下，再回答这个问题。"当说出这句话的时候，求职者自然而然消除了一些紧张感，也容易得到面试官的宽容。

2．认真回答

求职者听清楚面试官的提问后，如果不是显而易见的问题，就要短暂思考几秒钟再作答。这样可以整理自己的思路，避免被对方认为过于草率。

7.10　面试过程中的礼仪

在求职面试的过程中，有以下几个方面需要认真对待。

1．服饰得体

求职者要给人整洁、大方的感觉，穿着以庄重为好。

2．遵守时间

面谈时不能迟到，同时遵守约定的时间长度，在约定的时间内体现出自己的办事效率。

3．从容自然

表情自然，举止文雅，讲究文明礼貌，进入面试场所不要紧张。

4．有自信心

在面谈时，真诚地注视对方，表示对对方的话感兴趣，不要东张西望。求职者要显得有自信心，对对方话语的反应要自然坦率，不能做出大惊小怪的表情。

7.11　面试后的礼仪

7.11.1　做好总结

面试结束，并不意味着面试的完结。求职者应调整心态，对面试进行总结。求职者应该仔细记录整个面试经过，将每个面试问题、每个细节都记载在面试记录手册里。面试成功与否并不是最重要的，最重要的是从面试中分析各种因素，学到经验，让下次面试表现更好。

7.11.2　再次致谢

为了让面试官加深对自己的印象，增加求职成功的概率，求职者应该在面试过后两三天给面试官打电话表示感谢，感谢电话要简短，最好不超过 3 分钟；也可以写一封书面的或电子邮件感谢信给面试官，内容简洁，开头提自己的姓名和面试时间，重新表明你对该企业、该职位的渴望，结尾感谢面试的面试官。

面试后向面试官表示感谢是十分重要的，因为这是礼貌之举，也会使面试官在做决定时对你有印象。据调查，十个求职者中往往有九个人不会向面试官表示感谢。如果你没有忽略这个环节，显得格外突出，那么说不定会使面试官改变初衷。

7.11.3　询问结果

一般来说，在面试官许诺答复的时间没有得到面试官的答复时，就应该写信或者打电话给招聘单位，询问结果。

如果确认面试失败，求职者就可以在电话中咨询自己在求职面试过程中有哪些做得不够的地方，希望对方给自己提供一些建议，以便今后改进。

7.11.4　准备再战

求职者不可能个个都是成功者，万一在竞争中失败了，不要气馁。这一次失败了还有下一次，关键是要总结经验教训，分析失败的原因，重要的是要战胜自己，以新的姿态迎接下一次面试。

？【案例探析】

【案例 7-1】懂礼仪、有修养就是最好的介绍信

很多年前，一位知名企业的总经理想招聘一名助理。这对于刚刚走出校门的大学生来说是一个非常好的机会，所以一时间应征者云集。经过严格的初选、复试、面试，总经理最终挑中了一个毫无经验的大学毕业生。

副总经理对于他的决定有些不理解，于是问："那个小伙子胜在哪里呢？他既没带一封介绍信，也没受任何人推荐，而且毫无经验。"

总经理告诉他："你错了，他带来许多介绍信。"

接着，总经理又说："你注意没有？他神态清爽、彬彬有礼。他进来的时候在门口蹭掉了脚下带的土，进门后又随手关上了门，这说明他做事小心仔细。当看到那位身体上有些残疾的求职者时，他立即起身让座，表明他心地善良、体贴别人。进了办公室，他先摘去帽子，回答我提出的问题时干脆果断，证明他既懂礼貌又有教养。"

总经理顿了顿，接着说："面试之前，我在地板上扔了本书，其他所有人都从书上迈了过去，而这个小伙子却很自然地把它捡起来，并放到桌子上。当我和他交谈时，我发现他衣着整洁，头发梳得整整齐齐，指甲修得干干净净，并且谈吐优雅、表达清晰、反应敏捷。难道这些细节不是最好的介绍信吗？这些修养是一个人最重要的品牌形象。"

请回答以下问题。

（1）案例中的那位大学毕业生哪些举止体现了他的良好素养？请逐一列举并加以说明。

（2）假设你是案例中的大学毕业生，在应聘面试时如何注意个人形象？

【案例 7-2】其实，职场也需要仪式感

生活需要仪式感，给平淡生活增添几分情趣；同样，职场也需要仪式感，让平常的工作变得更有意义。

今天，有一家知名公司的董事长来我们公司访问交流。一大早就看到几位公司高层领导西装革履，沉稳地走下电梯，连领导身后的行政助理都穿上了西装。看惯了小助理穿便装的样子，突然换成西装，感觉他们稳重了不少，不再是邻家男孩了，一个个都成了职场精英。

这真应了电影《王牌特工》中的那句话，"西装是现代绅士的盔甲"。当你穿上西装的那一刻，就进入了战斗状态。

楼上赵总也是一位"西装控"，只要上班，必穿西装。这些年，在公司，我就没见过他穿过别的服装。有一次，我好奇地问他："为什么天天穿西装？"

他告诉我，一穿上西装，就能提醒自己进入了工作时间，马上进入角色，全身心投入工作，让自己的工作更高效。

对比一下，我觉得自己好惭愧。平时上班，我就穿一身休闲装，怎么舒服怎么来，一点也没有职场的仪式感。

很多人和我一样，也许忽略了职场的仪式感。其实，职场也需要仪式感。例如，正式的职业装，代表你对工作的尊重、对职场的认真态度、对自己的严格要求。心理专家也表明，你穿的衣服可以左右你的思维，职业装能让你表现得更职业，这是一种强大的心理暗示。

职场的仪式感，会让你用庄重而认真的态度去对待职场里的每一天。

它是一种仪式，更是一种力量。

分析案例并回答以下问题。

（1）平日里，你喜欢穿西装，还是喜欢穿休闲装？

（2）在职场是否应该穿上正式的职业装，在适合穿西装的场合穿西装，在适合穿工作服的场合穿工作服？

（3）你是否赞成"职场也需要仪式感"的说法？

【案例 7-3】酒店招聘将生活小节作为硬性条件

一家大酒店招聘各类服务人员 350 名，700 多名应届与往届大学毕业生怀着对这家企业的向往，很早就排起长龙等候应聘。

7 点 30 分，第一次目测在大家的期待中开始了。

一位应聘的女大学生，环佩叮当，浓妆艳抹，昂然来到目测人面前。话不过三句，目测人眉心轻蹙，却彬彬有礼，连声说："谢谢！"女大学生心下明白，自己被淘汰了。

另一位 20 岁出头的男大学生，气宇轩昂，据说会两门外语。目测人以礼相待，连声说："请坐。"这位男大学生如入无人之境，屁股落座，二郎腿一跷，浑身悠然自得地颠起来。

大学生在面试中表现出的礼仪水平，不仅反映出大学生的人品和修养，而且直接影响面试官的最终决定。在面试中，一个仪表出众、懂得礼仪的大学生，更能得心应手，也较别人有更大的成功机会。

这天，700 多位求职者，仅目测这一关就被"刷掉"了 80%。当被视为生活细节的行为作为酒店招聘硬性条件的时候，人们不大不小地震动了一下，尤其那些自视甚高的求职者更没有想到。由此我们可以看出，应聘礼仪在一个人的求职过程中起着很重要的作用。

求职者给面试官印象的好坏，关系到他能否顺利踏入社会，找到一份满意的工作。因此，大学毕业生在面试前对个人形象进行设计是必要的。但是，并非所有的"包装"都能奏效，有时还会适得其反。良好的个人修养和富于个性的审美趣味对于大学毕业生求职面试至关重要，每一位大学毕业生都必须学习正确的职业礼仪，具备良好的职业素养，因为这是求职面试成功的第一步。

只有在面试有限的时间里把握每个细微的言行，展现出自己最好的一面，才能为面试赢得成功的机会。面试礼仪是每个人在求职的过程中表现出的由里到外的一种涵养，外表的礼仪是对招聘单位和招聘人员最起码的尊重。

分析案例并回答以下问题。

（1）酒店招聘服务人员将生活细节作为硬性条件，你是否赞成这一做法？

（2）案例中提到的女大学生和男大学生在面试时哪些言行举止不符合面试礼仪要求？

（3）结合本案例，谈一谈面试礼仪在一个人求职过程中的重要性。

【各抒己见】

【探讨 7-1】在面试过程中，哪些细微礼仪可以为你加分

在现代生活中，比较重要的是礼仪问题，服饰打扮、言谈举止、气质风度，无一不在影响着你的形象，决定你的前程和命运。由于举止得体，在面试中获得机会，这个机会是工作机会，也是学习机会，你将在工作中不断提高自己。反之，如果不注重礼仪，本来很好的机会，可能由于言谈举止的某个失误，就导致面试失败。

某天，有一大批求职者来面试。一大早，人力资源部和各部门经理就做好了各种准备，他们很希望通过今天的面试为企业增添新的活力。面试还没开始，公司大院里已经有了 10 多人在等待，其他求职者也陆续走进来。人力资源部经理站在三楼窗前，默默地观察着院子里的人，看到以下场景。

【场景 1】张同学站在院子里正拿着一本书仔细阅读。

【场景 2】李同学一边玩手机，一边嚼口香糖，还不时地吐泡泡。他可能正在上网聊天，并不时大声笑着。

【场景 3】王同学刚刚跑进院子，大汗淋漓，气喘吁吁，这时其他人已经被安排在会客室里了。

【场景 4】赵同学东看看，西瞅瞅，一副好奇的样子，有时还用手摸一下脑袋。

请扫描二维码 7-1，浏览电子活页中的内容，或者直接打开本书配套的电子文档，认真阅读与了解"在面试过程中，哪些细微礼仪可以为你加分"文档的内容，结合该文档中的有关要求，思考以下问题。

（1）哪一位同学比较注意面试候场等待的礼仪？

（2）面试候场等待时，哪些做法是有失礼仪的，应该改正的？

（3）你认为面试候场等待时应该注意哪些礼仪？

针对以下有关面试礼仪的各项描述，在你认为合适的"□"中画"√"，在你认为不合适的"□"中画"×"。

□面试前理发、修指甲、刮胡子、去鼻毛。

□照镜子整理好自己，检查一下需不需要补妆，看看发型有没有乱，口红及牙缝有没有

杂物等。

☐在等待过程中也应该站有站相，坐有坐相。

☐等待面试时看看随身带来的材料，以缓解紧张的心情。

☐对接待人员要以礼相待，注意细节，不要忘记向对方多说几声"谢谢""请你"之类的礼貌用语。

☐眼睛平视，面带微笑，说话清晰，音量适中。

☐递物大方得体，双手呈递。

☐玩弄领带、挖鼻孔、扳关节、双手忙个不停……出现诸如此类的小动作。

☐女生双膝分开、叉开腿；男生耷拉肩膀、含胸驼背、抖腿、跷二郎腿。

☐神情不太专注，一边说话一边拨弄头发。

☐拖拉椅子，发出很大噪声。

【探讨 7-2】面试时，应该注意哪些仪容礼仪

面试时，适当的仪表修饰不仅容易给招聘者留下良好的印象，还是对他人的礼貌和尊重。

面试时，你的外表会影响面试官对你的评价。仪容略为修饰，会提高你的形象得分。头发整洁、容貌清秀可以给人留下爽快、积极的印象；而蓬头垢面、不修边幅则显得拖拉、散漫。

请扫描二维码 7-2，浏览电子活页中的内容，或者直接打开本书配套的电子文档，认真阅读与了解"面试时的仪容礼仪"文档的内容，结合该文档有关要求，针对以下有关面试礼仪的各项描述，在你认为合适的"☐"中画"√"，在你认为不合适的"☐"中画"×"。

7-2

（1）男生。

☐头发过长。

☐头发清爽。

☐不刮胡须。

☐刮干净胡须。

☐头发梳理整齐，不烫发，不卷发。

☐将胡须刮干净，并且在刮的时候不刮伤皮肤。

☐面试前将手指甲全部剪短，不允许指甲里存在污垢。

☐眼镜要和自己的脸型相配，将镜片擦拭干净。

☐尽量避免在面试前一天理发，以免看上去不够自然，最好在三天前理发。

☐不戴项链、手链、耳环等饰品，可以戴手表。

（2）女生。

☐浓妆艳抹。

☐适当化淡妆。

☐佩戴夸张的配饰。

☐佩戴简单的配饰。

☐头发梳理整齐，前额刘海不超过眉毛。

☐女生一般不留披肩发，长发最好用发夹夹好，不能染鲜艳的颜色。

☐化淡妆，不留长指甲。

☐戴变色眼镜。

□佩戴标新立异的装饰物。
□如果习惯随身带包，那么包不要太大。
□包的款式可以多样，颜色要和服装的颜色相配。

【探讨 7-3】如何给面试官留下良好的印象

现在越来越多的企业在录用员工时重视对其基本素养的考查。在面试时，面试官会随时注意求职者的言谈举止，那些举止得体者往往能获得面试官的青睐。

有人说求职面试的头 5 分钟最关键，也有人说是否被录用取决于面试的头 60 秒钟。如何才能在面试的头几秒钟之内就给人留下好印象呢？

良好的印象往往来自得体大方的礼仪，礼仪是个人形象、气质、谈吐和行为的综合体现，往往体现了一个人的综合素养和品位。

请扫描二维码 7-3，浏览电子活页中的内容，或者直接打开本书配套的电子文档，认真阅读与了解"在面试中，给面试官留下一个好印象"文档内容，然后结合该文档有关要求，针对以下有关面试礼仪的各项描述，在你认为合适的"□"中画"√"，在你认为不合适的"□"中画"×"。

□良好的印象从谈话、举止、着装、个性与修养中得来。
□良好的礼仪和外在形象能展示求职者美好的外表和内在，使面试官产生好感，形成良好的印象。
□在面试中，回答问题的好坏会给面试官留下深刻的印象。此外，面试过程中的印象也会被格外注意。
□按照大部分人的面试习惯，在面试过程中给面试官留下的印象越好，得到工作的机会就越大。
□事先确定好要穿的衣服，弄清楚面试的地点究竟在哪里，有必要的话，先跑一趟。
□对接待人员要和蔼，在等候面试时可以看书，但不要吸烟或嚼口香糖。
□面试开始时，说几句话打破沉默。例如，赞美一下漂亮的办公室、有趣的图画等。
□急问待遇："你们的待遇怎么样？"
□面试官问："关于工资，你的期望值是多少？"求职者回答："你们打算出多少？"
□面试官问："请你告诉我一次失败的经历。"求职者回答："我想不起我曾经失败过。"
□求职者问："请问你们的单位有多大？请问你在单位担任什么职务？你会是我的领导吗？"

【探讨 7-4】面试从接听电话就开始了

一旦你发出简历，期盼的就是接到电话，有人通知你去面试。所以，随时要做好接听电话的准备，要准备好笔记本、一支笔，将排好号的简历与他们一块放在电话旁边。当有公司打来电话时，马上打开简历，看看是哪一家公司来的电话，然后接听电话，并把对方的要求、面试时间等记录下来。

实际上，从通知你面试起，你一接电话，面试考试就开始了。

有一天，电话铃响起，应聘的同学拿起一看，来电显示对方有点陌生。应聘的同学接听后，得知对方是自己投过简历的应聘单位，于是出现了以下场景。

张同学想不起是哪家单位，于是问道："不好意思，请问你们单位是做什么的？"

李同学沉着地说："知道了，什么时间面试？"

王同学高兴得大声喊起来："是吗？太好了！"

赵同学说："您好！"他很快打开桌上的笔记本，"老师请讲。"他记下相关事宜，然后说："谢谢您，再见！"

请扫描二维码7-4，浏览电子活页中的内容，或者直接打开本书配套的电子文档，认真阅读与了解"接打电话的礼仪"文档的内容，然后结合该文档有关要求，针对以下话题展开讨论。

（1）哪一位同学的做法是正确的？

（2）哪一位同学会给人冷漠的感觉？哪一位同学显得很浮躁？

（3）如果接到应聘单位的面试通知电话，那么你会怎么做、怎么说？

【探讨7-5】青春靓丽的职场人形象

服装及饰品是求职者留给面试官的第一印象，得体的穿着打扮展示求职者的职场人风采，能使其为求职者加分，自己也增加自信，在面试中发挥得更好。要达到这个目的，就需要讲究着装风格，注意细节修饰，适当进行形象设计。

参加面试，在衣着方面不要特别讲究，也不要过分花哨。面试时所穿的西装、衬衫、裤子、皮鞋、袜子要干净整洁，大方得体，不可邋遢，不可过分修饰。

面试官评判求职者着装的标准是：在协调中显示人的气质与风度，在稳重中透露人的可信赖程度，在独特中彰显人的个性。身上穿的、手上戴的均能反映出求职者对其申请的职位的理解程度。

今天是面试的日子，准备参加面试的同学昨晚高兴得有点没睡好，但还是要早点起床准备，梳洗打扮一番。同学们吃过早饭后，出现了以下场景。

张同学穿上挺括的西装，随便带上点钱，往兜里一装就出发了。

李同学慌忙收拾东西，东抓一把，西抓一把，将东西装进背包急忙赶路，出门才想起忘了带上地图。

王同学穿好西装，系好领带，对着镜子重新审视自己，然后拎起昨晚收拾好的公文包，走出门外。

赵同学衣着随便，将想带的东西都带好了，小皮包塞得满满的，差点拉不上了。

结合以上描述的场景，针对以下三个话题展开讨论。

（1）哪一位同学的做法是最正确的，哪一位同学准备不够充分？

（2）哪一位同学时间观念不够强，容易迟到？

（3）哪一位同学物资准备较好，但仪表准备不够好？

请扫描二维码7-5，浏览电子活页中的内容，或者直接打开本书配套的电子文档，认真阅读与了解"面试时的着装原则"文档的内容，然后结合该文档有关要求，针对以下有关面试时服饰礼仪的各项描述，在你认为合适的"□"中画"√"，在你认为不合适的"□"中画"×"。

□面试时，冬季着装以套裙或者正装，再配上普通黑皮鞋为最佳选择，正装以白衬衣配单色领带，穿深色西装，要给面试官留下稳重大方的印象。

□面试时，夏季着装的内衣（裤）颜色应与外套协调一致。

□袜子和鞋子的颜色保持统一。

□男生和女生都不应该在面试时穿 T 恤、牛仔裤、运动鞋，一副随随便便的样子，百分之百是不受人事主管欢迎的。

□不一定非要穿西装或者严肃的职业套装，这会显得太沉闷，会掩盖你的青春活力。

□参加面试的服饰要配合求职者的身份。

□服饰大方、整齐、合身。

□如果经济允许，建议买一套贵一点的正装，特别是西装。

□如果你觉得周围有人穿衣打扮不错，就不妨请他帮你选择服饰。

□选择平时习惯穿的皮鞋，面试出门之前一定要擦亮皮鞋，如果在地铁里不幸被踩了，出来后要擦干净。

□尽量不穿运动鞋，如果一定要穿，就要保证整洁。

□穿深色的西装套装，给人以稳重、可靠、忠诚、朴实、干练的印象。

□穿长袖衬衫，以淡色衬衫为主，淡色衬衫会给人留下深刻的印象。

□领带忌刺目的颜色。领带长度应是领带尖能盖住皮带扣。

□袜子以黑色为佳，袜筒高，无图案，干净。

□鞋子为黑色或棕色，皮鞋要上油擦亮，不能蒙灰。

【探讨 7-6】大学生面试着装要得体

求职者的外在形象是给面试官的第一印象。外在形象的好坏在一定程度上会影响求职者能否被录用。面试时，一定要注意，恰当的着装能够弥补自身条件的某些不足，形成自己的独特气质，使你脱颖而出。参加面试的服饰要与求职者的身份相配。合乎自身形象的着装会给人干净利落、有专业精神的印象，男生应显得干练大方，女生应显得庄重俏丽。

请扫描二维码 7-6，浏览电子活页中的内容，或者直接打开本书配套的电子文档，认真阅读与了解"大学生面试着装要得体"文档的内容，然后针对以下有关面试着装的三个话题展开讨论。

（1）大学生面试着装过于成熟好吗？

（2）大学生面试一定要穿正装吗？

（3）面试时是穿新衣服好还是穿自己习惯的衣服好？

【探讨 7-7】面试时无声胜有声的形体语言

在面试中，恰当使用非语言交流技巧，将为求职者带来事半功倍的效果。形体语言对面试成败非常关键，有时一个眼神或者手势都会影响到整体评分。例如，适当微笑的面部表情，显现出一个人的乐观、豁达、自信；服饰大方得体，反映出大学生风华正茂，有知识、有修养，可以在面试官眼中形成一道绚丽的风景，增强你的求职竞争力。

张同学、李同学、王同学、赵同学在面试工作人员引导下，依次进入面试室。在等待面试官提问之前，四位同学各自的表现如下：

张同学见到椅子，坐了下来，身体略向前倾，对面试官全神贯注，面带微笑，展现出自信及对面试官的尊重。

李同学紧贴着椅背坐下，显得轻松自如，面带微笑，听到"请坐"后轻松地坐了下来，将腿跷起，不停抖动，两臂交叉在胸前，四下环顾。

王同学听到面试官说"请坐"，说声"谢谢"，坐在椅子边，全神贯注地望着面试官，严肃地看着面试官，等面试官提问。

赵同学听到面试官说"请坐"，说声"谢谢"，坐到椅子满三分之二，上身挺直，全神贯注地望着面试官，面带微笑，谦虚地等待着。

请扫描二维码 7-7，浏览电子活页中的内容，或者直接打开本书配套的电子文档，认真阅读与了解"面试时无声胜有声的形体语言"文档的内容，然后针对以下话题展开讨论。

（1）哪一位同学等待提问时的形体语言合乎要求？

（2）说一说进入面试室后，入座、坐姿应注意哪些礼仪。

（3）以下失礼行为分别对应哪一位同学的做法？

①不请自坐；②坐姿显得没有教养；③表情过于严肃，显得呆板、紧张。

针对以下有关面试礼仪的各项描述，在你认为符合礼仪要求的"□"中画"√"，在你认为不符合礼仪要求的"□"中画"×"。

□在整个面试过程中，举止文雅大方，谈吐谦虚谨慎，态度积极热情。

□表情呆板、大大咧咧、扭扭捏捏、矫揉造作都是一种美的缺陷，破坏了自然美。

□在面试过程中，目光坚定、表情自然、不慌不忙、不急不躁，体现出应有的气度与风貌。

□与面试官交流时，和面试官进行适当的眼神交流，博得好感，在不言之中展现出自信及对对方的尊重。

□对面试官应全神贯注，注意力高度集中，目光始终聚焦在面试官身上，既可以给对方诚恳、自信的印象，又可以消除紧张情绪。

□在回答问题前，可以看着对方身后的墙，思考五六秒钟，不宜过长。

□谈话时，眼睛要适时地注意对方，不要东张西望，显得漫不经心，也不要眼皮低垂，显得缺乏自信。

□切忌目光犹疑，闪烁躲避，这是缺乏自信的表现。

□从进入面试场所那一刻起，要懂得适时微笑，不要过分紧张。

□微笑是沟通的润滑剂，可以消除过度紧张的情绪，拉近自己与面试官的关系。

□面试时不要板着面孔，否则不能给人最佳的印象。

□面试交谈时，可以适当地使用一些手势，但手势不宜过多。

□回答提问应诚恳，知之为知之，不知为不知。

□在整个面试过程中，表述要简洁、清晰、自信、幽默，同时注意观察面试官的表情变化，也就是察言观色。

□自我介绍时态度要保持自然、友善、亲切、随和，落落大方，笑容可掬。

□面试时候的动作一定要得体，回答问题时肢体动作不宜过大，要做到收放自如。

□在面试官的手朝你伸过来之后就握住它，要保证你的整个手臂呈"L"形（90度），有力地摇两下，然后把手自然地放下。

□不要贸然与面试官握手，除非他先伸出手来。

□握手时一定要使手臂呈"L"形，手心向上，从下到上迎向对方，握手时上下垂直晃两三下为好，一定要显示出自己的热情和自信。

□握手时手是湿乎乎的。

□握手时将另外一只手插在口袋里。

□以下几种握手方法是不可取的：用两只手；使劲用力；拉拉扯扯；轻触式；远距离。

□在面试接待室恰巧遇到朋友或熟人时，千万不可旁若无人地大声说话或笑闹。

□不要吃东西，包括嚼口香糖，不要抽烟。

□不要太关注面试工作人员的谈话，更不可冒失地发表评论。

□可以适当轻声与其他求职者交流信息，这也可以体现出自己乐于助人、谦虚好学的品质。

【探讨 7-8】善于察言观色，适时结束面试

面试时，面试官希望从求职者的陈述中发现他的语言组织能力、口头表达能力，从语音、语气、语调及其他肢体语言中观察出求职者的沉稳度、成熟度等，发现求职者的个人成就、个性、品质等背景。同时，面试官还希望从中发现求职者所提供材料的真伪。

面试过程主要由面试官控制，面试的每个阶段都有侧重点，面试官的行为也会有一些微妙的变化，求职者应善于察言观色，留心观察面试官的肢体语言，时刻考虑面试官的需要，判断面试的进程、时机，采取相应的灵活措施，适时结束面试。面试官显得饶有兴致（身体前倾），说明你表现出色，可以继续谈下去。面试官表现出明显的不耐烦（打哈欠或目光无神），这时可以停下来问他："您是希望我再讲讲……（刚刚说过的东西），还是想听听我在××方面的见解？"如果面试官希望尽快结束面试，那么你应该明白，此时结束面试是明智之举，应该主动提出。

面试时，每位求职者都口若悬河，回答问题的时间远远超出时间限制，令面试官非常疲劳，因而不断做出看手表、变换坐姿等动作，此时便出现了以下各种场景。

张同学面带微笑，全神贯注，继续讲自己的故事，并且认真地看着面试官，想从他那里得到反馈信息。

李同学滔滔不绝，口齿伶俐，再三强调自己的优点和能力，讲得绘声绘色。

王同学站起来，说："老师，您累了吧？如果没有其他问题，就请您休息吧。多谢您为我费心！"得到回答后，与对方握手，行礼，告别。

赵同学默不做声地看着面试官，等待面试官继续提问，同时猜测面试官的态度和想法。

针对以下话题展开讨论。

（1）哪一位同学的做法恰到好处，做得礼貌得体？

（2）哪一位同学已经看出面试官表情疲惫，却不能趁机请他休息？

（3）哪几位同学全然不顾面试官的表情，还在滔滔不绝地说下去？

【探讨 7-9】面试结束时也应注意礼仪

　　面试由多个环节组成，每个环节又由许多小环节构成，每个小环节都是一个关口。如果礼仪知识知之甚少，或者忽视礼仪的作用，各种问题回答失误，在一个小环节上出现纰漏，那么必然会被淘汰出局。礼仪和素养不是现场演戏，能够装出来的，而是在日常生活中潜移默化修炼出来的。

　　面试结束，求职者准备起身告别，此时出现以下场景。

　　张同学站起来，将椅子扶正，与面试官握手告别："谢谢您给我提供这次面试机会。"

　　李同学坐着说："我想再谈一谈我对贵公司所能做的贡献。"

　　王同学站起来说："老师，请问我最晚什么时候能得到回音？"得到回答后，他转身走出房间。

　　赵同学把刚才坐的椅子扶正，徐徐起立，站在椅子旁边，与面试官握手道别，一边点头一边说："谢谢，请多关照。"然后，他拿好随身携带的物品，到进门时的位置，先打开门，在出去之前转向屋内，有礼貌地鞠躬行礼，再次说："老师，再见！"

　　请扫描二维码 7-8，浏览电子活页中的内容，或者直接打开本书配套的电子文档，认真阅读与了解"面试结束时应注意的礼仪"文档的内容，然后针对以下话题展开讨论。

　　（1）在起身告别环节，哪一位同学的做法最合适？

　　（2）哪几位同学的做法还需要完善？

　　（3）哪一位同学没有做到善始善终？

　　针对以下有关面试结束时礼仪的各项描述，在你认为符合礼仪要求的"□"中画"√"，在你认为不符合礼仪要求的"□"中画"×"。

　　□面试结束时应询问："还有什么要问的吗？"得到允许后，应该微笑起立。

　　□将椅子轻轻推至原位置。

　　□向面试官表示感谢。

　　□礼貌地与面试官握手并说"再见"。

　　□面向面试官缓步退出面试房间。

　　□退出面试房间时不可走得太快，以免让对方误以为你紧张、怯场。

　　□不可主动向面试官索要联系方式。

　　□走出招聘单位大门时对接待人员表示感谢。

　　□24 小时之内发出书面感谢信。

【训练提升】

【训练 7-1】接打电话技巧训练

　　电话已成为代表一个人甚至一个企业形象的重要窗口，通话中表现出来的礼貌最能体现一个人的基本素养，体现一个企业的品牌形象。因此，接打电话时，一定要表现出良好的礼仪风貌，要有"我代表企业形象"的职业意识，养成礼貌用语随时挂在嘴边的良好职业习惯。一个措辞规范、内容清晰的电话，是促进双方交流的便利桥梁。求职者应该熟练掌握电话沟通的各种技巧和礼仪。

以小组为单位，用固定电话或手机模拟以下通话情景，并在结束后点评。

（1）你面试了一家心仪的公司，但一直没有收到面试结果通知，于是打电话询问。

（2）你接到一家公司通知面试的电话。

（3）你接听了一个找同学小马的电话，但你不知道小马现在是否在学校。

（4）你正在上课，手机振动，是一家公司通知面试的电话。

参考表 7-1 拨打、接听电话的要点，找出自己的不足之处后制订改进计划，并将其填在表中。

表 7-1　拨打、接听电话的要点

要　　领	检　查　要　点	不　足　之　处	改　进　计　划
准备纸和笔	（1）是否将笔和纸放在触手可及的位置 （2）是否养成随时记录的习惯		
选择时机，做好准备	（1）时间是否恰当 （2）情绪是否稳定 （3）条理是否清楚 （4）语言是否简练		
态度友好，用语礼貌	（1）是否微笑着说话 （2）是否真诚面对通话者 （3）是否使用平实的语言 （4）是否向对方致以问候		
语言清晰，体态优雅	（1）语言是否流利 （2）声调是否平和 （3）吐字是否清晰 （4）语速是否适中 （5）姿势是否正确		
记录、复述通话要点	（1）是否及时记录通话要点 （2）是否及时分辨、确认关键字句		

【训练 7-2】面试着装模拟训练与评价

有多家企业来学校招聘，行业有法律、银行、财会、金融、保险、咨询、法务、文秘、零售、教育、房地产、销售、旅游、时装、广告、娱乐影视、艺术设计等，具体工作岗位有会计、律师、审计人员、咨询人员、人力资源管理人员、网络媒体人、设计师、摄影师、策划师、一线工作人员、设备操作人员、维护维修人员、导游、教师、医生、护士、业务推广人员、营销人员、宾馆服务人员、收银人员。请根据自己所学专业、个人兴趣和 SWOT 分析，决定自己选择的行业和岗位。

（1）请扫描二维码 7-9，浏览电子活页中的内容，或者直接打开本书配套的电子文档，认真阅读与了解"面试时该如何着装"文档的内容，然后结合该文档有关要求，对应聘行业的风格、应聘职业的风格、自己的气质进行分析，对应聘时的着装做出规划。

（2）请男生扫描二维码 7-10，浏览电子活页中的内容，或者直接打开本书配套的电子文档，认真阅读与了解"男大学生面试穿着指南"文档的内容。请女生扫描二维码 7-11，浏览电子活页中的内容，或者直接打开本书配套的电子文档，认真阅读与了解"女大学生面试穿着指南"文档的内容。

然后，结合该文档有关要求，准备自认为得体的服装。

（3）请扫描二维码 7-12，浏览电子活页中的内容，或者直接打开本书配套的电子文档，认真阅读与了解"西装的穿着规范"文档的内容，然后结合该文档有关要求，准备好一套西装及衬衫、领带、皮鞋。

（4）在课堂上模拟面试场景，小组之间对着装相互点评，并提出改进建议。

【训练 7-3】面试动作礼仪训练

面试礼仪是个人素质的一种外在表现形式，是面试制胜的法宝。面试时，求职者的一举一动都会被面试官尽收眼底。

在面试接待室里，一群等待面试的求职者正在耐心等待接待人员叫自己的姓名，每一个被叫到姓名的人就到另一个房间单独进行面试。这时，如何把握进入面试房间的时机，不是一个小问题。以下是四位同学进入面试房间的表现。

张同学大声敲门，问："我可以进去吗？"听到里面允许后，他走进去，随手带上门，双手紧紧握住面试官的手，热情地摇晃。

李同学在张同学出来的时候，直接从门口进到屋内，转身关上门。他长时间地拖住面试官的手，凝视着对方。

王同学首先敲了一下门，听到里面喊："请进来。"他回答："打扰了。"然后进到屋里，转过身去正对着门，用手轻轻将门合上。因为手心出汗，他用力而快速地捏了一下面试官的手掌，急忙收回。

赵同学首先敲了一下门，听到里面喊："请进来。"他回答："打扰了。"然后进到屋里，转过身去正对着门，用手轻轻将门合上。回过身来，他将上半身前倾 30 度左右，向面试官鞠躬行礼，面带微笑地说："老师好！"同时，他握住面试官的手有力地摇了两下，然后把手自然地放下。

（1）请扫描二维码 7-13，浏览电子活页中的内容，或者直接打开本书配套的电子文档，认真阅读与了解"面试动作礼仪"文档的内容，然后结合该文档有关要求，完成以下训练任务。

① 从敲门、进门、关门、握手等方面的动作观察，哪一位同学在面试官面前表现出是一个能干的、善于与人相处的职业者？

② 从握手时的动作观察，哪几位同学动作显得过于紧张？

③ 哪一位同学在进门时机的把握和握手方式等方面都显得没有教养？

（2）下面是针对面试过程有关礼仪的各种描述，在你认为符合礼仪要求的"□"中画"√"，在你认为不符合礼仪要求的"□"中画"×"，并简要说明原因。

□在任何情况下都要注意——进房先敲门。

□面试时要轻敲门、慢关门，主动与面试官打招呼、握手。如果条件允许，就记住每位面试官的姓名和称谓。

□面试官让你坐下，你不用故意客套地说："您先坐。"神态保持大方得体即可。

□等招待人员叫到你的姓名时一定要大声答"是"，然后再进去面试。不论门是开着、关着、半开着，你都应该敲门。

□敲门时以指节轻叩三声，力度以面试官能听到为宜。等到对方回复后再开门进去，开门一定要轻。进去后，面向里边，轻轻将门带上，向面试官问好，鞠躬或行点头礼，并清楚地说出自己的姓名。

□进入面试房间开门、关门动作要轻，以从容、自然为好。

□向面试官主动打招呼问好，称呼应当得体。

□在面试官没有请你入座之前，不可贸然就座。

□若面试官一直没有请你入座，而偏偏有个座位，你可以适时提出："我是否可以坐在这里？"得到对方允许后，要说声"谢谢"，然后大大方方坐下去。

□对工作人员以礼相待，主动打招呼或行点头礼。

□双腿叉开不宜过大。不论大腿叉开还是小腿叉开，都非常不雅。特别是身穿裙装的女生，更不要忽略这一点，因为会给人放肆和缺乏教养的感觉。

□双腿不要直伸出去。那样既不雅，又妨碍别人。身前如果有桌子，双腿就尽量不要伸到外面去。

□坐在椅子上，脚和腿自觉或不自觉地摇晃、跷着二郎腿，不仅会让人心烦意乱，而且给人极不稳重的印象。

□在就座以后，用手触摸小腿或脚部，都是极不卫生，又不雅观的。

□紧贴椅背坐，显得松懈、漫不经心。

□两臂交叉在胸前或把手放在邻座椅背上，这样会给面试官留下轻浮、傲慢、不庄重的印象。

（3）现场模拟演示敲门、进门、关门、握手等方面的动作礼仪，小组之间相互点评。

【训练 7-4】纠正面试行为举止问题

1. 动态礼仪

（1）行姿问题：走路不稳，看地走路，手紧贴裤子走路，端着胳膊走路，走路胳膊摆动过大。

解决方法：在模拟练习中进行行姿练习；模仿网络仪态视频中的行姿。

（2）鞠躬问题：不鞠躬，或鞠躬幅度过大；只是点头；鞠躬时身子弯下，头却昂着；男生以空姐的姿态鞠躬。

解决方法：入场要先问好再鞠躬；鞠躬幅度为 15～30 度；男生双手自然垂下，放在裤缝处，鞠躬时不宜晃动；女生可以以空姐的姿态问好。

2．静态礼仪

（1）坐姿问题：弓背，抖腿，跷二郎腿；桌椅间距大，坐不稳，趴桌子；坐姿随意，耷拉脑袋，答题时将手放在腿上。

解决方法：规范坐姿，通过反复练习逐渐纠正。了解入座或离场时应注意的事项：椅子与桌子距离不能太远，发现椅子没有放好，要先进行调节；坐定后就不要去随意拖动椅子；要坐在椅子的三分之二或二分之一处；退场时需将椅子放回原处。

（2）站姿问题：身体晃，站不直，低头站立，手放在肚子上，背手站立。

解决方法：通过录像或照相，直观地发现问题所在，有针对性地改正。

① 贴墙法：贴墙站立，保持脚后跟、臀部、肩背、后脑勺紧贴墙面，站立 10 分钟左右。

② 军姿法：直立、抬头、挺胸、收腹、提臀、目视前方，保持立正姿势 10 分钟左右。

（3）手势问题：手放在腿上，手握笔答题，手转笔，手上动作幅度过大，手摆放过于死板，答题时不停地转手指。

解决方法：学习正确的手摆放姿势，但不能绝对化，因人而异；握拳、转笔、手放在腿上要随时提醒自己，逐步改正；可以用录像方式，或让家人监督自己进行改正。

（4）目光问题：目光游离，与面试官无目光交流，目光向下或向上望，始终盯着一个面试官看，与面试官目光交流时间太短。

解决方法：可以看面试官额头、嘴唇和两眼中间的位置，减少目光交流带来的心理压迫感。

3．着装礼仪

（1）服装问题：穿着随意，颜色过于艳丽；服装不整洁；衣服不合身，口袋鼓鼓囊囊。

解决方法：牢记着装的两个原则，一是要和职位相吻合，二是要和面试房间的气氛适应。要选择适合自己肤色、气质的衣服。

男生秋冬可着西装，自选是否系领带。若不系领带，则不需要系衬衫第一个扣；夏天，着短袖衬衫，不能系领带。

女生可选择套装或者套裙。夏天建议套裙，但不能过短，一般以下摆到膝盖附近为宜，不得穿薄、露、透的衣服。冬天建议着套装，下装以裤子为宜。

（2）鞋子问题：黑皮鞋配白袜子；鞋子表面较脏；鞋跟走路声音大；鞋跟偏高，走路不稳。

解决方法：鞋子的颜色和样式要与整体服装风格相符；鞋子要提前穿一两周适应。

选择穿鞋的注意事项：

男生皮鞋应以黑色或深棕色为主，袜子与鞋或裤子的颜色相同。

女生高跟鞋的鞋跟一般不超过 5 厘米，颜色以黑色为主，袜子以肤色为主。

4．打扮礼仪

（1）妆容问题：发型凌乱或随意；唇部发干，有死皮；化妆过浓，或者素面朝天；眼镜架夸张，配有色镜片。

解决方法：女生化淡妆，男生保持干净整洁即可。

下面是妆容的注意事项。

① 男生发型：前不覆额，后不遮领，两侧不掩耳，建议面试前 4～10 天理发。

② 女生发型：用夹子或者发带把中发或长发束起来，尽量盘发；短发要干净整洁。眼镜框与脸型相符，颜色不能太鲜艳，忌配有色镜片。

（2）配饰问题：戴卡通手表；配饰太多，戴多个耳钉或戒指；配饰样式夸张。

解决方法：求职者佩戴手表应以商务手表为主，切忌佩戴卡通手表。除手表外，不宜有其他配饰。

参考上面提出的问题，进行自我反思或相互点评，找出自己的面试行为举止中存在的问题。然后，根据上面提供的解决方法，反复进行训练，努力克服自身存在的礼仪方面的问题，让自己成为着装和举止得体、气度不凡的求职者。

模块 8

领悟面试诀窍与巧答面试提问

从投简历到面试，再到被录用，在求职的路上过关斩将，马不停蹄。接到面试通知时的欣喜、面对面试官时的紧张、拿到录用通知时的愉悦、奔赴职场时的忐忑与憧憬，都成为成长路途中难以忘记的图景。

面试是单位挑选职员的一种重要方法，面试给招聘者和求职者提供了进行双向交流的机会，让招聘者和求职者之间相互了解，从而双方都可以更准确地做出聘用与否、受聘与否的决定。

在面试前，求职者要对用人单位进行了解，做好求职定位，充分做好面试前的各项准备工作。面试是求职成功的关键，一分钟的自我介绍，一段简短的自我评价，短短的几十秒钟或几分钟，你该如何将自己最为闪耀的一面展现给用人单位呢？这就需要你在面试当中对面试官提出的所有问题从容应对，沉着应答。

对于每一个求职者来说，如何巧妙回答面试官的提问是一个值得关注的问题。对于没有任何求职经验的大学生来说，面对面试官的提问，往往防不胜防，被打个措手不及。实际上，面试官的提问并没有那么可怕，虽然不同单位的问法五花八门、千变万化，但万变不离其宗，所有问题都有明确的目的。求职者应该好好准备，掌握常规的方法技巧，抓住面试中的加分点，临场镇定、充分发挥，针对不同类型的问题，以不同的方式应答。在灵活应对各种提问的同时，求职者还要学会推销自己，只有这样才能轻松过关。

【学习领会】

8.1 面试的分类

8.1.1 根据面试的内容与要求分类

根据面试的内容与要求，面试的形式大致可以分为以下几种。

1. 问题式面试

招聘者按照事先拟订的提纲对求职者发问，其目的在于观察求职者在特殊环境中的表现，考核其知识掌握情况，判断其解决问题的能力，从而获得有关求职者的第一手资料。这是最常见的一种方式。

2．随机（自由）式面试

这是一种非正规的、随意性的面试方式，招聘者与求职者漫无边际地交谈，气氛轻松，无拘无束，双方自由发表言论，各抒己见。这种面试方式的目的是：在闲聊中观察求职者的谈吐、举止、知识、能力、气质和风度，对其进行全方位的考查。这样可以考核出求职者的真实情况，也可以缓解求职者的紧张情绪。

3．压力式面试

招聘者有意识地对求职者施加压力，针对某一问题或某一事件连续发问，刨根问底，直至对方无以对答。这种方式主要观察求职者在特殊压力下的思维敏捷程度与灵活应变能力。

4．情景（或虚拟）式面试

招聘者事先设定一个情景，提出一个问题或一项计划，请求职者进入角色，模拟完成。其目的在于考核求职者分析问题、解决问题的能力。情景式面试突破了常规面试时面试官和求职者一问一答的模式，引入了无领导小组讨论、公文处理、角色扮演、演讲、答辩、案例分析等人员甄选中的情景模拟方法。

5．综合（全方位）式面试

招聘者通过多种方式考查求职者的综合能力和素质。例如，招聘者用外语与求职者交谈，要求即时作文、即席演讲，甚至操作计算机，以考查求职者的外语水平、文字能力、书面及口语表达等各方面的能力。

以上是按照面试的内容所做的划分，在实际面试中，招聘者可能采取一种或几种面试方式。随着企业人力资源管理的逐渐完善，面试的方式越来越多。

8.1.2 根据面试标准化程度分类

1．结构化面试

结构化面试指面试题目、面试程序、面试评价、面试官构成等方面都有统一明确的规范，如公务员面试和一些国有企业统一组织的面试。

2．非结构化面试

非结构化面试对与面试有关的因素不做任何限定，也就是通常没有任何规范的随意性面试，如一些企业聊天式的提问面试。

3．半结构化面试

半结构化面试指只对面试的部分因素有统一要求的面试，如规定统一的程序和评价标准，但面试题目可以根据面试对象随意变化。

8.1.3　根据面试对象分类

1．集体面试

集体面试即多位求职者在一起同时进行面试。对招聘者来讲，这样可以在专业、地域及其他方面都有较大的选择余地，还可以对不同求职者进行直观的比较。这种方式一般用于初试，如无领导小组讨论。

2．单独面试

单独面试即用人单位对求职者单独进行面试。其中一对一面试（即一个招聘者面对一个求职者）通常用于初试；而众对一（即几个招聘者面对一个求职者）通常用于复试，这样可以避免一个招聘者带来的对求职者的认识的主观性。

8.1.4　根据面试进程分类

1．一次性面试

一次性面试指用人单位对求职者的面试集中在一次进行。

2．分阶段面试

分阶段面试可分为两种类型，一种叫"依序面试"，另一种叫"逐步面试"。依序面试一般分为初试、复试与综合评定三步；逐步面试一般是由用人单位面试小组成员按照由低到高的顺序，依次对求职者进行面试。

8.1.5　根据面试风格分类

1．压力性面试

压力性面试是将求职者置于一种人为的紧张气氛中，让求职者接受挑衅性的、刁难性的刺激，以考查其应变能力、压力承受能力和情绪稳定性。

2．非压力性面试

非压力性面试是指在没有压力的情景下考查求职者有关方面的素质。

8.1.6　根据面试途径分类

1．电话面试

电话面试不用直接面对面，而是以电话交流为途径的面试。

2．视频面试

视频面试指以视频聊天的方式对求职者进行面试。

3．现场面试

现场面试是指招聘者与求职者面对面直接交流沟通。

8.2　电话面试

8.2.1　什么是电话面试

多数企业在从简历中筛选出合适的求职者后，在正式面对面进行面试之前，通常采用打电话的方式进行首轮面试，从而事先了解求职者的实际情况。电话面试的时间一般控制在10～30 分钟，其主要目的是核实求职者的相关背景、语言表达能力。招聘者一般通过常规问题，或者让求职者自我介绍，并根据简历对求职者的教育背景及工作经历进行核实，从而判断求职者是否符合招聘职位要求的素质能力，并根据电话面试的结果判断是否给予其进一步面试的机会。

8.2.2　电话面试应对技巧与注意事项

1．保持冷静，缓解紧张情绪

在接到面试电话时，你或许正在上课，或许正在地铁中。在这种没有任何准备的情况下，你不能慌张，应尽快冷静下来，然后用非常积极友好的声音告诉对方：

"您好，非常感谢您打电话过来。如果您不介意的话，能否 5 分钟之后再打给我。我这里手机信号不太好，我换个安静的地方。或者，您能否告诉我您的电话，我在 5 分钟之内给您回拨过去？"

一般情况下，面试官都会同意过几分钟后再打过来，这样你就可以在较短的时间内做一些准备。如果你确实不太方便接电话，那一定要问清楚对方的电话号码，以便稍后再回拨给对方，确认电话面试事宜。在电话面试过程中，感到紧张是很自然的，但要试着让自己慢慢放松。由于面试官在电话中只能通过声音来判断你的表达能力，所以一定要控制好自己的心理和情绪，这样在说话时才不会乱了方寸。

2．注意语速，适时沟通

在电话面试过程中，声音很重要，不要过于平淡地、机械地背诵你已准备好的内容。在回答问题时，语速不能太快，音量可以适当放大，因为一般电话里面的声音比较小。发音吐字要清晰，表述尽量简洁、直截了当。

3．如实回答，条理清晰

如果没听清楚面试官的问题或者没有理解问题，正确的做法是礼貌地请对方复述一遍问题，并尽量如实回答，不要不懂装懂，以免造成答非所问的情况。

4．在电话面试过程中记录重要信息

如果条件允许，你应该在电话面试过程中准备好笔和纸，一边听面试官的说明和提问，

一边记下重要的信息，这些信息主要包括但不限于公司名称、所在部门名称、面试官的姓名、面试问题的要点，以及进一步的面试安排等。

5. 打电话的必要礼节

在整个电话面试过程中，要注意一些打电话的礼节，这些也可能是面试官考核的细节。接电话的时候，应该先说"你好"，不能光是"喂"。在电话面试过程中，要对面试官表示出尊重，以及对他工作的感谢。例如，"谢谢你给我这个机会"（Thank you for giving me this opportunity），"非常感谢，和你谈话真的很愉快"（Thank you, It was really nice talking to you）。最后，在结束电话面试前，一定要记得感谢面试官，以显示你的职业修养，同时也要确保面试官有你正确的联系方式，以便有进一步面试的机会时能联系到你。

6. 把握向面试官提问的机会

面试官在电话面试的最后阶段，可能给你提问的机会和时间，这个时候一定要把握好最后的自我展示机会。你可以事先准备一些有内容或者有深度的问题，如果事先没有准备，那么你可以询问面试官什么时候能得到进一步的通知。

注意：电话面试属于远程面试，求职者需要特别注意以下几个问题。

（1）千万不要过于平淡、机械地背诵已经准备好的内容，这样会让对方感到无聊。

（2）由于没有目光接触与肢体语言等辅助手段，因此必须把自己的回答整理得逻辑清晰、事例具体、表达生动。

（3）电话面试常常用于初审阶段，因此要尽快引起面试官的注意，在 1～2 分钟内打动对方。

（4）在手边准备一份自己的简历，这样便于介绍自己，也便于回答面试官针对简历提出的问题。

8.3　小组面试

8.3.1　什么是小组面试

小组面试又称为集体面试，更科学的说法是"无领导小组讨论"。小组面试的内容可能是实际商业背景中的真实案例讨论或相互协作解决某一问题，也可能是一个集体游戏。小组面试主要用于考查求职者的人际沟通能力、洞察与把握环境的能力、组织领导能力等。

小组面试一般由 5～8 个求职者组成一个小组，共同应对一个需要解决的问题，这一问题一般取自拟任岗位的职务需要，或现实生活中的热点问题，具有很强的岗位特殊性、情景逼真性、典型性及可操作性。

小组成员以讨论的方式，经过各种观点和思想的碰撞、提炼，共同找出一个最合适的答案或结果。在讨论的过程中，每个成员都处于平等地位，并不指定小组的领导，而面试官坐在离求职者一定距离的地方，不参加提问或讨论，通过观察、倾听对求职者在讨论中的发言内容及左右局势的能力进行评价。

在小组面试时，求职者要踊跃发言，展示口才，充分体现自己的竞争力和领导力，不要畏缩、羞涩、拘谨、木讷，要时刻鼓励自己、相信自己，要在实际行动中逐步磨炼自己。一个人的自信心并非与生俱有，而是在不断战胜困难中逐步培养起来的。求职者一定要挑战自我、充满信心。你要是自己躲起来，没人会发现你。

这种面试方法的优势是节约面试时间，而且可以让求职者在比较放松的环境中处理问题，这类面试特别适用于评价求职者分析问题、解决问题以及决策等具体的领导素质与语言表达能力，故现在被越来越多的企业使用。

8.3.2　小组面试的主要类型

小组面试按照内容主要分为案例分析型、问题解决型和技能考查型。

1．案例分析型

以小组为单位讨论实际的商业问题。案例分析可以很好地测试求职者的分析能力、推理能力、自信心、商业知识及沟通能力等素质。

2．问题解决型

以小组为单位共同解决一个模拟的难题。例如，公司年底举行员工联欢会，你们是公司市场部小组组员，请开会讨论年底联欢会的各种安排，这类问题需要小组成员之间密切配合。

3．技能考查型

通常是在小组成员共同参与下考查求职者的演讲能力、分析能力和逻辑推理能力。这类小组面试可能要求求职者饰演特定的情景剧。例如，求职者三人一组，每人随机抽取一张纸条，每张纸条上对应有一个名词，要求同组的三个组员根据抽到的名词表演一个情景剧，抽到的名词如"米老鼠""飞机""姚明"等。这类小组面试也可能要求求职者在有限的时间内就某个陌生的主题准备短时间的演讲和辩论。

8.3.3　企业为何要采取小组面试形式

集体面试通常采取"无领导小组讨论""案例分析""角色扮演"等形式，通过大量互动，观察求职者是否具备与岗位匹配的各项特质与能力，而求职者无法观察面试官的反应，这就是所谓的"暗室效应"。将不同的候选人放在一起，让他们同台竞技，便于面试官进行比较，很容易看出他们的差别。这样能够提高效率，节省时间，特别是对一些比较普通的岗位来说。

在小组面试刚开始时，可能有自我介绍环节，也许你会遇到一个刁钻的问题。例如，刚才在自我介绍时，你认为谁介绍得好，谁不好？你和好的那个比，你好还是他好？

面试官问这个问题的目的在于确认你刚才是否认真聆听了别人的自我介绍，并考查你的决策判断能力。

8.3.4　如何在小组面试中胜出

1．做好准备、学会自信

尽管求职者不会事先知道面试问题，但准备一些专业经验、技能和受过的培训等方面的资料会很有帮助。你最好准备一个成功的具体例子，如克服困难，实现了工作目标。

通过肢体语言和语调来显示自己的信心，可以让面试官对你印象深刻。记住，要坐直，与面试官保持眼神交流，避免坐立不安或屁股在椅子上挪来挪去。说话时，声音洪亮，让房间中的每个人都能清楚听到你的声音。

2．发言要积极、主动

（1）抢先"亮牌"。尽早亮出自己的观点，不仅可以给面试官留下较深的印象，还可能引导和左右其他求职者，从而争取充当小组中的领导角色。

（2）认真听取他人观点。自己的观点表述完以后，认真聆听别人的意见和看法，以弥补自己发言的不足，从而使自己的应答内容更趋完善。

（3）放下心理"包袱"。对于每个小组成员来说，机会只有一次，如果胆小怯场、沉默不语，不敢放声交谈，那就等于失去了被面试官考查的机会，结局自然不妙。

3．维护好人际关系

（1）努力奠定良好的人际关系。其实小组中的每个队友的想法相差并不大，在考虑是否接受别人观点时，人们会考虑对方与自己的熟悉程度和友善程度，彼此的关系越亲密，越容易接受对方的观点。

（2）友善待人、加强沟通。尊重队友的观点，友善待人，不要恶语相向。如果过分表现自己，对他人的观点无端进行攻击、横加指责，就会导致自己最早出局。和队友多进行交流，既能表现出你对他人的尊重，又能显示你的人际沟通技能。

4．把握住说服对方的机会

（1）抓住时机。找到与对方共同的观点，让对方在一定程度上感觉他的观点与你的观点有相同之处，然后提出自己的观点，以及充分的理由。

（2）论证要充分。小组讨论中不是谁的嗓门大谁就得高分，话不在多，而在于精。表达与他人不同的意见和反驳别人先前的言论，要做到既清楚表达自己的立场，又不令别人难堪。

5．注意讲话技巧，言辞真诚可信

（1）学会理解他人，引导他人。理解对方的观点，在此基础上找出彼此的共同点，引导对方接受自己的观点。在整个过程中，态度要诚挚，以对问题更深入的分析、更充分的证据来说服对方。

（2）发言要讲究技巧。不可自己一个人滔滔不绝，垄断发言机会，也不能长期沉默，给其他人发言的机会，时时处于被动的局面。

8.4　结构化面试

8.4.1　结构化面试概述

结构化面试是一种标准化的面试方式。面试官会事先设计一份标准化的面试问答卷，包括面试过程中的所有问答内容、评分方式、评分标准等。在进行面试时，面试官会依照规定的流程与事先拟定的面谈提纲对求职者逐项提问，对各要素的评判也按设定好的分值结构来界定。也就是说，在结构化面试中，面试的流程、内容及评分方式的标准化程度都很高，这是一种结构严密、评分模式固定且层次性很强的面试形式。

结构化面试的一项基本要求是对应聘相同职位的求职者，用相同的面试题目进行测试，使用相同的评价标准。面试官根据求职者的应答表现，对其相关能力素质做出相应的评价。

结构化面试测评要素一般包括以下三大类：一般能力、工作能力和个性特征。面试官会根据企业自身的特点来拟定面试具体要求和职位能力要求。

结构化面试一般有 5～9 名面试官，其中设一名主面试官，负责向求职者提问并把握面试的总体进度。时间因面试题目的数量而不同，一般为 30～60 分钟，每个问题的问答时间基本为 5 分钟。

8.4.2　结构化面试的主要特点

1. 面试官组成结构化

面试官不是随意形成的，而是有一定数量的，是根据选人岗位的需要按专业、职务及年龄、性别，以一定比例科学配置的。其中有一名是主面试官，一般由其负责向求职者提问并把握整个面试的进程，每位副面试官也会针对考生的具体表现打分，主面试官与副面试官在打分评判上具有相同的作用。

2. 评分的方法结构化

面试官评分的对象是求职者在回答问题时各个面试要素方面体现出的能力和水平，而不是求职者在某个题目中回答的质量。在结构化过程当中，每位面试官打分之后，都会按照事先制定好的规则，去掉一个最高分和一个最低分，进行最后的分数核算。这种方法更加科学，在很大的程度上能够防止面试官作弊，体现面试环节的公平公正。

3. 测评要素结构化

首先，测试什么、用什么题目来测试要根据测试前所做的工作来分析确定，即不同类型的题目与测评要素相适应，并按一定的顺序及不同分值比重进行结构设计。其次，还要在测评要素下面明确测评要点，即观察要点。最后，测评要点下面是测试题目。测试题目是基于职位职责的，即从岗位的职责、职能、职权中引申出问题。问题是系统编制出来的，目的是考查具体的资格条件，即能力、素质水平；根据已经确定的标准对求职者的反应进行评分。每个测试题目都有出题思路或答题参考要点，供面试官评分时参考。

4. 面试流程结构化

面试的整个流程都是结构化的，所有的步骤都是按照事先制定好的程序进行的。例如，面试时间，在面试前命题人就已经设计好了面试时间，一般本着 5 分钟一道题的原则进行，在特殊情况下也会有相应的调整。这样求职者在回答问题的时候就要对时间有所考虑，注意把握时间。时间不能过长，时间过长可能答案还没有说完考试时间就已经结束了，不能再回答。如果时间过短就会显得急躁，不够镇定，同样也会对面试造成一定的影响。这样就要求求职者在面试之前要进行相应的模拟和测试，可以更好地把握面试时间，获得良好的面试效果。

在结构化面试过程当中，面试官会严格按照事先制定好的程序发问，除事先制定好的题目外，一般不会出现面试官对考生现场提问的情况。当然，面试官也会按照事先制定好的程序进行相关的追问，这样就需要求职者在心理上有所准备，以应对临场突发的提问。求职者要在心态的调整上多做准备，反复模拟练习，以在面试过程当中取得胜利。

8.5　情景面试

情景面试是面试形式发展的新趋势，情景面试突破了常规面试（主面试官和求职者一问一答）的模式，引入了无领导小组讨论、公文处理、角色扮演、演讲、答辩、案例分析等人员甄选中的情景模拟方法。在这种面试形式下，面试的具体方法灵活多样，面试的模拟性、逼真性强，求职者的才华能得到更充分、更全面的展现，面试官对求职者的素质也能做出更全面、更深入、更准确的评价。在情景面试中，求职者应落落大方，自然地进入情景、进入角色，去除不安和焦灼心理，才能取得最佳效果。

8.6　面试提问的类型

8.6.1　连串式提问

连串式提问即面试官向求职者提出一连串相关的问题，要求求职者逐个回答。这种提问方式主要是考查求职者的反应能力、思维的逻辑性和条理性。

例如："你在过去的工作中出现过什么重大失误？如果有，是什么？从这件事中你吸取的教训是什么？今后遇到此类情况，你会如何处理？"

回答这个问题，首先要保持镇静，不要被一连串的问题吓住，要听清面试官问了哪些问题。这些问题一般都是相关的，回答后一个问题必须以前一个问题的回答为基础，所以求职者要听清题目及其顺序，逐一回答。

8.6.2　开放式提问

所谓开放式提问，指求职者不能使用简单的"是"或"不是"来回答问题，必须另加解释才能回答圆满。因此，面试官提出的问题如果能引发求职者给予详细的说明，则符合开放式提问的要求。面试的提问一般都应该用开放式提问，以便引出求职者的思路，考查其真实水平。

什么样的题目是开放式的题目？以下举几个的例子。

（1）你在学院（大学）期间，从事过哪些社会工作？

（2）你的专业课开了多少门？你认为这些课对工作有什么帮助？

（3）什么原因促使你在二年内换了三次工作？

这类提问的目的是从求职者那里获得大量信息；并且鼓励求职者回答问题，避免被动。

求职者应该开阔思路，对面试官提出的问题尽量给予圆满的回答，同时注意做到条理清晰、逻辑性强、说理透彻，充分展现各方面的能力。这样才能让面试官尽可能了解自己，这是被录用的前提条件。如果求职者不能被面试官了解，就根本谈不上被录用了。

8.6.3　非引导式提问

对于非引导式提问，求职者可以充分发挥，尽量说出自己心中的感受、意见和看法。这样的问题没有固定的回答方式，也没有固定的答案。

例如，面试官问："请你谈一谈担任学生干部的经验。"这就是非引导式提问。面试官提出问题之后，便可以静静地聆听求职者的叙述，而不必再有其他表示。与引导式提问相比，在非引导式提问中，求职者可以尽量多说，该说什么就说什么，因此可以提供丰富的资料。求职者的阅历、经验、语言表达能力、分析概括能力都得到了充分的展现，这样有利于面试官做出客观的评价。

8.6.4　封闭式提问

这是一种可以得到具体回答的问题。这类问题比较简单、常规，涉及范围较小。关于下面的一些情况常用封闭式提问。

（1）工作经历，包括过去的工作、职位、成就、成绩、个人收入、工作满意度及离职原因。

（2）学历，包括专业、学习成绩、突出的课程、最讨厌的课程、课程设置等。

（3）家庭状况，包括父母的职业、家庭收入、家庭成员等。

（4）个性与追求，包括性格、爱好、愿望、需求、情绪、目标设置与人生态度等。

8.7　笔试过程中的注意事项

（1）保持稳定的心态。客观冷静地对自己进行正确的评估，相信自己的实力，克服自卑心理，增强自信心。

（2）掌握科学的答卷方法。拿到试卷后，通览一遍，先解答简单的题，再解答难题，答题要掌握好主次之分。

（3）特殊情况特殊处理。对试卷中特殊的试题，千万不要慌张，不要失去信心，应该相信大家的水平相近，要认真分析作答。从这个意义上讲，笔试考的是你的综合素质。

（4）注意字迹、卷面和面试场所纪律。一定要注意按规定的时间到场，不能迟到。

（5）答题要注意字迹工整、卷面清洁，因为有些用人单位并不特别在意求职者的考分高低，而对求职者的认真态度、细致作风更为注意。考试绝对不能作弊或搞小动作，用人单位对这一点尤为关注。

8.8　面试和简历的主要区别

面试和简历主要有以下区别。

（1）面试是一个双向互动的过程，简历是单方向呈现。有些人可能工作经验很丰富，专业能力很突出，但面试的经验不足，所以面对面试官时吞吞吐吐，抓不住要点。

（2）简历介绍自己以倒序为好，但面试相反。当你面向面试官时，应按照时间顺序从前往后讲，先讲你上学院（大学）的教育经历，再从你参加工作一直讲到现在，因为面试官要听到你的整个成长经历，否则他会有一种很错乱的感觉。

？【案例探析】

【案例8-1】从面试淘汰到顺利进入普凌公司的"逆袭之路"

在电视剧《二十不惑》第三集中，姜小果正面临毕业找工作的情况。

姜小果好不容易收到了金融界趋之若鹜的基金公司普凌公司的面试邀请，信心满满地前往面试，却败在了面试环节上。

在面试中，姜小果说了自己在校的经历，自己成绩优异，获得全额奖学金，可以说非常光鲜亮丽。但是，面试官却没有问她一个问题，还告知她："你被淘汰了。"

姜小果以为是在面试前，她与面试主管周寻的小小误会，导致他有意刁难自己。但是，周寻直接指出，姜小果说的并不是他想听到的。

在姜小果的追问下，周寻问了她三个问题：你在面试前的24小时内关注过国内哪些相关企业的新闻？如果普凌公司要转投东南亚项目，你觉得应该关注哪些行业？抖音爆红背后有没有可以参考的内容运营策略？

突如其来的三个问题把姜小果问蒙了。可以说，周寻直接用三个问题劝退了姜小果。

姜小果回到寝室，她的室友段家宝拼命安慰姜小果。姜小果要段家宝讲出自己身上的优点，段家宝说你的优点就是挺不要脸的。

抱着"死不要脸"的执着精神，姜小果次日再次来到了普凌公司。在周寻完全无视自己的情况下，她想出按下每层电梯的方法为自己争取了3分钟的时间，将周寻上次抛给自己的三个问题一一做了解答。

姜小果阐述的内容如下：

（1）来面试之前的24小时，我的确没有关注国内的企业新闻，因为我当时正在浏览普凌公司之前投资的所有项目报道，这跟我正在准备面试的特殊情况有关系。

（2）我认为普凌公司现在把东南亚项目作为战略重点是不合适的，只能作为中美市场之外的辅助和延伸。当然，如果转投的话，也可以考虑中美两国新崛起的行业，如共享汽车。

（3）抖音的运营策略是交叉的，从单一的内容分享平台逐渐跨越到内容和电商……

正是姜小果的"不要脸"精神和敢于尝试的勇气，为她争取到了一次电梯面试的机会，最终成功入职了业内顶级的大公司。

其实，姜小果的"不要脸"精神是执着和勇敢，而具备这两种品质，无论做什么都已经成功了一半。

很多人之所以在职场平庸，得不到重用，得不到发展，并不是因为能力不够，而是缺乏执着的精神和勇敢尝试。不要觉得自己没有希望了就不去争取，机会都是一点一点拼出来的。没有人应该给你机会，没有工作理应就是属于你的。

姜小果的电梯面试确实是"死皮赖脸"地争取机会，或许在别人看来有些不体面，甚至胆大妄为，但正是由于这一次坚持和尝试，姜小果才顺利通过面试。

根据以上姜小果求职成功的过程，针对以下话题进行探讨。

（1）在本案例中，你从姜小果面试被淘汰到顺利进入公司的经历中得到了哪些启发？以下是供选择的选项。

① 成功的面试离不开好的自我介绍。

② 每一个职场人都要学会清晰流利、要点突出地汇报工作。

③ 拥有"不要脸"的精神且敢于尝试就已经成功了一半。

（2）为了得到面试机会，你是否曾经有过不断坚持和勇敢尝试的经历？

（3）在职场，为了成功，你是否愿意多一些执着、多一些勇敢尝试？

（4）经过多次努力和尝试，结果失败了，你是否认为自己丢了面子？

【案例 8-2】巧答面试问题，提升面试成功率

面试如高考，精心准备了很长一段时间，对各种面试问题反复练习，通读熟背。最后，充满自信去考试，结果，垂头丧气出了面试场所。原来，考题中有偏题，要丢一个大分。

路健是××××年毕业的大学生，学的是计算机专业，在学校里学习成绩很好。毕业后，他在一家公司干了几年时间，一直是公司的业务骨干。可是，由于人太老实，不善于人际交往与沟通，他没有遇到什么提升与加薪的好事。他感到委屈，想跳槽，但没想到正赶上就业高峰年，职场竞争十分激烈。凭简历上的工作经验，他得到了三次面试机会，但由于没有面试经验，又不善于言辞表达，不会推销自己，结果都面试失败。

面试问题没回答好是路健面试失败的主要原因。

他在面试中遇到偏题，心中犹豫不决，想来想去，最后答错了。其实，偏题的出现，是面试官在进行压力面试。根据每个人不同的情况，面试官会临时提出问题，只不过事先没有准备而已。回答这类问题时，只有一个原则：站在公司的角度、站在对方的角度去回答问题。也就是说，你要进行换位思考。只要你站在公司的角度，一般就问题不大。

面试官给路健提了以下几个问题，请你帮他支支招，看看应该如何回答。

（1）如果我们公司这次没有录用你，过一段时间被录用的人中有没有经过试用期考验的，腾出位置来，再通知你，你还会再来吗？

这是一个很尖锐的问题，一箭双雕，既看你对公司的认可程度，又在考察你的性格。

以下是供选择的回答。

① 为什么我还要再来？我又不是找不到工作？

② 我不想等待，再说那时我可能早就被另一家公司录用了。

③ 现在没有录用我，说明公司没有看好我，我来了也没有意思。

④ 呵呵，老师，那就说明我是一个替补队员了，能给一个强队当替补队员也是很光荣的事，我肯定会高高兴兴地来。再说，主力队员都是从替补队员干起来的。只要我今后工作努力，肯定会从替补队员升为主力队员。现在，我既然是替补队员，说明我应该付出比主力队员更大的努力，才能满足公司的要求。我相信我肯定能努力成为公司的主力队员，为公司做出贡献。谢谢老师给我一个机会。

以上 4 个回答，你会选择哪一个，理由是什么？

（2）如果公司给你的工资标准，没有达到你在简历上提出的工资要求，你还来我们公司吗？

以下是供选择的回答。

① 这是我的工资底线，如果达不到，我可能就会考虑另外一家公司了。

② 那我大概不一定会来了，因为我认为我的要求并不高。

③ 如果那样的话，那就是我跳槽后的工资还低于原来的工资，我要考虑一下。

④ 工资是我要考虑的一个问题，但公司更是我要考虑的问题。我更看中的是一家公司的企业文化和发展前景，以及我在公司的发展前景。对于一个青年人来说，前途比薪酬更重要。再说，每家公司都有自己的工资标准，我相信，只要我的能力达到公司的职位要求，公司也不会给我比别人低的工资，如果我的能力达不到公司的职位要求，那么我要求的工资高是不合适的。

以上 4 个回答，你会选择哪一个，理由是什么？

（3）你在公司里工作，如果同一个办公室里的人能力没有你强，工资却高于你，你会不会有想法，心理能平衡吗？

以下是供选择的回答。

① 我当然不平衡，我干得还有什么意思？

② 如果他的能力比我强，我就不会有想法。如果他的能力没有我强，那么我肯定心理不平衡。

③ 如果公司对待员工是这样的不公平，那么肯定公司文化有问题，只有走人。

④ 工资是员工最敏感的问题，公司一般都会尽量处理好。如果那个同事的能力不如我，工资还高于我，那么肯定是他在其他方面强于我。或者，他能为公司解决一些我们不知道的问题，所以公司给他定了高于我的工资。在公司里，我不想与别人横向比较，因为这里面有许多我不知道的东西。我喜欢把自己与自己纵向比较，只要自己比过去升值了，就有成就感；只要认为公司给我的报酬与我的能力匹配，心理就不会不平衡，还会感到干得挺有奔头。

以上 4 个回答，你会选择哪一个，理由是什么？

【案例 8-3】准备好面试提问

某软件开发公司对一位大学毕业生从面试开始到面试结束共提出了 23 个问题。这些问题如下所示。

（1）判断求职者受教育程度。

① 你是否已经掌握了大学中所学的东西？

② 你觉得哪些课程对你最有帮助？

③ 你选修了其他课程吗？

④ 你的毕业设计（论文）课题是自定的，还是老师指定的？

（2）判断求职者的分析能力。

① 你认为计算机软件开发工作难吗？

② 你对自己的能力有所了解吗？

③ 你喜欢高等数学课程吗？

（3）考查求职者联系他人的能力或社交能力。

① 你在大学里愿意参加哪些活动？

② 你做过什么社会工作？

③ 你参加过公开演讲吗？

④ 你认为你的经历和性格有益于交际吗？

（4）考查求职者的组织能力。

① 你上学时是不是一边学习一边参加勤工助学活动？

② 你觉得勤工助学和其他活动占用你的时间吗？

③ 你觉得挤出时间学习很困难吗？

（5）考查求职者的自我意识。

① 你认为你有哪些特殊才干？

② 你的最大长处和短处是什么？

③ 你对本公司了解吗？

④ 你有什么要问的问题吗？

⑤ 关于工作，你还有什么问题吗？

（6）确定求职者是否适合公司的工作环境和工作要求。

① 你喜欢在大公司还是在小公司工作？

② 你能很快适应环境吗？

③ 你喜欢什么样的工作环境？

④ 对于此，你还有什么问题要问吗？

上述问话提纲共有 23 条，大体上可以分为以下五个方面。

一是求职者是否受过良好教育；二是求职者是否有较高层次的分析能力和主动性；三是求职者在联系他人方面如何，是否喜欢合作；四是求职者头脑是否清醒，思维条理性如何；五是求职者是否有自知之明。

分析这份面试材料，你可以发现招聘单位对求职者面试的仔细程度。因此，求职者在面试之前，应该把情况想得复杂一些，把难度想得大一些，把面试官可能提出的问题想得全面一些，这样才容易成功。

假设你正准备参加一家公司的面试，面试官向你提出以上 23 个问题，试着写出你的答案。

【各抒己见】

【探讨 8-1】招聘面试中蕴含哪些科学道理

要想成功应聘，你应该知道面试里蕴含的科学道理。求职面试考验大学生的精力和体力，有些人满心欢喜去面试，却败兴而归。失败后，总有人开始怀疑自己的能力，怀疑自己的智商。但是，面试失利真的说明你能力不强、智商不高吗？其实，影响面试结果的因素太多了，心理、动作、性别乃至穿什么颜色的衣服都大有讲究。

请扫描二维码 8-1，浏览电子活页中的内容，或者直接打开本书配套的电子文档，认真阅读与了解"悟透招聘面试中蕴含的科学道理"文档的内容。然后，结合该文档内容，对于以下各项描述，在你认为合适的"□"中画"√"，在你认为不合适的"□"中画"×"。

□招聘是一个决策和判断的过程，是面试官对求职者感知、判断并决策

的过程，而决策与判断在一定程度上是建立在人的感情、理念和经验基础上的。

□求职者懂得在开场白和发言时多下一点功夫，取得良好印象的机会便会提高。

□经验丰富的面试官早就在自己的脑海中塑造了一些他认为好的求职者的印象。

□对号入座的心理强大且顽固，这一心理还会影响对工作岗位的性别印象。

□人们对工作岗位的性别印象，会阻碍面试官做出客观评估，而且这种印象貌似已经根深蒂固。

□面试时，面试官也会按照一定的标准，如性格、背景、学历等将求职者分类。

□管理者认为求职者与自己有相同的为人处世态度，或有相同的经历，他会倾向于做出较高的评价，以及建议付出较高的薪酬。

□在招聘面谈过程中，管理者在聆听求职者的陈述后，会较为相信负面性的资料。

□在面试时，拿捏好说话的分寸和方式显得尤为重要。

【探讨 8-2】面试时如何展现自己的优势

求职者在面试的时候，经常被面试官提问："你的优势是什么？"这是一个很好展现自我优势的机会。这时候，求职者应该怎么做，才能给招聘者留下一个好印象呢？

1. 简明扼要地举出具体事例

详略得当、简明扼要地表述自己的优势，才能让面试官更好地了解自己。一般说来，人们通过故事可以更好地理解概念和情境，因此可以用一个真实或具体的例子来正面或者侧面指出自己在某件事情上具备的优势。在面试环境中谈论自己的优势时，最重要的事情之一就是诚实。这似乎很老套，但确实听起来真实的答案才会给人留下深刻的印象，而听起来夸大或拙劣的答案带来的效果会适得其反。

2. 突出自己的特质和逻辑思维能力

做事沉稳、遇事镇定、逻辑思维能力较强也是很多公司看重的特质，也代表员工有做大事的潜力。因此，在面试的时候，回答问题不要太着急，可以简短思考一下再回答，重点是中心突出、层次清楚，对岗位的所有表达都有针对性。如果要展现自己的思维逻辑能力，那么可以多用一些"第一、第二、第三""首先、其次、再次"这样的词汇，用简短的语言表达出清晰的观点，能为自己加分。

3. 巧用话术技巧

面试的时候要记住以下三步凸显法。

（1）让别人更好地认识你。例如："您知道吗？我的销售能力很强，每年都是前三名。"（即使以前的公司就三名销售员。）"您知道吗？我有开发客户的能力，我一天打 50 个电话，还能去拜访 4 个客户。""您知道吗？我的沟通能力很好，别人难以说服的客户，我一出马，都很好沟通。"

（2）假设，帮别人看到愿景。例如："您想象一下，像我这么努力奋斗的人，要是能有幸运加入公司的话，我能为公司创造良好的成绩，还能带动销售部的整体业绩。"

（3）诚实地提出你的愿望。例如，你可以笑嘻嘻地说："其实，我刚才这么卖力地展示自己，是因为真的很喜欢这份工作，不知道有没有机会获得您的认可？"

面试是一种认识与测评的手段，面试官通过与求职者面对面的沟通交流，考查求职者是否具备与岗位匹配的能力和品质。从这个角度上讲，面试的本质不是答题，而是为了展现与岗位相关的能力和品质。因此，在面试时，一定要让面试官切实感受到你的优点，提升自己与岗位的适配度，只有这样才能顺利地获得心仪的录用通知。

参考上述内容，请列举出你的优势。

【探讨 8-3】面试时如何化解危机

在面试时，有时会出现一些比较尴尬的场面，如果处理不当，就会影响到面试结果。下面列举一些事例及解决的办法，以供参考。

1. 太紧张

求职者在面试时紧张是很常见的，尤其是第一次参加面试的大学毕业生。一般来说，稍微紧张一点不是什么坏事，它可以帮助你集中注意力。但是，过分紧张就会乱了方寸，使求职者无法集中精力回答对方的提问。解决这一问题，需要求职者对应聘有正确的认识，不要太在乎一次应聘的得失，要输得起，有多次应聘的思想准备。求职者要反复提醒自己放松，早一点进入状态。有时，与别人把话谈开了，往往就会放松下来，不再紧张。实在太紧张，一时难以控制情绪，最好的办法是向对方坦诚相告。你可以说："不好意思，我太紧张了，可不可以让我冷静一下再回答您的问题？"一般情况下，面试官不仅会同情你，还会对你的诚实和真挚加以肯定，他们会点头或微笑，以示真诚和友好。你可以在宽松、舒缓的气氛中化解紧张带来的危机。

2. 说错话

人在紧张的时候说错话是在所难免的。例如，在称呼面试官时，把对方的姓氏、职务说错了；在回答问题时，把常用的词句说错了。遇到这种情况，千万不要心慌意乱，紧张得脸通红，或者连吐舌头。不小心说错话，无碍大局，你可以若无其事地继续回答问题。如果说错的话是必须纠正的，你就需要马上更正或者道歉，态度要诚恳。话说一遍即可，切忌重复。出了错，有勇气承认或弥补，说明你有较强的应变能力。所以，说错话一定不要紧张，要根据情况坦然面对。

3. 面试官沉默

面试官长时间沉默有故意和非故意两种情况。面试官故意沉默是想观察求职者应对尴尬局面的能力，非故意沉默是对求职者回答的内容进行思考。面对面试官的沉默，求职者可以事先准备一些合适的话题和问题，在这个时候提出来（例如，可以这样问："还有什么有关我们所学专业的问题，您想让我详细说明的？"），还可以用相关专业常识性的问题做引线，向对方提问，使面试官不继续沉默下去，或者顺着先前谈话的内容说下去。总之，不能不知所措，只要沉着应对，沉默就会被打破。

4. 遇到不懂的问题

当遇到不懂的问题时，应该坦然面对，不懂就是不懂，硬着头皮乱说是不行的，因为资深的面试官很可能继续追问下去，使你无法收场。即使对方不问你，也已经对你心中有数了。此时，求职者应该谦虚地承认，自己对这个问题认识不够。坦诚面对，多少可以挽回一些影响。

5. 不明白对方问的是什么问题

求职者如果没有听清楚对方问的问题，就请对方重复一次。如果第二次还是没有抓住问题的核心，就要分析一下，是自己的理解有问题，还是对方的问话有问题。即使明显是对方的问话不妥，也不应该当面指出，最好婉转一点，表示自己不太明白对方要求自己回答哪方面的问题，并尝试给对方最可能接近的信息，然后加以说明："不知道您想知道的是不是这些？"态度一定要诚恳。

结合上述内容，思考并陈述面试时遇到相同的突发情况时，你会如何化解危机。

【探讨 8-4】回答面试问题有哪些常用技巧

请扫描二维码 8-2，浏览电子活页中的内容，或者直接打开本书配套的电子文档，认真阅读与了解"回答面试问题有哪些常用技巧"文档的内容。

请扫描二维码 8-3，浏览电子活页中的内容，或者直接打开本书配套的电子文档，认真阅读与了解"面试回答问题的策略"文档的内容。

然后，结合这两个文档介绍的方法，思考与陈述面试时如何回答以下方面的问题。

（1）怎样看待别人？
（2）事业和利益的两难选择。
（3）介绍家庭情况。
（4）表述特长。
（5）正视困难和失败。
（6）描述求职动机。

【探讨 8-5】如何打破面试僵局

在面试过程中，遇到僵局，不要轻言放弃。如果有耐心、沉住气，可能很快就会打破僵局。

旷同学说："我觉得自己在面谈时说得非常顺畅，但突然有位面试官问：'你是在复述别人说过的话吗？'我自认为所谈的都是自己的观点，面试官如此提问，使我的自尊心受到了很大的打击，真想拔腿就走，但我忍住了，立刻说：'对不起，可能我对此认识不深，请您指教。'道歉之后，我再找新的话题，又减少了面试官的疑虑，打破了僵局。"总之，碰到类似情况时，不必太在意，继续说下去，才有可能反败为胜。

有时，求职者一不小心就会惹出事来，使面试形成僵局。一位招聘主管询问求职的周同学："你为什么来本公司应聘？"周同学脱口而出："因为原来所在的公司突然倒闭了，我一下没了工作，所以只好先到你们公司做起来再说。"招聘主管听后，十分反感，冷言相问："那么，你是把我们这里当成收容所啦？"周同学一听，自知说漏了嘴，连说"不是"，却慌不择言："我主要是看你们公司待遇高。"其结果可想而知。

其实，周同学说漏了嘴，要稳定心绪，找出更合适的理由回答。如果一时找不到更好的理由，就索性采取"反击法"，气氛也可以得到缓和。他可以从容地说："那不至于，我更看好你们公司的发展前途。"千万不可临场乱了阵脚，慌不择言，坏了大事。

总之，在面试时一定要心平气和，沉着冷静。当面试进入僵局时，不妨面带微笑，沉思几秒钟，想好了再回答。

请扫描二维码 8-4，浏览电子活页中的内容，或者直接打开本书配套的电子文档，认真阅读与了解"求职者回答问题的技巧攻略"文档的内容。如果面试过程中面试官突然对你说"你是在复述别人说过的话吗""你为什么来本公司应聘"，你打算采用什么策略回答这两个问题，以巧妙打破僵局？

【探讨 8-6】如何坦然面对面试失败

请扫描二维码 8-5，浏览电子活页中的内容，或者直接打开本书配套的电子文档，认真阅读与了解"面试失败是求职成功的一把'金钥匙'"文档的内容，然后回答以下问题。

（1）你是否有过面试失败的经历？

（2）面对面试失败的情况，你如何从失败中学会面试方法、了解专业需要、清晰认识自己？

【探讨 8-7】求职者必须掌握哪几个面试诀窍

无论你是职场新人还是职场老人，多多少少都会对面试感到困扰和无奈。为什么你总是被拒绝？为何面试官屡屡刁难，让你不知所措？这是因为你不知道面试的技巧，不知道如何让面试官满意。对求职者来说，最重要的是做好充分准备和保持积极的心态。此外，还要注意以下细节问题。

（1）第一印象很重要。和主面试官握手一定要有力，以表明你的自信和热情；要双眼平视主面试官，注意和面试官们进行目光交流，而不要左顾右盼。

（2）面试时务必集中注意力。对主面试官提出的任何问题都不要忽略。

（3）少说话。避免滔滔不绝、夸夸其谈地陈述，回答问题要具体明了。

（4）准时抵达面试地点。准时到达说明你重诺守信。

（5）切忌在面试中表现出自己迫切地希望得到这份工作，也不要表现出你对这份工作毫无兴趣。

（6）着装要得体。

（7）要注意礼貌，多使用"请""谢谢""非常荣幸"之类的话语。

（8）不要有过多的小动作。面试中任何一个不经意的小动作，如不停地摸头发、转动圆珠笔、不停地舔嘴唇等，都会让面试官对你的印象大打折扣，因为这些行为反映了求职者的紧张情绪。

（9）让面试官更好地认识你。向面试官简明扼要地介绍你的才能，以及你打算怎样在工作岗位上发挥作用。

（10）在面试前一定要仔细了解用人单位的特点和工作范围。

以上介绍的面试过程中要注意的细节问题，你认为最重要的是哪几条？如果参加面试，哪几个方面你会做好，哪几个方面你还需要进一步加强？

【探讨 8-8】求职面试时要注意哪些影响自己成功的忌语

请扫描二维码 8-6，浏览电子活页中的内容，或者直接打开本书配套的电子文档，认真阅读与了解"求职面试时要注意哪些影响自己成功的忌语"文档的内容。对于面试时求职者的以下各项提问，在你认为合适的"□"中画"✓"，在你认为不合适的"□"中画"×"。

8-6

□你们这次招聘要招几个人？
□你们要不要女生？
□要不要外地学生？
□我不是名牌大学毕业生，你们要吗？
□你们单位有宿舍吗？
□你们的待遇怎么样？
□你们打算出多少工资？
□我想不起我曾经失败过。
□我可以胜任一切工作。
□我认识你们单位的××。
□我和××是同学，关系很不错。
□请问你们公司的规模有多大？
□请问公司董事会成员中外双方各有几位？
□你们未来五年的发展规模如何？

【探讨 8-9】求职面试时要避免哪些禁忌

请扫描二维码 8-7，浏览电子活页中的内容，或者直接打开本书配套的电子文档，认真阅读与了解"求职面试时要避免哪些禁忌"文档的内容。下面是有关求职面试的各项描述，在你认为是合适的"□"中画"✓"，在你认为不合适的"□"中画"×"。

8-7

□尽量寻找规模较小的公司面试，小公司有较多的新工作机会。
□利用各种渠道寻求面试机会。
□面试之前预先了解该公司状况，多搜集资料。
□约定会面时，切记要准时到达。如果因事不能前往，就应及时打电话通知对方。
□进入面试会场，应再次检查服装仪容，以愉快的心情面试。
□回答问题时，时间控制在 20 秒钟至 2 分钟。
□回答问题时，尽量做到真诚、健谈。
□回答问题时正视发问者，与对方接触时，表现出不卑不亢的态度。
□面试结束后，应从容有礼，向主面试官致谢。

□面试后记得通过电话或电子邮件致谢，时间不迟于第二天。

□只向大公司求职。

□全靠自己一人看招聘广告，寄简历与面试。

□面试前未做任何准备。

□未准时赴约。

□批评现在的或原来的公司。

□让人觉得你不重视面试。

□现场表现和简历不相符。

□蓄意隐瞒自己的经历。

□负面信息太多。

□挤牙膏式回答面试官的提问。

□多嘴。

□不真诚。

【探讨 8-10】不要忽视面试之后的表现

很多人都经历过这种情况：在面试结束的时候，面试官对求职者说："××天后我们给你答复，你先回去等消息吧。"结果，求职者望眼欲穿等了几天，也没等到面试官的消息。于是，求职者开始纠结，是否应该给面试官打个电话问问。

不少人认为，不用问，面试官没回复，那就是在委婉地告诉你，你被拒了。

如果你真这样想，那就错了。

其实，面试结束，并非一切都尘埃落定了。面试之后的表现，也许还能扭转乾坤，让你重获宝贵的职业机会。

请扫描二维码 8-8，浏览电子活页中的内容，或者直接打开本书配套的电子文档，认真阅读与了解"不要忽视面试之后的表现"文档的内容，然后根据该文档介绍的方法，思考一下，面试之后应该做好哪些事情，以及如何做好这些事情。

【探讨 8-11】面试前如何做好全方位准备

常言道："不打无准备之仗。"凡事预则立，不预则废。有充分的准备，方能战无不胜。因此，在去面试之前，准备工作马虎不得。在面试的前一天晚上，你要做好物资准备。面试当天早上，你要早早起床，做好仪表准备。

曾经有一家公司面试求职者，先让求职者填写应聘表，凡是没带笔的求职者在面试前一律被淘汰。该公司从这个细节考核求职者对面试的重视程度，以及做事的责任心和认真、细致的态度。

张同学、李同学、王同学、赵同学都接到了应聘单位的面试通知，为了保证面试成功，四位同学都开始着手面试之前的准备工作。

张同学虽然做好了相关准备，可是一提到面试，心里就发慌，不知所措，觉得自己没什么竞争力。

李同学不慌不忙，认为面试时间很短，又不知道对方问什么，全是碰运气，就等待运气降临好了。

王同学做了五个准备——心理准备、物资准备、问题准备、研究准备、仪表准备。他充满信心，等待通知。

赵同学也做好了五个准备，还对面试房间做了设想，演练了一个个环节，好像面试已经开始了。

1. 展开讨论

结合以上四位同学的面试准备情况，针对以下三个问题展开讨论。

（1）哪一位同学准备得最充分，成功的可能性最大？

（2）哪一位同学需要克服自卑心理，充满信心去面试？

（3）假设你去参加面试，在面试前一天晚上，你会做好哪些准备工作？在面试当天早上，你会做好哪些准备工作？

2. 物品准备

请扫描二维码 8-9，浏览电子活页中的内容，或者直接打开本书配套的电子文档，认真阅读与了解"面试前的物品准备"文档的内容，然后结合该文档有关要求，针对以下列举的面试前需要准备的物品，在你认为应准备好的"□"中画"√"，在你认为无须准备的"□"中画"×"。

□衣服	□毕业证书	□成绩单
□机动车驾驶证	□身份证	□照片
□特殊专长训练证书	□个人简历	□公文包
□单肩包	□手提包	□皮包
□笔	□笔记本	□手表
□梳子	□手帕	□面纸
□化妆盒	□地图	□零钱

3. 面试准备

请扫描二维码 8-10，浏览电子活页中的内容，或者直接打开本书配套的电子文档，认真阅读与了解"面试前必要的准备"文档的内容。然后，结合该文档有关要求，针对以下有关面试准备的各项描述，在你认为合适的"□"中画"√"，在你认为不合适的"□"中画"×"。

□面试要做到守时，面试前应弄清楚面试地点所处的位置，以及交通路线，有必要的话，先跑一趟。

□出发前，最好从头到脚再检查一遍，看看扣子、拉链是否扣好、拉好，领子、袖口是否有破损，衣服是否有褶皱，鞋子是否干净光亮。

□在面试前，应该把与应聘职业相关的专业知识、业务技能等回顾一下。

□面试当天应该提前 10 分钟到达面试地点，熟悉环境，稳定情绪。

□面试当天到达面试地点太早或太晚，都会让面试官觉得你没有时间观念。

□面试时不可带太多东西，一般用公文包装一些面试材料或个人简历即可。

□面试开始前要将通信工具关掉或调成振动状态，避免面试时出现尴尬的场面，并且给人一种不顾及旁人感受的印象。

□进入面试场所前，可以嚼一片口香糖，消除口气，缓和紧张的情绪。

□面试时，保持积极、主动的心态，敢于竞争，敢于自荐。

□在面试中，努力使自己显得沉稳、持重，敢于正视面试官，不可有神色不安的举止。

□面试时，回答问题时切忌抓耳挠腮、支吾搪塞。

□客观认识自己，正确分析自我，根据自身的特长选择合适的就业岗位。

□面试时，迫不及待地展示自己，回答问题时夸夸其谈、言辞过激。

□对自己期望过高而造成的心理负担过重，面试时表现出急躁、焦虑的情绪。

□面试时要进行适当的心理调适，既要注意言谈举止得体，又要注意心情放松。

【探讨 8-12】面试时表现最好的人也会被刷掉的原因

在面试过程中，何同学回答问题时表现得非常不错，措辞、思路、经验都比其他求职者略胜一筹，并且得到了其他人的认可。面试官也对他表示了很大的肯定，看起来他通过面试十拿九稳。然而，当最后公布通过面试的名单时，名单里却没有何同学。为什么会这样呢？难道在面试中表现最好的人也会被刷掉吗？

请扫描二维码 8-11，浏览电子活页中的内容，或者直接打开本书配套的电子文档，认真阅读与了解"面试中表现最好的人也会被刷掉的原因分析"文档的内容。然后，结合该文档列举的原因，探讨何同学面试没通过的可能原因有哪些。

8-11

【探讨 8-13】求职者语言运用有何技巧

请扫描二维码 8-12，浏览电子活页中的内容，或者直接打开本书配套的电子文档，认真阅读与了解"求职者语言运用的技巧"文档的内容，然后观看应聘视频或者现场模拟应聘，小组之间相互评价并模拟求职者的语言表达。

8-12

下面列举了一些求职者的语言运用情况，在求职者表现好的"□"中画"√"，在求职者表现欠佳的"□"中画"×"。

□交谈时发音准确，吐字清晰。

□说话的速度合适。

□有不文明语言。

□打招呼时用上升语调。

□自我介绍时用平缓的陈述语气。

□声音的音量大小合适。

□幽默的语言让谈话增加轻松愉快的气氛。

□机智幽默的语言给人良好的印象。

□在面试交谈中注意听者的反应。

□独占话题。

□插话。

【探讨 8-14】如何克服面试紧张怯场心理

对于面试时产生的紧张怯场心理，建议从以下方面进行自我调节。

（1）要以平常心正确对待面试，要做好承受挫折的心理准备。

（2）反复告诫自己，不要把一次面试的得失看得太重要，应该明白，自己紧张，竞争对手也不轻松，也有可能出错，甚至不如你。在同等条件下，谁克服了紧张，大方、镇定、从容地回答每个提问，谁就会取得胜利。

（3）要做好充分的准备工作，预计自己临场可能很紧张，就应该事先模拟面试场景，找出可能存在的问题与不足，增强自己克服紧张的自信心。

（4）对招聘单位和自己要有正确的评价，坚信自己一定能胜任相关工作。有信心不一定赢，没有信心一定输。

（5）适当着装打扮，穿着得体，整洁大方，以改变自身形象来增强自信心。

（6）进入面试房间，见到主面试官时，不妨有意大声说几句表示礼貌的话，做到先声夺人，紧张的心情自然消失。

（7）面试前做几次深呼吸，心情必定平静得多，勇气也会倍增。

（8）与面试官见面时，要主动与对方进行亲切有神的眼神交流，消除紧张情绪。在心里尽量建立起与面试官平等的关系。如果害怕，有被对方的气势压倒的感觉，就鼓起勇气与对方进行目光交流，待紧张情绪消除后，再叙述自己的求职主张。

（9）当出现紧张的局面时，不妨自嘲一下，说出自己的感受，可以使自己变得轻松一些。

（10）不要急着回答问题。主面试官问完问题后，求职者可以考虑三五秒钟后再回答。在回答面试题时，需要清晰表述自己的看法和情况。一旦意识到自己语无伦次，就会更紧张，导致面试难以取得应有的效果。切记，面试从头到尾，讲话不紧不慢，逻辑严密，条理清楚，让人信服。

（11）感到压力大时，不妨抽空去发现面试官服饰、言语、体态方面的缺点，以提高自己的心理优势，这样就会在不知不觉间提升自信，回答问题也就自在多了。

（12）当与对方的谈话出现停顿时，不要急不可待，利用这个思考的空间，抓紧理清头绪，让对方感觉你是一个沉着冷静的人。

（13）一旦紧张，说话可能结结巴巴或越说越快，紧张也会加剧。这个时候，最好的方法就是有意放慢自己的说话速度，让字一个一个地从嘴里清晰地吐出来，速度放慢，心情也就不紧张了；也可以加重语尾发音，说得缓慢响亮，用以缓解紧张情绪。

最近一次或几次应聘面试时，你是否出现了紧张怯场心理？如果出现了紧张怯场心理，请你列举当时的情况。

谈一谈你打算采取哪些措施进行自我调节，努力克服面试时的紧张怯场心理。

【探讨 8-15】面试时的刁难问题应该如何回答

在每个人的求职生涯中，面试是必经之路。面试官会提问，通过观察求职者回答问题时的表现来判断其是不是真的适合相应的岗位。

求职者应对面试时，不仅要懂得很多专业问题，还要有敏捷的反应能力，因为永远不知道面试官会提出什么奇葩问题。

甘同学大学刚刚毕业，正在找工作。他在网上看了好几家公司的招聘信息，最终向一家他觉得还不错的公司投了简历，很快收到了对方的面试邀请。

跟甘同学一起参加面试的还有另外两名求职者。在面试快要结束的时候，面试官突然问了一个问题："如果公司派六个人一起出差，但车上只能坐下五个人，那么应该怎么办？"

第一位求职者听到这个问题很奇怪，但也没多考虑。他表示："这个问题并不难，多出来的一个人再叫一辆车就可以了。"面试官点了点头，说道："出差是用公费的，两辆车意味着费用会增加，这对公司来说不划算。"

第二位求职者紧随其后说道："两辆车太浪费，六个人挤挤坐呀！如果出差的人里有我，很简单，我这么轻，可以坐在一个人腿上。"面试官面露尴尬，心想：这小姑娘的行为与公司文化差距较大，看来并不适合入职。

第三位求职者就是甘同学了。甘同学想了想说："既然一开始就已经确定是六个人一起出差，那么在找车的时候肯定会找一辆大一点的车，而不是找一辆五座的车。再叫一辆车，不仅浪费，而且也会让人不舒服。六个人如果挤着去的话，也不安全。所以，我会在去之前订好一辆大一点的车。"

面试官听了甘同学的回答，没有再摇头，而是鼓起了掌，表示赞同。最终甘同学因为出色的回答被录用。

有的人面试时遇到奇葩问题只会干着急，这样压根没有用。当我们遇到奇葩的面试问题时，只有做到和甘同学一样，面试官才能对你刮目相看，从而收获满意的工作。

如果你是第四位求职者，你会如何回答上述问题？

请扫描二维码 8-13，浏览电子活页中的内容，或者直接打开本书配套的电子文档，认真阅读与了解"刁难问题的回答技巧"文档的内容，熟悉该文档介绍的 6 个样例，然后以小组为单位，每个小组回答一个问题。

8-13

（1）你愿意做工程师还是市场开发人员？

（2）你的性格特点是什么？你善于与人相处吗？

（3）如果让你来当我们公司的总经理，首先你会做几件事？

（4）你以为我们公司的改革怎么样？

（5）我们要求的都是大学本科以上学历的，你只是专科毕业，恐怕不合适吧？

（6）你喜欢读书吗？业余时间都读什么书？经济类的书读得多吗？哪一种管理理论你较为欣赏？

【训练提升】

【训练 8-1】面试自我介绍的优劣分析

在面试的自我介绍环节，如果能够成功运用成功者的面试技巧，同时避免踩入失败者的雷区，我们在面试中就会轻车熟路，轻松取胜。这里有两个自我介绍案例。相对而言，案例中杨婉君同学的自我介绍显然好一些，李雨晴同学的自我介绍则欠缺一些。

请扫描二维码 8-14，浏览电子活页中的内容，或者直接打开本书配套的电子文档，认真阅读与了解"杨婉君同学面试时的自我介绍及点评"文档的内容。

李雨晴同学面试时的自我介绍及点评如表 8-1 所示。

表 8-1　李雨晴同学面试时的自我介绍及点评

自我介绍内容	点评内容
我叫李雨晴，这个名字比较符合我的性格。雨是比较温柔的，晴是比较热烈的，我觉得我的个性既有顺从的一面，又有比较热烈积极的一面。	李雨晴的介绍犯了一个典型的交流错误——失真。它听起来很"美"，却完全不真实，因为宝宝从妈妈肚子里爬出来时，完全看不出性格是温柔的还是热烈的。这样反映求职者急于表现自己的优点，结果违反了最基本的"真诚沟通"原则
我是佛山人。	太简单，犯了"挤牙膏"的错误
其实，我高中的成绩是可以进名牌大学的，但高考时没发挥好。我虽然不是来自名校，但我相信自己绝对不比那些名牌大学的毕业生差。我一直非常刻苦，每次作文的得分都是优。我发誓一定要比他们还要优秀……	为自己辩解，反而弄巧成拙，暴露了心理素质差，经不起失败的考验。适当地夸奖自己是可以的，但绝不可通过贬低别人来抬高自己
我觉得我学会了与人进行沟通，学会了团队精神，也锻炼了自己的领导能力和组织能力。	李雨晴的回答看上去中规中矩，却犯了三个明显的交流错误：一是不全面，因为大学的收获绝不只是沟通和组织能力。二是缺乏说服力，短短一句话，说了自己的四种能力，没有任何事实和数字予以支撑，让人难以置信。三是不够个性化。这样的回答，与别的求职者"撞车"的可能性很大

（1）面试官说："李雨晴，你的名字很好听呀！"

表 8-2 中有两个供参考的回答，并给出了点评意见，现场展示你的回答，同组同学给予点评，将其填在表中。

表 8-2　关于名字的回答

回 答 内 容	点 评 内 容
回答 1："是吗，谢谢！这个名字比较符合我的性格，雨是比较温柔的，晴是比较热烈的，我觉得我的个性既有顺从的一面，又有比较热烈积极的一面。"	面试官夸奖求职者的名字，一是发自内心地赞美一下漂亮的名字，二是希望能够在面试开始的时候，营造一种轻松和谐的气氛。求职者李雨晴急于表现自己的优点，结果违反了最基本的"真诚沟通"原则。面试官本来想放松一下，结果反而被求职者的自夸弄得浑身起了鸡皮疙瘩，觉得自己接下去要是不夸奖对方一番，简直就没法继续交流了
回答 2："哦，谢谢，谢谢！我妈跟我说她年轻的时候比较喜欢文学，所以老是想追求那种阳春白雪的感觉，于是就给我起了雨晴这么个名字。其实，我可是有一点'名不副实'的，雨晴听起来很温柔、很婉约，我倒是比较偏向男孩子的性格。"	这个答案符合面试的两个原则——"幽默轻松"原则和"夸赞自己"。它既轻松幽默地说明了自己名字的来历，也暗示自己的性格相当积极，有活力
你的回答：	同学点评：

（2）面试官问："你是哪里人？"

表 8-3 有三个供参考的回答，并给出了点评意见，现场展示你的回答，同组同学给予点评，将其填在表中。

表 8-3　关于籍贯的回答

回 答 内 容	点 评 内 容
回答 1："哦，我是佛山人。"	这个答案犯了明显的"挤牙膏"错误。问一答一，永远不是上乘的交流技巧。而且，这样紧张的一问一答并没有使气氛放松
回答 2："哦，我来自佛山，您去过吗?"	一般来说，不鼓励求职者反问面试官，尤其这种有关个人信息而不是商业信息的私人问题。恰巧几位面试官都没有去过佛山，当场气氛就显得十分尴尬
回答 3："哦，我来自佛山，不过很多人说我看上去像北方人，因为我父亲和母亲都是北方人，他们都是二十多岁的时候从山东搬迁到广东的。"	这是一个很好的回答，全面说明了自己的家庭背景，表明申请人很健谈。而且，在紧张的面试气氛中保持健谈，也体现出他良好的心理素质
你的回答：	同学点评：

【训练 8-2】面试过程中的有效沟通训练

请扫描二维码 8-15，浏览电子活页中的内容，或者直接打开本书配套的电子文档，认真阅读与了解"面试过程中，这样沟通更有效"文档的内容，熟悉该文档介绍的 8 种有效沟通的方法。以小组为单位，针对下面所列的问题，恰当运用这些沟通技巧，每个小组回答一个问题。

（1）说一次难忘的工作经历。

（2）针对目前应聘的职位自问自答。

① 你能做好这份工作吗？

② 你热爱这份工作吗？

③ 你能很好地与他人共事吗？

（3）说一说你的最大优势是什么？

（4）你有过社团工作经验吗？

（5）用一个词介绍自己。

（6）你应聘职位所在行业目前主要的新技术有哪些？

【训练 8-3】将面试问题归纳为 4 类常见问题

请扫描二维码 8-16，浏览电子活页中的内容，或者直接打开本书配套的电子文档，认真阅读与了解"90 个面试问题汇总"文档的内容。该文档已将 90 个面试问题划分为工作动机与个人愿望、兴趣/学业/优点/缺点、工作经验与工作态度、能力表现 4 类，并且每道面试题都给出了回答示例和点评。请按个人类问题、工作/实习/实践经历类问题、动机/匹配类问题、情景类问题对文档中的 90 个面试问题重新进行分类。关于这 4 种类型，下文有相关的说明。重新分类后，从每个类中选择 1～2 个典型的面试问题，根据回答建议，准备好对面试题的回答。

1．个人类问题

个人类话题相对轻松，主要有以下几类。

（1）兴趣爱好（兴趣爱好并无好坏之分，但有的和岗位比较合适）。

（2）价值观，如对热点事件的看法。

（3）未来规划。

（4）成长经历。

回答建议：

兴趣爱好有可能给人贴上标签。例如，面试官会觉得喜欢跑马拉松的人能够忍受寂寞、喜欢跳舞的人热情奔放等。所以，可以思考一下怎样的爱好和申请的岗位比较搭配。当然，这建立在真的有该爱好的前提上。

2．工作/实习/实践经历类问题

此类问题常见问法有以下三种。

（1）不断追问细节。

（2）提问对某个经历的收获、总结与反思。

（3）针对经历中存在的缺点与不足进行追问。

回答建议：

（1）总结和反思自己简历上的经历和在其中做过的每项工作。

（2）理解面试官的问题，不要答非所问。

（3）回答问题用好 STAR 原则，有逻辑和条理，能把故事讲好。

（4）表达风格贴近该公司和该岗位的文化、风格、特质。

3．动机/匹配类问题

无论是应届毕业生还是有经验的人士，面试都会被问到以下问题。

（1）为什么离开上一家公司？

（2）为什么选择这个行业？

（3）为什么选择我们公司？

（4）我们为什么要选择你？

回答建议：

（1）提前了解自己应聘的公司和岗位。

（2）想清自己是否真的喜欢某行业、公司或岗位。

（3）列出自己与某行业、公司或岗位的匹配点。

4．情景类问题

顾名思义，该类问题是为求职者设置一个情景，以了解求职者的解决思路。例如：

（1）当你身处某种困境时，你会如何做？

（2）说一件你运用你学的某种知识或技能解决问题的事情。

（3）证明你是一个具有某种特质的人。

回答建议：

（1）可以讲述自己在生活中和设定情景相似的真实经历，把你在现实中的解决方法套入此类情境中，这就需要平时多反思、多总结。

（2）尽量不要只讲方法论或者虚假的内容，回答尽量详尽、实用。

【训练 8-4】提炼并剖析 5 个面试问题

一场面试下来，面试官可能提多个问题，不同风格的面试官提问的方式还有差异。一般的面试准备，是把问题的答案记住并加以练习；更好一些的做法，是把面试问题分类，然后根据回答的模板，进行灵活运用。

这两种方法虽然奏效，但比较机械，有些问题换个问法，就不一定能识别出来。

实际上，所有面试官可能问到的问题都可以提炼成以下 5 个问题。

（1）你为什么到我们公司来面试？

（2）你能为我们公司做什么？

（3）你是什么样的人？

（4）你与其他求职者有什么不同？

（5）你现在想了解我们公司什么情况？

这 5 个问题对应到求职者身上，又可以转化成下面这 5 个问题。

（1）我是否了解这项工作具体是做什么的？

（2）我有哪些技能符合公司要求并能解决哪些问题？

（3）我如何与公司同事共事？

（4）我能说服公司从多个求职者中选择录用我吗？

（5）我将来能在这家公司发展到什么程度？

这 5 个问题是去面试前一定要思考清楚的，否则你不能确信对方会录用你。能从这 5 个问题方面去充分准备，求职的成功率至少 90%，剩余 10% 为不可控的客观因素。

请扫描二维码 8-17，浏览电子活页中的内容，或者直接打开本书配套的电子文档，认真阅读与了解"考查求职者综合素质的 12 个方面"文档的内容。该文档包括 65 道面试问题，着重介绍从用人单位角度考查求职者综合素质的 12 个方面，如口头表达能力、灵活应变能力、情绪控制力等。

请扫描二维码 8-18，浏览电子活页中的内容，或者直接打开本书配套的电子文档，认真阅读"重点剖析 5 个面试问题"文档的内容，了解 5 个面试问题的具体含义，然后将"考查求职者综合素质的 12 个方面"文档中的 65 道面试题按以下 5 个类别重新归类，从 5 类问题中各选择一个面试问题进行模拟面试，小组之间相互评分与点评。

（1）你为什么到我们公司来面试？

（2）你能为我们公司做什么？

（3）你是什么样的人？

（4）你与其他求职者有什么不同？

（5）你现在想了解我们公司什么情况？

【训练 8-5】参考定制的自我介绍模块进行自我介绍

对于面试中的自我介绍，人人都会准备，但要在众多的求职者中脱颖而出的确有难度。答得好，是加分项，答得不好，就是自己给自己挖坑。那么，究竟应该怎样说才能让面试官眼前一亮呢？

面试的自我介绍，是对自己核心竞争力的总结，是在告诉面试官自己能够胜任这个工作。一般来说，面试时的自我介绍都有固定的模板，我们只需在这个模板中填充自己的内容就可以了。

请扫描二维码 8-19，浏览电子活页中的内容，或者直接打开本书配套的电子文档，认真阅读与了解"自我介绍的模块定制"文档的内容。该文档总结了多种自我介绍的模板（应届毕业生/有工作经验），参考这些自我介绍模板有助于你成为录用通知收割机。

请扫描二维码 8-20，浏览电子活页中的内容，或者直接打开本书配套的电子文档，认真阅读与了解"面试时自我介绍的要点"文档的内容，然后选用一种合适的自我介绍模板，模拟进行自我介绍。结合以下对自我介绍的具体要求，分别准备一句话、一分钟和三分钟的自我介绍内容，并在小组内进行现场展示。

对自我介绍的要求如下：

（1）描述经历时，多用数据。

例如，3 年从业经验，做过 5 个超过 1000 万元的项目等。数据会增加自我描述的真实性，同时，如果过往成绩很出彩的话，也会为自己的面试加分。

（2）尽量用结构化的语言描述，避免叙述方式。

有些同学在做自我介绍的时候，喜欢用平铺直叙的方式，但这样的介绍是非常碎片化的，不是说不可以，而是说会让面试官觉得你的逻辑思维不太好。

在自我介绍的时候，你可以把自己要说的话分成几个要点，然后分别进行介绍。

例如，在校学生可以把自己的自我介绍分成专业内容学习成果介绍、社团实践介绍、对外比赛介绍和获奖介绍、实习介绍。这样会让自我介绍整体更加清晰。

（3）尽量准备多个版本的自我介绍，并且记下来。

自我介绍失败往往是由于没有提前准备，记得一定要提前准备好，因为机会是留给有准备的人的。

【训练 8-6】扬长避短进行自我介绍

1. 分析与改进自我介绍

表 8-4 为自我介绍的分析与改进，第 1 列为自我介绍样例，第 2 列为点评，请在第 3 列填写改进优化后的自我介绍内容。

表 8-4　自我介绍的分析与改进

自我介绍样例	点　评	改进优化后的自我介绍
（1）我性格比较开朗，擅长与人沟通，抗压能力强，有良好的利用数据分析问题的能力。	没有实际经验来支持陈述，显得空洞而不能令人信服	
（2）我担任某个部门的部长，负责招募新成员，分配任务。社区工作一个学期强化了我的时间管理技能。	没有提供有力的数据来突出自己的贡献，平平无奇，没有记忆点	
（3）我在大学一年级担任过学生干部，在大学二年级拿过奖学金，在大学三年级参加过实践活动。	时间显得凌乱，没有重点，没有实质性内容，没有数据佐证，大部分经历都和应聘的职位没有关系	
（4）我对金融服务行业很感兴趣，虽然现在很多东西不懂，没有相关的工作经验，但我愿意学。	公司不是学校，公司想找人工作，这样的说法只会让人觉得是自己无能的借口。如果你真的不了解相关行业，也可以通过举例说明你进入金融行业的努力，突出你的学习能力。简单地说，展示你拥有的，而不是解释你没有的	

　　需要明确的是，在珍贵的 1～3 分钟内，最重要的不是凸显自己与众不同，标新立异。能让面试官对你感兴趣固然好，但展示你的特殊性并不会最大限度地给你加分。面试官看中的是你与岗位的契合度，所以最重要的是展示你与面试岗位高度契合的价值，并在 1～3 分钟内将其简洁、明确地表达出来。因此，在自我介绍之前，你必须先梳理自己的逻辑，力求自我介绍简明扼要、逻辑清晰。先自我审问：你为什么想来这家公司？为什么选择这个岗位？你有什么特质会让公司看中？你与公司的文化价值观有哪些匹配点？对方为什么需要你？自我介绍的过程也是一个自我营销的过程。自我介绍就像广告一样，毫无保留地表现自己，不仅要令对方留下深刻的印象，还要即时引发起对方的"购买欲"。

2. 高度契合面试岗位的自我介绍

　　"特色自我介绍"采用"总—分—总"的结构，先介绍自己的基本情况和面试诉求，再具体介绍自己的经历或经验、有哪些特质可以胜任应聘岗位，然后再进行总结。经过优化改进的自我介绍如表 8-5 所示。

表 8-5　经过优化改进的自我介绍

自我介绍样例	点　评
您好，我是×××，在投递简历前，我仔细研究过贵岗位的工作职责，我觉得非常有吸引力，结合自己的既往经历，我坚信自己能胜任。	这一段是抛观点，同时表达强烈的兴趣和信心
我注意到，贵岗位核心要求是以下三点： 　　（1）扎实的××技术。我曾在原来所在的公司担任××技术负责人，成功交付过多个类似项目，拥有丰富的相关经验。 　　（2）卓越的沟通能力。我在原来所在的公司担任项目经理期间，曾带过百人团队，需要同时对接 5 个不同部门协作沟通，每次都能得到既定结果，满足项目交付需求。 　　（3）良好的抗压能力。我做过很多时间紧、要求高的项目，内部与外部压力都极大。有一次，客户总是变更需求（这里可以举一个例子）……但我最终完成了。	这几段是结合对方岗位的要求，陈述自己能胜任的分论点及论据支撑
综上所述，我认为自己非常适合贵公司的岗位需求，也请贵公司能给我一个机会，谢谢。	这一段再次表达自己的信心和期望，十分有礼貌、得体地结束自我介绍

请扫描二维码 8-21，浏览电子活页中的内容。参考表 8-2 所示的内容进行模拟自我介绍，并避免出现电子活页"自我介绍有哪些禁忌"文档中列举的各项禁忌，各小组之间相互评分与点评。

【训练 8-7】运用回答三方面问题的方式进行自我介绍

面试中自我介绍是一个加分项，一定要珍惜这个机会，用最短的时间让面试官记住你，突出自己的优势，有力地说服对方。大胆表达自己，想办法在最短的时间内给面试官留下深刻的印象，让他眼前一亮。

你要打动面试官，让他们抬起头看你，有目光交流和让他们感兴趣的事情，那么你的成功率就会大很多。

要想做出一份让面试官眼前一亮的自我介绍，也不是一件容易的事。

展示自身的价值，并说服对方，这正是他们迫切需要的。

所以，自我介绍其实就是在回答以下三个方面的问题。

1. 我是谁？我从哪里来？我要到哪里去？

关于这三个问题，简单介绍一下自己的基本情况即可，不必过多赘述。

（1）我是谁？

简明扼要说清楚自己的姓名、籍贯、毕业学校、所学专业，让面试官对你有初步的了解。你可以展现一些自己有趣的、特别的东西，如个人信息、性格、经历等，加深面试官对你的印象。

例如："您好，我叫×××，××××年应届毕业生。毕业于×××学院（大学），很荣幸得到这个面试机会。"

（2）我从哪里来？

梳理自己的经历和亮点，分析所聘岗位的需求，找出自己能与所聘岗位的需求相匹配的特质，并重点挖掘这些经历。面试官也喜欢深挖你能匹配目标岗位的亮点，所以对自己的亮点经历要仔细挖掘。

对于刚毕业的大学生来说，一般没有丰富的工作和生活经历，可以将学院（大学）时期的经历、得过的奖项简单罗列几条出来，如学生会管理工作、班级管理工作，自己在企业实习做了一些什么事情，一定要注意精练。从学校教育经历也能看出应届毕业生在某些技术方面的能力。

对于有工作经验的人来说，一定要把自己一直从事的工作与应聘的工作职能联系起来，提前做好准备，找出关键词之间的区别和联系。一定要讲述自己所做的项目，这可能引起面试官的兴趣，并引出更多的话题。面试时间长一点不是坏事，说明面试官对你感兴趣，想更多地了解你。

例如："我有过三段实习/项目/活动经历，第一段是在×××公司担任/负责/策划×××任务，最终数据达到×××……；除了实习，我还积极参与学校的×××项目/活动，做了×××，最终获得×××。"

（3）我要到哪里去？

这里说明为什么想得到这份工作或为什么适合这份工作，以及自己未来的职业规划，从而进一步突出自己的优势和与这个岗位的匹配度，让面试官对你更有信心。

说清楚自己凭什么出现在这里，为什么对方需要录用你。

短短的一分钟作为面试开场白，可以引导面试官接下来的提问，以及提高面试的成功率。

例如："这次我面试的是×××岗位，因为自己平时就很喜欢×××，积累了一些相应的经验，未来也希望在这个方向深入发展，希望能得到来公司任职的机会，谢谢！"

2．我做过什么？我有什么能力？我为什么符合这个职位？

关于这三个问题，建议结合应聘岗位职责谈自己的能力。

3．我为什么选择该公司？

回答这个问题，简单赞美对方即可。

最后，用肯定自己的话语作为结尾，让面试官觉得你很自信。要让别人肯定自己，首先要自己赞美自己。

正面是一个自我介绍的例子。

下午好，我叫×××，来自××学院（大学），就读于市场营销专业。在校期间，我运营过×年自媒体，具有一定的运营基础和扎实的文案功底，专业课知识积累十分丰富，所以我前来尝试应聘贵公司的运营岗位。

通过各大媒体，我了解到贵公司是公关领域内非常出名的公司，这是我梦寐以求的地方，而公关这个行业，也非常符合我今后的职业规划。

我相信，不论是我的专业还是我的过往经历，都能够很好地胜任这个岗位。以上是我的自我介绍，谢谢！

这个自我介绍就很好地展现了求职者的能力、目的，还有自信，能够引导面试官根据他的自我介绍提问。

以上面的示范为例，面试官一定会问下面几个问题。

（1）简单说说你在校期间的运营经历，遇见过什么难题，怎么解决的？

（2）你认为运营是什么？你认为公关公司运营的主要工作是什么？

（3）为什么市场营销符合你的职业规划？你的职业规划是什么？

（4）你认为你具备哪些运营能力？用你之前的经历举个例子。

（5）你了解我们公司吗？了解哪些方面？

这些问题都可以通过自己设定的自我介绍提前预知，并且准备好答案。

运用上面讲述的自我介绍方式进行自我介绍训练，各小组之间相互评分与点评。

【训练 8-8】自我介绍与自我评价训练

请扫描二维码 8-22，浏览电子活页中的内容，或者直接打开本书配套的电子文档，认真阅读与了解"自我介绍与自我评价要点"文档的内容，然后结合该文档有关要求，完成以下训练。

（1）撰写 200 字左右的自我评价。

（2）撰写 300～500 字的自我介绍。

（3）以小组为单位，在小组内进行自我介绍。

（4）根据现场抽签结果，每小组派出一名代表，在课堂上向全班同学进行自我介绍，并进行点评，提出改进建议。

【训练 8-9】面试时自我介绍及巧答相关面试问题训练

在面试过程中，几乎所有的用人单位都会将自我介绍作为面试的第一道测试题，而且是面试的必考题。这个问题通常是面试开始的第一个问题，不要滔滔不绝。尽可能让你的回答在 1 分钟，最多 3 分钟的时间内结束。要牢记，这个问题通常是一个"热身"问题，不要把最重要的观点浪费在这个问题上。

自我介绍是求职者见到面试官后，获得的第一次向面试官展示自我亮点的最重要的机会。好的自我介绍可以让面试官对求职者产生兴趣，甚至让面试官当即确定求职者就是他们要找的候选人。

自我介绍犹如商品广告，求职者要在有限的几分钟内针对用人单位的需求，将自己好的一面毫无保留地展示出来。

下面是自我介绍的关注要点。

（1）简明扼要地介绍自己取得的关键成就。

（2）胜任应聘职位的关键能力。

（3）求职者如何看待自己应聘的职位。

请扫描二维码 8-23，浏览电子活页中的内容，或者直接打开本书配套的电子文档，认真阅读与了解"面试时自我介绍的注意事项"文档的内容。

下面是面试时自我介绍的两个参考样例。

【样例 1】应届毕业生

我今年刚从××学院（大学）毕业，所学专业是×××××，我的基本情况简历上都介绍得比较详细了，在这里我想强调三个方面的内容。

一是在大学期间，我合理地利用寒暑假参加了一些社会实践，因此有机会接触到几种不同的行业，也有机会与各种各样的人相处。与陌生人在一起时，我很容易打破僵局，找出彼此都感兴趣的话题。

二是我的英语口语不错，曾利用业余时间在旅行社做过兼职导游。工作和学习二者兼顾的经历使我掌握了分清主次、合理安排时间的技巧。

三是我的文笔不错，曾在报刊上发表过 5 篇文章，若您有兴趣，可以过目。

最后，我想补充的是，我喜欢这份工作，在工作经验上可能稍有欠缺，但我很勤奋，有自信在短时间内就可以胜任工作。

【样例 2】有工作经验的求职者

我毕业以后，就职于××公司，由于所学的是市场营销专业，我本人对销售行业感兴趣，这正是我到这里应聘的原因。

销售工作要求人们有较强的交流能力，有较强的亲和力，而我总是能够与各种各样的人和谐相处，这不仅因为我很健谈，还因为我善于倾听别人的谈话。在××公司的三年间，我曾担任产品销售部高级职员，为公司实现了××××万元的销售业绩，因此被提升为销售部主管，负责带领销售团队推广公司的产品，年底时超额 10%完成销售任务。

除正式业务范围外，我与各地区客户来往较多，积累了较丰富的工作经验。我希望有机会充分利用自己的工作能力，从事更大范围的工作，这是我急于离开现职的主要原因。

请扫描二维码 8-24，浏览电子活页中的内容，或者直接打开本书配套的电子文档，认真阅读与了解"巧答自我介绍的面试问题"文档的内容，然后参考该文档介绍的关注要点、应答技巧和参考样例，思考并回答以下面试问题。

（1）请你自我介绍一下。

（2）谈一谈你的家庭情况。

（3）你有什么兴趣爱好？

（4）你有哪些优点？

（5）你有哪些缺点？

（6）你的朋友怎样评价你？

（7）你的领导怎样评价你？

（8）你最近阅读什么书或报纸？

（9）你最崇拜谁？

【训练 8-10】巧答关于学习培训经历的面试问题

无论你是一名应届毕业生还是已经有工作经验的人士，学习与培训作为个人能力提高的重要手段，永远都是面试官关注的焦点，所以这类问题经常出现在面试过程中。

1. 关注要点

（1）简要的学习与培训经历。

（2）学习成就或学习心得。

（3）参加过的一些与工作相关的培训。

（4）学习和培训经历能够支持所应聘的职位。

2. 应答技巧

面试官希望通过求职者的阐述，对求职者学习、培训的现状有所了解，求职者应该注意以下三个问题：一是要在叙述中尽量显示自己的教育背景有别于他人的特点，即使学习的是同样的内容，也要在学习结果或学习心得上与其他人有所区别；二是要通过自己的回答让面试官明白，你的教育背景能够支持和满足你应聘的工作要求；三是讲述学业成就和学习心得时，要避免平铺直叙、毫无个性的流水账式的叙述。

求职者在描述学习和培训经历时一定要结合自身的实际情况，请看下面的两个样例。

【样例 1】

我是今年毕业的一名应届毕业生，所学专业是××××专业。由于我对质量管理方面知识的偏爱，利用业余时间阅读了大量与质量管理相关的专业书籍，打下了良好的理论基础，并发表了三篇关于质量管理方面的论文，发表在专业核心期刊上（简历后附复印件）。我了解到贵公司实施了 ISO 9000 认证体系，而我曾利用课余时间参加全国内审员职业资格培训，并获得内审员职业资格证书，如果我能加入贵公司，就省去了一个内审员培训名额。

对于应届毕业生来说，自身最大的优势在于在校期间系统地对专业知识的学习；对于自学课程，不可能通过考试成绩反映时，寻找另一种成绩单（如发表的论文）也是有效的；而参加内审员培训，对于企业来说，可以减少未来培训费用的支出，非常有利于企业做出录用决定。

【样例 2】

我深知自己的专业与应聘的职位有一定的距离。但是，三年前，从我开始从事会计工作起就有针对性地制订了学习计划。三年来，我从最基础的会计知识学起，广泛涉猎会计学、财务管理方面的书籍，去年取得了会计资格证书，今年已经报名参加中级会计师培训，而上一个工作岗位又为我提供了实战平台，使我的实际操作水平得到了极大的提高。但是，在来面试之前，通过我对贵公司的了解，要胜任这项工作，自己还有很多不足，这些都需要我在以后的工作中不断地加强学习。

"样例 2"通过强调业余时间的学习与培训经历，向面试官传达了自身具备的学习、计划等能力，有利于减少因专业不对口造成的不利影响。

3. 训练实践

请扫描二维码 8-25，浏览电子活页中的内容，或者直接打开本书配套的电子文档，认真阅读与了解"巧答学习培训经历的面试问题"文档的内容，参考该文档介绍的关注要点、应答技巧和参考样例，思考并回答以下面试问题。

（1）谈一谈你的学习经历和培训经历。

（2）你打算继续学习或深造吗？

（3）你为什么要选择这个专业和学校？

（4）你觉得大学生活使你收获了什么？

（5）在大学里，你最喜欢的课程是什么？

（6）在大学里，你最不喜欢的课程是什么？

（7）你学过的课程与我们的工作有什么关系？

【训练 8-11】巧答关于工作经历与相关经验的面试问题

如果你曾经有过一段实习或工作经历，那么面试官一定会就此展开，向你发问，并希望通过你对过去工作经历的描述判断你的能力、知识及对相关职位的适应程度。

1. 关注要点

（1）取得的主要业绩。

（2）这些成就说明的关键能力。

（3）求职者对应聘职位的兴趣。

（4）求职者如何看待自己应聘的职位。

2. 应答技巧

对于求职者来说，工作经历或实习经历都是自己拥有的最珍贵的财富之一，同时是一种重要的任职资格。在面试官看来，求职者的工作经历是一个值得重视的个人条件。

如果求职者是应届毕业生，那么一定要通过实习经历来说明自己已经具备应聘职位需要的能力，下面的"样例 1"就很好地展示了求职者具有一定的能力。

【样例 1】

20××年 2 月至今，我在××文化传媒公司实习，主要负责公司官方微信内容的撰写，曾多次独立写出阅读量破千次的文章，关注用户增加超过 5000 个，还协助完成"×××戏剧节"的策划工作，负责前期的沟通、协调及现场的调度和管理，极大地提高了沟通和协调能力。

如果求职者是一位已经有一定工作经验的人士，那么在回答面试官的问题时，一定要注重自己在工作中的所思所想。求职者既然有一定的工作经验，那么就要有所总结，有一些见解，再谈具体工作实施过程意义就不大了。下面的"样例 2"就很好地抓住了这一点，没有罗列工作事项，而是大谈工作心得和体会。

【样例 2】

我从大学毕业以后一直从事销售工作，到今天已经有五年多了。在这五年中，我只信奉一句话："销售的成败，取决于你对细节的掌控和理解，尤其是一些较大项目的销售，往往被一些微小的细节左右。"我自己通过不断的工作磨砺也有了很大的提高。一是做事情的目的性更强了。比如，现在我无论做什么事都会问自己，自己的目的是什么。二是社交比以前更从容了。无论什么场合，商务谈判也好，各类宴会也罢，现在我都能从容应对。自己也越来越喜欢销售这个职业了。

3. 训练实践

请扫描二维码 8-26，浏览电子活页中的内容，或者直接打开本书配套的电子文档，认真阅读与了解"巧答工作经历与相关经验的相关面试问题"文档的内容，然后参考该文档介绍的关注要点、应答技巧和参考样例，思考并回答以下面试问题。

（1）谈一下你的工作经历和相关经验。

（2）谈一谈你的一次失败经历。

（3）什么业余活动（生活习惯）有助于你将工作做得更好？

（4）讲述一个你没有发挥自身能力的事例。

（5）你如何评价你工作过的公司？

（6）请介绍一下你过去做过的最成功的案例或遇到的最大挑战。

（7）如果需要快速学习一门新的技术或者语言（如果有个项目使用了你没有用过的语言或者技术），你将怎么完成？

【训练 8-12】巧答关于理想工作的面试问题

如果你推崇的职业价值观与企业的要求不一致，就很难在以后的工作中与企业其他成员形成合力，所以面试官总是想了解一下求职者的人生目标和人生态度对职业选择的影响。

1. 关注要点

（1）求职者评价最理想工作的标准。
（2）求职者的职业价值观。
（3）求职者职业价值观与应聘职位的契合度。

2. 应答技巧

这是一类假设性质的问题，这个问题还可以理解为"你认为在什么条件下才能获得成功"。如果求职者描述的理想工作与某个空缺岗位的情况不符，面试官就会认为这位求职者不会喜欢这个工作，未来的业绩也不会好。请看下面两个样例。

【样例 1】

我理想中的工作包含三个层次：第一个层次就是我能做自己想做、有兴趣而且有能力完成的工作，这是最理想的工作状态。第二个层次就是和自己的专业不对口，但能做自己想做、有兴趣的工作，这样我会很高兴地去学习提高，而且提高也会很快，当然相应的收获也会更多。第三个层次是虽然自己不太感兴趣，但具备专业知识和专业技能，能比较轻松地胜任工作，这样容易出成绩。比如我今天应聘的岗位，无论是专业还是兴趣都符合我心目中理想工作的标准。

【样例 2】

我认为理想的工作需要具备三个特点：一是这项工作要具有一定的挑战性，能够使自己获得一定的成就感和广阔的发展前景，能够有机会得到客户的认可或得到同事和领导的认可；二是工作的环境是和谐的，同事之间应该有一个良好的合作环境，工作氛围应该是公平公正的；三是随着工作业绩的提升，应该有令人满意的经济回报，当然包括休假等。

"样例 1"的回答，实质上是在迂回阐述求职者对理想工作的认识，并没有回答理想工作是什么的问题。在对目标应聘企业或职位不是特别清楚的情况下，这是一种不错的选择。或者干脆回答："本来就没有最理想的工作，任何工作都有其价值，就看我们抱着何种态度。"

3. 训练实践

请扫描二维码 8-27，浏览电子活页中的内容，或者直接打开本书配套的电子文档，认真阅读与了解"巧答理想工作的面试问题"文档的内容，然后参考该文档介绍的关注要点、应答技巧和参考样例，思考并回答以下面试问题。

（1）你认为理想的工作是什么？
（2）你期望获得的最重要的回报是什么？
（3）谈一谈你对"干一行，爱一行"的理解。
（4）你是如何看待加班的？

（5）为什么选择我们公司？

（6）你找工作时，最重要的考虑因素为何？

【训练 8-13】巧答"为什么选择我们公司"的面试问题

面试官想了解一下求职者的应聘动机，或者想搞清楚求职者为什么在面临众多备选企业时选择了该公司。

1. 关注要点

（1）对应聘公司的了解程度。

（2）对应聘公司的感兴趣程度。

（3）你具备的应聘该职位的优势。

（4）面试官试图从中了解求职者求职的动机、愿望及其对此项工作的态度。

2. 应答技巧

"你为什么选择我们公司？"这个问题考核的是意愿，也就是说面试官希望了解求职者希望加入该公司是看重该公司的哪些方面。面试官都喜欢特别有意愿加入自己公司的求职者。有意愿就意味着你有努力工作的动力，你进公司后，大家会觉得面试官招对人了，有意愿还意味着你不会很快离职。因此，如果公司最后确定要你，就会用你提到的意愿去吸引你，从而让你可以更尽心地为公司效力。

面试官不仅希望求职者口头表达对应聘公司的兴趣和了解，更希望通过具体的数据和实例展现自己感兴趣的程度和了解的程度。因此，求职者应当通过各类渠道了解求职单位的详细信息，让面试官感到"我都不甚了解的东西，你比我还清楚"。

面试前，求职者应该对面试的公司有足够的了解，事先做好功课，了解一下该公司的背景，让对方觉得自己真的想得到这份工作，而不只是探路。求职者可以上该公司网站了解该公司的企业文化、有吸引力的项目，也可以找在该公司工作的前辈聊天，准备好三点有说服力的理由。例如："贵公司的导师制非常注重新员工的职业发展，对我很有吸引力。""公司的高技术开发环境很吸引我。""我同公司出生在同样的时代，我希望能够进入一家与我共同成长的公司。""你们公司一直都稳定发展，近几年来在市场上很有竞争力。""我认为贵公司能够给我提供一条与众不同的发展道路。"这都显示出你已经做了一些调查，也说明你对自己的未来有了较为具体的远景规划。

下面是三个参考样例。

【样例 1】

我看了贵公司的广告及招聘具体要求，感到自己比较符合贵公司的招聘条件，比如贵公司对工作经验的要求、对工作能力的要求。而且，贵公司注重对员工的培养，强调制度在企业管理中的作用，这就能为个人发展创造一个平等而广阔的平台。

另外，我通过网络、传媒等对贵公司也有些了解，熟悉贵公司的发展历史和发展战略，若有幸成为贵公司的一员，将有助于自己能力的发挥与发展。

【样例2】

我十分看好贵公司所在的行业，我认为贵公司十分重视人才，而且这项工作很适合我，相信自己一定能做好。

【样例3】

我曾经在报纸杂志看过关于贵公司的报道，贵公司的理念与我的理念相同。贵公司在业界的成绩也是有目共睹的，而且对员工的培训、升迁等都有一套完善的制度。

3. 训练实践

请扫描二维码8-28，浏览电子活页中的内容，或者直接打开本书配套的电子文档，认真阅读与了解"巧答为什么选择我们公司的面试问题"文档内容，然后参考该文档介绍的关注要点、应答技巧和参考样例，思考并回答以下面试问题。

（1）你为什么选择我们公司？

（2）如果有两家公司都录用了你，你会怎样选择？

（3）你准备在这家公司干多久？

（4）这个职位最吸引你的地方是什么？

（5）你对我们公司了解多少？

8-28

【训练 8-14】巧答"为什么录用你"的面试问题

如果你和众多竞争对手同时角逐同一职位，面试官往往会通过这类问题来挖掘你的核心竞争力，从而帮助其做出聘用决定。

1. 关注要点

（1）求职者独特的竞争优势。

（2）求职者的说服能力和自信心。

（3）求职者自身具备的感染力。

（4）求职者的换位思考能力。

2. 应答技巧

这个问题最能让求职者通过"据理力争"反映其说服力、感召力和竞争优势。求职者在回答时，一定要根据自身情况列举出几条强有力的说服面试官的理由；可以从岗位需求出发分析自己的优势，说明自己适合这个岗位。

对于应届毕业生来说，不可能有显赫的业绩，一定要通过自己的回答告诉面试官，自己是一个有心人，是一个可塑之才。

对于有工作经验的人来说，过去的业绩就是最强有力的证明，也从侧面展现了求职者的自信心。

求职者可以尝试从以下几个角度去阐述。

（1）证明你具有完成这项工作并取得出色成果的技能和经验。

（2）强调你会适应新的环境并成为团队的重要成员。

（3）描述如果公司聘用你，你将帮助公司取得更大的业绩。

（4）对工作岗位表现出来的热情。

下面是两个参考样例。

【样例 1】

我虽没有工作经验，但相信"知己知彼，百战不殆"这句话。所以，我是对今天的面试有了充分的准备后，才来到这里面试的。无论是贵公司的竞争对手，还是客户的一些情况，我都有所关注，并且对贵公司所处行业的竞争形势也有了一定的分析（具体请见简历后附的文章）。当然，我来这里面试也是做好了一定心理准备的，我知道我应聘的职位是需要承担一定心理压力的，而我已经在入职前将其释放掉了。上述两点是我与其他求职者最大的不同，也应该是贵公司聘用我的原因。

【样例 2】

我符合贵公司的招聘条件，凭我目前掌握的技能、高度的责任感和良好的适应能力及学习能力，完全能胜任这份工作。我十分希望能为贵公司服务，如果贵公司给我这个机会，那么我一定能成为贵公司的栋梁！

3. 训练实践

请扫描二维码 8-29，浏览电子活页中的内容，或者直接打开本书配套的电子文档，认真阅读与了解"巧答为什么录用你的面试问题"文档的内容，然后参考该文档介绍的关注要点、应答技巧和参考样例，思考并回答以下面试问题。

（1）我们为什么录用你？

（2）你具有哪些和这份工作最紧密相关的技能？

（3）对于这个岗位，你认为你有哪些优势？

（4）做这份工作，你的缺点是什么？

（5）你能带来别的求职者不能提供的新东西吗？

（6）你认为你完全胜任这份工作吗？

（7）你将对我们公司做出怎样的贡献？

（8）你是应届毕业生，缺乏工作经验，如何能够胜任这项工作？

（9）如果你在这次面试中没有被录用，你怎么打算？

【训练 8-15】巧答如何适应应聘公司的面试问题

如果你进入一种全新的环境，就会感觉不如以前那样得心应手，这时需要采取一些措施来应对这种"水土不服"的现象。面试官一般会通过一些问题了解你适应新环境的意愿及面对环境变化时的适应能力。

1. 关注要点

（1）求职者的适应能力。

（2）求职者的积极主动性。

（3）求职者多方面的专业特长。

2. 应答技巧

这是考查求职者适应能力的问题，也是判断求职者是否做好了投入工作的各项准备的问题，包括求职者的技能、心态等方面。对于该问题，也有面试官会这样问："你准备如何适应未来的岗位？""你如何适应我们公司？"

应届毕业生适应未来的工作一定要从学习开始，包括向领导学习、向同事学习和自我学习等，而沟通又是不可或缺的。所以，对于一个工作经验不足的求职者来说，需要向面试官展示自己的适应能力和工作的积极主动性。

管理人员进入新的环境，遇到的问题可能更多一些。很多管理人员失败就是因为无法适应环境。所以，求职者在回答这个问题时，应侧重如何切入工作。

下面是两个参考样例。

【样例1】

我知道，适应任何一项工作都需要时间，尤其是我，一个没有多少工作经验的人。我想自己可以从以下几个方面入手，来适应新的工作岗位和工作环境。第一，要清楚地了解自己的岗位性质和日常工作的具体内容，明白自己的职责范围，并且把自己职责范围内的事一定做好；第二，多和领导或同事沟通，这样不仅可以学习领导和同事的工作经验，还有利于自己快速融入新的工作团队；第三，主动调节自己的生活节奏，钻研业务知识。新的岗位必然需要更多的新知识，这就需要自己不断钻研、不断学习。我想以上三点可以帮助我迅速适应新的工作环境和工作岗位。

【样例2】

我清楚，作为新聘职工，进入一个新的部门，刚开始都会有一些不适应。但我认为可以用以下方法开展工作，以便快速适应公司环境。第一，多向他人询问，在刚开始工作的一段时间内，自己的任务是熟悉公司文化，弄清部门里的工作程序，所以必须多向同事询问，包括部门内部和外部的同事，避免匆匆做出结论；第二，建立与同事的信任关系，这主要靠更多地与同事沟通以及就当前工作交换意见来完成；第三，及时对工作现状进行总结，提出应对方案，并请相关领导审阅，以判断自己对部门现状的熟悉和掌握程度。我想这三种方法都有利于我对现状的了解。

3. 训练实践

请扫描二维码8-30，浏览电子活页中的内容，或者直接打开本书配套的电子文档，认真阅读与了解"巧答如何适应公司的面试问题"文档的内容，然后参考该文档介绍的关注要点、应答技巧和参考样例，思考并回答以下面试问题。

8-30

（1）你如何适应公司？

（2）当你与同事相处比较困难时，你会怎么办？

（3）与上级意见不一致时，你将怎么办？

（4）对于别人的批评，你通常有什么样的反应？

（5）假如你被聘用，你希望加入一个什么样的团队？

（6）当你进入一家新的公司，你会通过何种方式获得相关知识？

（7）如果你的工作出现失误，给本公司造成经济损失，你认为应该怎么办？

【训练 8-16】巧答关于职业目标和职业规划的面试问题

如果面试官想了解你的职业规划和职业态度，那么这类回答能够很好地帮助他们考查你制订计划、自我规划的能力，同时还有利于企业为你制定职业生涯规划，确定你的潜力是否符合企业的要求。

1. 关注要点

（1）求职者的职业目标。
（2）求职者的职业目标如何实现？
（3）求职者的职业方向是否发生调整？
（4）你的自我规划是否清晰？
（5）你是否有上进心、目标感和自我驱动力？
（6）你的个人发展是否与公司发展相符？

2. 应答技巧

在职场面试中，求职者可能时常遇到这样的问题："你的职业规划是什么？""你将来想到达什么职位？""你将来有什么计划？"

其实这类问题都是在问求职者的职业规划，但求职者往往都是这样回答的："我希望工作几年之后，能够到达主管的位置或者经理的级别。"

这样的回答在面试官看来根本没有什么规划。而且，在一家公司工作几年，不一定给你升职加薪，因为影响升职的因素太多了。

对这个问题的回答因人而异，对于已经有过两年工作经验的求职者来说，如果没有一个清晰的职业规划，似乎有些说不过去。对于一些应届毕业生来说，由于没有机会接触工作岗位，所以没有形成特别清晰的职业生涯规划是可以理解的。

对于有工作经验的求职者来说，这个问题的重点不在于规划的内容，而在于如何实现自己的规划。不管你是否拥有长期的职业生涯规划，都需要给面试官一个近几年的工作计划，并且要准确计划出你将如何适应具体的工作。应届毕业生可以给出一个总的努力方向，但需要与应聘的职位保持一致。

提前了解应聘公司的背景、现状与未来，回答时适当与该公司发展贴合，让面试官觉得你的职业规划与公司发展吻合，来证明你的稳定性。

回答重点不是你的职业目标，而是如何实现你的职业目标。

（1）从个人认知开始分析，主要介绍个人的性格、特长、爱好、专业知识等。
（2）结合个人认知，分析行业、岗位特征，以说明自己适合此行业与相关的岗位。
（3）提出自己还存在不足，需要在公司继续努力学习。

请扫描二维码 8-31，浏览电子活页中的内容，或者直接打开本书配套的电子文档，认真阅读与了解"巧答如何实现你的职业目标的基本思路"文档的内容。

下面是三个参考样例。

【样例 1】

我的长期目标是在一家优秀的企业升至领导岗位，为了实现这一目标，我每五年都会制订一项个人职业发展计划，这个计划包含一个阶段性目标和一系列短期目标。我每六个月会对目标的达成情况做出评估，然后对阶段性目标做出必要的修改。这些目标的设定与达成，使我积累了一些成功的经验，也掌握了一定的工作技能。

例如，我现在应聘的职位就是我的五年职业发展计划的一部分。我相信，严格执行自己的目标和计划，就一定能取得成功。同时，我也希望贵公司能够帮助我实现后面一系列的发展目标，最终实现职业目标。

【样例 2】

我知道任何计划都不可能尽善尽美，尤其作为一个应届毕业生。所以，我现在只能提出一个大致的职业发展方向，并力争在两年的时间内使自己的职业生涯规划清晰起来。我学习的是土木工程专业，虽然人们常说人往高处走，也就是更看重职位的升迁，而我对技术的精进更在意。从长远来看，我更希望自己能够成为一个出色的工程技术人员。因为世事变化无常，所以这只能是初步的想法。我现在特别重视应聘的这个职位，因为它将成为我职业生涯的起点，而诸位面试官可能成为我职业发展的领路人。

【样例 3】

关于职业规划，我在刚毕业的时候就有过考虑，我个人的兴趣是计算机，优势是具备较强的逻辑思考能力，因此我在大学选择了计算机专业。

我之前对贵公司有过了解，公司的晋升机制、培训机制以及未来的发展前景非常优秀，也非常适合我的职业发展。当然，我现在的实际工作经验还不是很丰富，我自己也在努力提高编程能力，入职后会认真向同事学习，以便在短期内适应工作。

3. 训练实践

请扫描二维码 8-32，浏览电子活页中的内容，或者直接打开本书配套的电子文档，认真阅读与了解"巧答职业目标和职业规划的面试问题"文档的内容，然后参考该文档介绍的关注要点、应答技巧和参考样例，思考并回答以下面试问题。

（1）你的职业目标和规划是什么？
（2）你曾从事过与你长远计划不一致的工作吗？
（3）在你的职业生涯中，为什么这份工作适合你？
（4）你对比你现在职务更高的追求是什么？
（5）你认为五年之后你能取得什么成就？
（6）如果让你重新选择职业，那么你会如何选择？

【训练 8-17】巧答关于期望的薪酬的面试问题

如果求职者进入面试的后一阶段，这类问题可以让面试官判断求职者的要求是否符合企业的薪酬标准，并进一步判断求职者对自身价值的认可程度。

1．关注要点

（1）求职者对于自身价值的判断。
（2）求职者对待薪酬的态度。
（3）求职者期望的薪酬与企业薪酬标准是否一致。

2．应答技巧

首先，表达对工作的热爱，表明你是因为喜欢这份工作，同时喜欢这个单位，所以才来应聘的。其次，你初入职场，所以在薪酬待遇方面的期望值不会很高。最后，你相信，公司在确认你的工作能力后，一定会给你合适的待遇。

下面是 5 个参考样例。

【样例 1】
我认为通过工作获得回报是每个人的权利，但对于我这个应届毕业生来说，回报的形式有很多种，要说薪酬，只是其中之一罢了。我来贵公司应聘最看重的有两个方面：一是获得了一次绝好的学习机会，这对我这样一名应届毕业生来说是非常难得的。我了解到贵公司的管理和内部控制都是在行业中首屈一指的。二是我应聘的职位拥有广阔的发展空间，同时符合我的职业生涯发展规划。在这个职位上，我可以获得将来发展的工作经验、问题处理能力。至于薪酬，我想贵公司一定有一个公平、合理的薪酬标准体系，我只要接受这个标准就可以了。

【样例 2】
我心目中理想的薪酬价位是××××元，之所以提出这一标准有以下几个原因：第一是行业薪酬现状。我了解到目前我应聘的岗位薪酬应该在××××元左右。第二是参考我过去的薪酬水平。我在上一家单位的工资是××××元，与我提出的心理价位相差不多。第三，也是最重要的，我认为我提的薪酬标准能够真实地反映我的能力和我为公司创造的价值，所以才提出××××元的薪酬价位。当然，我相信贵公司也有一个合理的薪酬标准体系，如果与我的心理价位有出入，我愿意接受贵公司的薪酬标准。

【样例 3】
工资是我需要考虑的一个问题，但公司更是我要考虑的问题。我更看中的是一个公司的企业文化、发展前景，以及我在公司的发展前景。对于一个青年人来说，前途比薪酬更重要。再说，每个公司都有自己的工资标准，我相信，只要我的能力达到公司的职位要求，公司也不会给我比别人低的工资；如果我的能力达不到公司的职位要求，我提的工资高就是不合适的。

【样例 4】
我对工资没有硬性要求。我相信贵公司在对待我的工资问题上会公平合理的。我注重的是找对工作机会，所以只要条件公平，我不会计较太多。

【样例 5】

我相信贵公司能有今天的发展，一定是根据员工的工作实绩、贡献付给应付的薪酬。

3. 训练实践

请扫描二维码 8-33，浏览电子活页中的内容，或者直接打开本书配套的电子文档，认真阅读与了解"巧答期望的薪酬的面试问题"文档的内容，然后参考该文档介绍的关注要点、应答技巧和参考样例，思考并回答以下面试问题。

（1）你期望的薪酬是多少？

（2）你要求的薪酬已经接近我们的上限了，我们为什么要付给你这么多？

（3）你认为公司应该给员工什么样的待遇？

（4）对于我们提出的薪酬方案，你觉得还有哪些需要讨论？

（5）你的期望薪酬低于我们的薪酬下限，你如何看待这个问题？

【训练 8-18】巧答"你还有什么问题吗"的面试问题

如果求职者已经进入面试的最后环节，一般情况下，面试官会通过这类问题为求职者提供一次了解、认识企业及所应聘职位的机会，还可以了解求职者对这一职位是否真的感兴趣。

听到这个问题，假如你笑笑说"没有"，心里想着面试终于结束了，长长出了一口气，那才是犯了一个大错误。

对方会将你的表现理解成你对这份工作没有太浓厚的兴趣，或者认为你考虑问题不周。因此，你应该聪明地提一些问题，一定要提问。你要准备通过你的发问，了解更多关于这家公司、这次面试、这份工作的信息，以显示你对这次应聘的认真与看问题的深刻。

这个问题看上去可有可无，其实很关键，企业一般不喜欢说"没问题"的人，因为注重员工的个性和创新能力。但要注意，企业不喜欢求职者问个人福利之类的问题，如果对方不问，你就不要在第一次面试时提出薪酬与福利问题，让人觉得你很在乎钱。

有人这样问："贵公司对新入职的员工有没有什么培训项目，我可以参加吗？""贵公司的晋升机制是什么样的？"企业很欢迎听到这类问题，因为体现出求职者对学习的热情和对企业的忠诚度及上进心。

1. 关注要点

（1）求职者对应聘职位的兴趣。

（2）求职者的求职动机。

（3）求职者的积极主动性。

（4）求职者对岗位或应聘企业的关注程度。

2. 应答技巧

为什么面试官总是问"你还有什么想问我的呢"？这是一句客套话吗？他们到底想听到什么问题？相信有很多求职者都纠结过这个问题。首先，这是面试即将结束的信号，当面试官问这个问题时，说明面试已经接近尾声。招聘是用人单位和求职者双向选择的过程，前面都是面试官提问你回答，求职者处于被动状态，后面面试官抛出这个问题就是给你一个了解企业和岗位的机会。所以，给机会就一定要问，掌握主动权，同时也要掌握一定的面试技巧，认真思考，切忌脱口而出。

请扫描二维码 8-34，浏览电子活页中的内容，或者直接打开本书配套的电子文档，认真阅读与了解"回答'你还有什么问题吗'面试问题的注意事项"文档的内容。

如果求职者向面试官提出以下六个问题，就可以给自己加分，让面试官对其刮目相看。

（1）这个职位为什么会出现空缺？

绝大多数职位空缺的产生都是来自公司内部晋升或前任员工离职，而且通常会在一个合理的时间段内填补上。所以，如果这个职位已经空缺了几个月，那么你必须知道其中的原因。是否因为前一个求职者拒绝了这份工作？如果是这样，那你必须在入职前弄明白前任员工离职的原因。是否因为管理层对这份工作的期望不够实际，还是工资太低？如果这个职位是新近才出现的，也许你就拥有了一个理想的、开辟自己道路的机会。

（2）如何评估自己在三个月试用期内的工作表现？

有上进心的求职者一定非常渴望马上开展工作，而这个问题就会让面试官将你归入这样的员工中。同样，这个问题也会帮你揭示你应聘的这家公司做事的风格。如果公司对试用期内的员工有不切实际的要求和期望，那么在三个月后又会对员工提出什么样的要求呢？所以，请务必弄清这个问题的答案，并谨慎对待抛出橄榄枝的公司。

（3）在试用期，该职位遇到的最大挑战是什么？

在最开始几个月的工作中，潜在的困难和挑战可能让你无法完成既定的目标，所以你得对这些挑战有所了解并提前做好准备。与此同时，面试官也会认为能够提出这个问题的求职者一定是那种对成功志在必得的人。

（4）目前公司面对的最大挑战有哪些？

该公司现在能够实现盈利吗？在过去五年内，该公司是否有过大规模的裁员？在面对困难的经济形势时，公司是如何应对的？公司如何调整自身的模式，以适应各种技术的变化？作为一名潜在的新员工，这些问题对你来说尤为重要。如果造成求职者处于失业状态的正是企业的大规模裁员，那么就得确保下一份工作能为其经济生活提供保障。

（5）公司如何保证人才不会流失？

通常来说，优秀的企业都会执行一系列职业发展计划，从而为员工提供清晰的职业发展道路。这个问题会告诉面试官，你不仅是以严肃、认真的态度对待这份工作申请，同时愿意长期为一家公司工作——前提是公司能够为员工提供很好的发展机会。

（6）请问您在这家公司多久了？

如果面试官在回答这个问题的时候犹豫不决或者闪烁其词，你就要在心中敲起警钟了。每个人都渴望在一家可以回报员工，并为员工提供实现长期目标机会的公司工作。如果面试官自己都不清楚为什么要为这家公司工作，你认为这样的公司会给员工提供多少机会呢？这样的公司是否值得信赖呢？

下面是三个参考样例。

【样例 1】

我还有一个关于工作内容的疑问：贵公司对这个职务的工作内容和期望目标是怎样的？有没有什么工作是我可以利用上岗前的几天时间准备的？

【样例 2】

我是一个应届毕业生，缺少相关的工作经验。在以后的工作分工上，是否有资深的人员能够带领新进者，并让新进者有发挥的机会？

【样例 3】

如果我有幸入职，对于这个岗位，您对我 3～5 年的职业规划有什么建议？

通过样例 3 的问题，你可以确定这个岗位的前景如何，有多大晋升空间，同时还能确定面试成功的概率有多大。

3. 训练实践

请扫描二维码 8-35，浏览电子活页中的内容，或者直接打开本书配套的电子文档，认真阅读与了解"巧答'你还有什么问题吗'的面试问题"文档的内容，然后参考该文档介绍的关注要点、应答技巧和参考样例，思考并回答以下面试问题。

（1）你还有什么问题吗？

（2）你很了解我们公司吗？

（3）对你职位所在的部门，你有什么要问的吗？

（4）你是否还有其他事情是我们应该知道的？

【训练 8-19】根据"面试评分标准"评价模拟面试效果

请扫描二维码 8-36，浏览电子活页中的内容，或者直接打开本书配套的电子文档，认真阅读与了解"应聘面试评分标准"文档的内容。

请扫描二维码 8-37，浏览电子活页中的内容，或者直接打开本书配套的电子文档，认真阅读与了解"模拟面试的题

库"文档的内容，然后针对该文档所列的面试问题进行模拟面试活动，参考"训练 8-3"提到的"90 个面试问题汇总"的回答示例和点评内容，根据"应聘面试评分标准"对模拟面试效果进行评价。

要求如下：

（1）使用电子活页中的面试试题构成模拟面试题库，模拟面试现场，随机抽取面试题。

（2）以课堂教学方式开展一次模拟面试，教师扮演面试官，学生以小组为单位回答教师的问题。

（3）以课外小组活动方式开展一次模拟面试活动，一位同学扮演面试官，其他同学扮演求职者。

模块 9

保障就业权益与办理就业手续

初入职场，法律护航，人生路上，法律相伴！对于刚步入社会的大学生来说，法律是其最好的保护伞，充分运用法律武器维护自己的合法权益是现代社会生存的基本技能。我们每个人都应该牢固树立法治思想，让法律成为社会公平正义的保护神，让法律成为我们前进路上的航向标。

对于刚刚毕业离校初入社会的学生而言，没有职场经验，自身的权益可能受到不同程度的损害，要保障自己的权益，就应该有良好的法律意识，有高度的维权意识，运用法律手段保障自身权益。只有法律才能让我们的职业路途不再充满风险。

目前，有很多毕业生离校后忙于找工作而忽略了就业手续的办理，认为就业报到证无足轻重。殊不知，就业报到证是毕业生用于办理就业手续的唯一行政介绍信，同时也是伴随其一生的学历凭证，非常重要。毕业生从学校领取就业报到证之后，应在报到期限内及时办理报到手续，这样才能为日后进行档案政审、干部调动、职称评定等提供保障。未及时办理报到手续，会为以后处理人事行政关系留下"隐患"。

随着一批批大学生走上工作岗位，成为职场新人，随之而来的是不少人为档案的事情而感到苦恼。不少人因为档案而到处奔波。身份证丢了，能马上补办回来；档案丢了，就没那么容易了。

【学习领会】

9.1　什么是就业权益

就业权益指劳动者在就业过程中拥有的权利和应该获得的利益。就业权益是一种合法权益，劳动者在国家法律允许的范围内实现的就业及其权益受到法律保护。需要特别指出的是，任何权益都是和责任与义务连在一起的，权利、责任、义务是相互对应的。劳动者的就业权益也是和劳动者的就业责任、就业义务相互联系的。《中华人民共和国宪法》规定："中华人民共和国公民有劳动的权利和义务。国家通过各种途径，创造劳动就业条件，加强劳动保护，改善劳动条件，并在发展生产的基础上，提高劳动报酬和福利待遇。……国家对就业前的公民进行必要的劳动就业训练。"

9.2 大学毕业生就业权益的主要内容

大学毕业生作为就业的一个重要主体，在就业过程中享有多方面的权益。根据目前国家相关法律法规的规定，大学毕业生主要享有以下几方面的就业权益。

9.2.1 获取就业信息权

每到大学毕业生将要毕业时，大多数用人单位通过高校就业指导部门发布用人信息，介绍招聘单位基本情况和对大学毕业生的要求及招聘程序等，以此招聘大学毕业生。所以，就业信息是大学毕业生择业成功的前提和关键，只有在充分享有就业信息的基础上，大学毕业生才能结合自身情况选择适合自身发展的就业单位。大学毕业生获取就业信息权，应主要包括以下内容。

1. 信息公开

信息公开即将所有用人信息向全体大学毕业生公开。有的地方已经建立大学毕业生需求信息登记制度，凡需录用大学毕业生的用人单位，必须到当地大学毕业生就业指导中心和有关高校办理信息登记，由当地大学毕业生就业指导中心通过高校向毕业生发布用人需求信息，任何单位和个人不得隐瞒、截留需求信息。充分的就业信息公开，为广大大学毕业生提供了就业方向和信息指导，在一定程度上使大学毕业生在就业时避免了盲目性。

2. 信息及时

信息及时也就是大学毕业生获取的信息必须是及时、有效的，而不能将过时的无利用价值的信息传递给大学毕业生。获取信息的及时性是信息公开的必要内容，如果获取的就业信息不及时，不仅会使大学毕业生贻误就业的好时机，还可能对大学毕业生就业起到误导作用，有悖于信息公开的应有作用。

3. 信息全面

信息全面指大学毕业生就业信息公开必须是全方位的，不能只公开部分就业信息。

9.2.2 接受就业创业指导权

接受就业指导权指大学毕业生在就业时有权从所在学校接受就业指导。现在各高校都成立了专门的就业创业指导部门，安排专门人员对大学毕业生进行就业创业指导，包括向大学毕业生宣传国家关于大学毕业生就业的方针、政策，对毕业生进行择业技巧的指导，引导毕业生根据国家、社会需要，结合个人实际情况进行择业。学校通过对大学毕业生进行就业创业指导，使大学毕业生掌握就业的相关知识和技能，在就业时准确定位，合理就业或创业。

9.2.3 被推荐权

现在大学毕业生虽然是自主择业，但很多单位基于对高校的信任和程序上的简便，还会要求高校向其推荐优秀毕业生。所以，高校在大学毕业生就业工作中的一个重要职责就是向用人单位推荐大学毕业生。多年来的大学生就业实践表明，高校的推荐往往在很大程度上影响到用人单位对毕业生的取舍。一般来说，大学毕业生享有的被推荐权包含以下几方面内容。

1. 如实推荐

如实推荐即高校在对大学毕业生进行推荐时，应实事求是，根据大学毕业生本人在大学里的实际表现向用人单位如实介绍、推荐，不应故意贬低或随意拔高毕业生在校的表现来影响用人单位的选择。

2. 公正推荐

公正推荐即高校对毕业生进行推荐应做到公平、公正、公开，应给每位大学毕业生以就业推荐的机会，不厚此薄彼。这是高校的基本责任，也是大学毕业生享有的最基本的就业权益。

3. 择优推荐

择优推荐即高校应根据大学毕业生的在校实际表现，在公正、公开的基础上，择优推荐大学毕业生，用人单位在录用大学毕业生时也应坚持择优录用的标准，以调动广大大学毕业生和在校大学生的学习积极性。

9.2.4　就业选择权

大学毕业生在国家就业方针、政策指导下自主择业，只要符合国家的就业方针、政策，就可以自主选择用人单位，学校、其他单位和个人均不得干涉。任何将个人意志强加给大学毕业生，强令大学毕业生到某单位的行为都是侵犯大学毕业生就业选择权的行为。大学毕业生可以结合自身情况自主与用人单位协商，签订就业协议。

9.2.5　公平待遇权

用人单位在录用大学毕业生的过程中，对待每一位大学毕业生都应公平、公正，一视同仁。现实中，大学毕业生的公平待遇权受到很大的挑战，有的用人单位录用大学毕业生还在不同程度上存在不公平、不公正的现象。因此，公平待遇权也就成为广大大学毕业生最为迫切需要得到维护的权益。

9.2.6　违约求偿权

大学毕业生、用人单位、学校三方签订协议后，任何一方不得擅自毁约。如果用人单位无故要求解约，大学毕业生有权要求对方严格履行就业协议。否则用人单位应对毕业生承担违约责任、支付违约金，毕业生有权要求用人单位进行补偿。

9.3　大学毕业生就业权益的特征

9.3.1　大学毕业生就业权益主体的特殊性

大学毕业生既是普通的就业者，又是特殊的就业群体。大学毕业生有知识、有文化，具有较高的知识水平和道德素质，应该是就业市场的受欢迎群体。但是，大学毕业生刚步入社会，没有任何经验可以借鉴，就业权益很容易受到侵犯。

9.3.2　大学毕业生就业权益保护的特殊性

　　大学毕业生就业权益的保护不同于一般就业者就业权益的保护。相较而言，大学毕业生就业权益保护的范围更广。例如，有大学毕业生所在学校的保护措施，以及大学毕业生就业主管部门的保护等，有别于对其他就业者就业权益的保护。

9.3.3　大学毕业生就业权益保护的政策性和倾斜性

　　大学毕业生就业不像计划经济时代由国家负责分配，但仍然是国家建设的中坚力量和优秀人才，对他们的就业权益的保护很受国家重视。国家制定了大学毕业生就业权益保护的相关政策和法律法规，对大学毕业生就业权益进行特殊保护。

9.4　大学毕业生就业权益保护的渠道

　　大学毕业生在就业过程中往往会遇到就业权益被侵害的行为，可以通过各种渠道对自身就业权益进行保护。

9.4.1　大学毕业生就业主管部门的保护

　　大学毕业生就业主管部门是大学毕业生就业权益保护政策的制定者，通过制定相应的就业规范来确定大学毕业生的权益，并对侵犯大学毕业生权益的行为进行抵制或处理。例如，对不履行就业信息公开登记手续，侵犯大学毕业生获取信息权的，就业主管部门对高校不予审批相关优惠政策，不予审批就业计划和打印就业报到证，同时对这种情况的责任人给予通报批评处分等处罚。

9.4.2　学校的保护

　　学校对大学毕业生权益的保护最为直接。学校可通过采取各种措施来规范毕业生就业指导和就业推荐工作，对用人单位在录用大学毕业生过程中的不公平、不公正行为，学校有权予以抵制，以维护大学毕业生公平享有录用权。对用人单位与大学毕业生签订不符合有关规定的就业协议，学校有权不予同意，未经学校同意的就业协议不具有法律效力，不能作为编制就业计划的依据。

9.4.3　大学毕业生的自我保护

　　大学毕业生权益保护的最重要方面就是大学毕业生的自我保护，主要通过以下四个途径进行。

1. 了解国家相关政策

　　大学毕业生应了解目前国家关于大学毕业生就业的有关方针、政策和规范及其相互之间的关系，熟悉大学毕业生在就业过程中的权利和义务，这是大学毕业生权益自我保护的前提。如果在就业过程中，所谓的公司规定或部门规定侵犯了自己的就业权益，大学毕业生可以依法维护自己的合法权益。

2．自觉遵守就业规范

大学毕业生应自觉遵守有关就业规范，受其制约，保证自己的就业行为不违反就业规范，不侵犯其他大学毕业生的合法权益。

3．增强自身权益保护意识

在用人单位接收大学毕业生的过程当中，大学毕业生应增强自身权益保护意识。按照国家规定，大学毕业生在报到后应享受正常的福利待遇，如养老金、公积金等。对某些工作岗位对体质的特殊要求，用人单位应在与大学毕业生进行双向选择时就明确，否则不得以单位体检不合格为由，如仅是肝功能表面抗原阳性等，就将学生退回学校。正常的人才流动应遵守国家和地方有关人才流动的规定，不应受到限制。

4．用法律手段维护自身的合法权益

大学毕业生应学会运用法律手段维护自身的合法权益。针对侵犯自身就业权益的行为，大学毕业生有权向用人单位上级主管部门和学校进行申诉并听取处理意见，同时可将纠纷提交给当地的劳动争议仲裁机构进行调解和仲裁，也可以直接向人民法院提起诉讼。

9.5　社会保险和我国的社会保险制度

社会保险指国家通过立法，按照权利与义务相对应原则，多渠道筹集资金，对参保者在遭遇年老、疾病、工伤、失业、生育等风险情况下提供物质帮助（包括现金补贴和服务），使其享有基本生活保障、免除或减少经济损失的制度安排。

《中华人民共和国社会保险法》规定，我国建立基本养老保险、基本医疗保险、工伤保险、失业保险、生育保险等社会保险制度，保障公民在年老、疾病、工伤、失业、生育等情况下依法从国家和社会获得物质帮助的权利。其中，基本养老保险制度包括职工基本养老保险制度、新型农村社会保险制度和城镇居民社会养老保险制度；基本医疗保险制度包括职工基本医疗保险制度、新型农村合作医疗制度和城镇居民医疗保险制度。

9.6　用人单位应该履行的社会保险义务和享有的社会保险权利

1．社会保险义务

（1）申请办理社会保险登记的义务。
（2）申报和缴纳社会保险费的义务。
（3）代扣代缴职工社会保险的义务。
（4）向职工告知缴纳社会保险费明细的义务。

2．社会保险权利

（1）有权免费查询、核对其缴费记录。
（2）有权要求社会保险经办机构提供社会保险咨询等相关服务。

（3）可以参加社会保险监督委员会，对社会保险工作提出咨询意见和建议，实施社会监督。

（4）对侵害自身权益和不依法办理社会保险事务的行为，有权依法申请行政复议或者提起行政诉讼。

（5）有权对违反社会保险法律、法规的行为进行举报、投诉。

9.7　参加社会保险的个人享有的权利

大学毕业生依法缴纳社会保险费后，享有以下权利。

（1）有权依法享受社会保险待遇。

（2）有权监督本单位为其缴费情况。

（3）有权免费向社会保险经办机构查询、核对其缴费和享受社会保险待遇权益记录。

（4）有权要求社会保险经办机构提供社会保险咨询等相关服务。

（5）对侵害自身权益和不依法办理社会保险事务的行为，有权依法申请行政复议或者提起行政诉讼。

（6）有权对违反社会保险法律、法规的行为进行举报、投诉。

9.8　目前国家对用人单位及其职工和参保个人缴纳社会保险费的费率的规定

1. 用人单位及其职工缴纳社会保险费的费率

根据《国务院关于完善企业职工基本养老保险制度的决定》（国发〔2005〕38号）、《国务院关于建立城镇职工基本医疗保险制度的决定》（国发〔1998〕44号）、《失业保险条例》（国务院令第258号）规定，用人单位缴纳基本养老保险、基本医疗保险和失业保险的费率，在原则上分别为本单位工资总额的20%、6%左右和2%。用人单位缴纳工伤保险费按照《工伤保险条例》（国务院令第586号）规定实行行业差别费率和浮动费率，有关费率确定按照国家相应规定执行。用人单位缴纳生育保险费的费率按照《企业职工生育保险试行办法》（劳部发〔1994〕504号）规定执行，由统筹地区政府根据实际情况自行确定，但不得超过用人单位工资总额的1%。职工本人缴纳基本养老保险、基本医疗保险和失业保险的费率，分别为本人工资的8%、2%和1%。

2. 参保个人缴纳社会保险费的费率

根据《国务院关于完善企业职工基本养老保险制度的决定》规定，无雇工的个体工商户和灵活就业人员参加职工基本养老保险的缴费费率为20%，其中8%计入个人账户；无雇工的个体工商户和灵活就业人员参加职工基本医疗保险的缴费费率，按国家有关规定，统筹地区可以参照当地基本医疗保险建立统筹基金的缴费水平确定。

3. 其他

城镇居民参加居民医疗保险和农村居民参加新型农村社会养老保险及新型农村合作医疗，主要采取定额方式缴纳社会保险费。

9.9　就业协议

9.9.1　就业协议的定义

就业协议是"全国普通高等学校毕业生就业协议书"的简称，又叫三方协议，一般由教育部或各省、自治区、直辖市就业主管部门统一制定。就业协议在毕业生到用人单位报到、用人单位正式接收后自行终止。

9.9.2　就业协议的作用

就业协议是明确毕业生、用人单位、学校三方在大学毕业生就业工作中的权利和义务的书面表现形式，能够解决应届毕业生户籍、档案、保险、公积金等一系列相关问题。就业协议是学校将毕业生列入派遣计划的依据，由学校发给，毕业生签字，用人单位盖章。毕业生本人保存一份就业协议作为办理报到、接转行政和户口关系的依据。

就业协议是为了保护大学毕业生而出具的一项书面协议。大学毕业生与用人单位达成就业意向后签署三方协议，学校据此派遣毕业生。

9.9.3　关于无效协议

无效协议欠缺就业协议的有效要件或违反就业协议订立的原则而不发生法律效力，自订立之日起无效。无效协议产生的法律责任应由责任方承担。

例如，就业协议未经学校同意视为无效。有的就业协议经学校审查，被认为对大学毕业生有失公平，或违反公平竞争、公平录用原则，不予认可。

另外，采取欺骗等违法手段签订的就业协议无效。例如，用人单位未如实介绍本单位情况，根本无录用计划而与毕业生签订就业协议。

9.9.4　解除就业协议

为了维护就业协议的严肃性和学校的声誉，大学毕业生与用人单位签订就业协议后，双方都应认真履行协议。倘若大学毕业生因特殊原因要求违约，应承担违约责任。已签订就业协议的大学毕业生，若违约，则需办理解约手续。

1. 就业协议的解除类型

就业协议的解除分为单方解除和三方解除。

（1）单方解除，包括单方擅自解除和单方依法或依协议解除。

单方擅自解除协议属于违约行为，解约方应对其他两方承担违约责任。

单方依法或依协议解除，指一方解除就业协议有法律上的或协议上的依据。例如，学生未取得毕业资格，用人单位有权单方解除就业协议。大学毕业生被录用之后，可解除就业协议，或依协议规定，大学毕业生未通过用人单位所在地组织的公务员考试，用人单位有权解除协议。此类单方解除协议，解除方无须对其他两方承担法律责任。

（2）三方解除指大学毕业生、用人单位、学校三方协商一致，废止原订立的协议，使协议不发生法律效力。此类解除是三方当事人真实意思表示一致的体现，三方均不承担法律责任。三方解除协议应在将就业计划上报给主管部门之前进行，如在就业派遣计划下达后三方解除，还要经主管部门批准办理调整改派。

2. 解除就业协议的步骤

（1）到原签就业协议的单位办理书面同意解约函（盖单位公章）。

（2）向招生就业部门提出书面申请（阐明解约理由），并附上单位及上级人事主管部门审核同意的解约函，交招生就业部门。

（3）招生就业部门根据有关规定审批换发新的就业协议书。

？【案例探析】

【案例 9-1】初入职场，法律护航

请扫描二维码 9-1，浏览电子活页中的内容，或者直接打开本书配套的电子文档，认真阅读与了解"宋同学漫长的维权"文档的内容，详细了解宋同学应聘到空调公司后，签订劳动合同、在上班途中发生车祸、受伤后有关劳动争议的仲裁、申请劳动能力鉴定、申请工伤、法院对双方争议进行审判等情况。

在宋同学漫长的维权路途中，共涉及以下法律问题。

1. 在校大学生能否成为劳动关系的主体

要理解这一问题，首先要全面理解"劳动者"的含义。作为劳动关系主体一方的劳动者应当具备哪些法律条件呢？什么样的人才能成为法律认可和保护的劳动者呢？

首先，劳动者必须是自然人，这是由劳动法律关系的人身从属性决定的。所谓人身从属性，指劳动关系中提供劳动力的一方服从使用劳动力一方的管理与支配，提供劳动力的一方必须亲自参加劳动。因此，任何法人或其他组织均不能成为劳动关系中的劳动者。

其次，劳动者必须具有劳动权利能力和劳动行为能力。劳动者指达到法定年龄、具有劳动能力、以从事某种社会劳动获取收入为主要生活来源的自然人。具体而言，劳动权利能力指劳动者依法享有劳动权利和承担劳动义务的资格，是自然人参与劳动法律关系成为主体的前提条件；劳动行为能力指劳动者能以自己的行为参与劳动法律关系，实际享有权利和履行义务的能力。劳动权利能力与劳动行为能力是自然人参与劳动法律关系必须具备的基本资格或一般条件，不具备这一资格的自然人不允许参加劳动法律关系。

法律赋予劳动者的劳动权利能力和劳动行为能力基于以下两个条件：一是法定年龄。《中华人民共和国劳动法》（以下简称《劳动法》）规定，禁止用人单位招用未满十六周岁的未成年人。由此可见，一般劳动者必须达到十六周岁的法定年龄。二是具有劳动能力。劳动能力属于自然人自身生理因素，不是由法律规定的，只有具备完全劳动能力和部分劳动能力的自然人才可以建立劳动关系。

由此可见，自然人成为劳动者的条件是：符合法定年龄、具有完全或者部分劳动能力、具有劳动权利能力和劳动行为能力。在本案例中，宋同学已经年满 16 周岁，受过高等教育，

身心健全，故具有完全劳动能力。虽然其身份仍属于在校大学生，但已经取得学校颁发的毕业生就业推荐书，完全具备面向社会求职、就业的条件，因此其劳动关系应该得到法律的保护。

需要注意的是，未毕业但已经从学校取得就业许可的在校大学生或者研究生，符合法定年龄要求、具有完全或者部分劳动能力、具有劳动权利能力和劳动行为能力的自然人，可以与用人单位签订劳动合同，参与劳动关系，该行为受到《劳动法》保护。反之，如果在校大学生未取得其所在学校的许可，即使其在最后一个学期没有课程的情况下自行外出寻找工作，也不能形成有效的劳动法律关系。

2. 上班途中发生车祸能否被认定为工伤

根据我国法律的规定，工伤指职工在工作过程中因工作原因受到的伤害或者职业病。对于工伤的范围，应从以下几个方面予以界定。

（1）时间因素。只有在工作时间内发生的伤害才属于工伤，不在工作时间内发生的伤害被排除在工伤范围之外。这里的工作时间包括法定或者单位规定的正式工作时间、为了工作而进行的前期准备或者后期收尾时间、在工作过程中属于人体生理需要而暂时不处于工作状态的时间（如临时休息、上卫生间发生的伤害等）。

（2）场所因素。工伤要以在工作场所内发生伤害为要件，但由于社会中工作种类和特点的不同，因此在理解工作场所时应该采取灵活认定的方式。工作场所包括固定工作所在的固定场所、非固定工作在履行工作过程中发生伤害的场所、工作外出期间为了工作在非工作地点受到伤害的场所、为了工作而在上下班途中因交通事故或者城市轨道交通、客运轮渡、火车事故发生伤害的场所、在工作过程中由于人体生理需要而暂时不在工作状态时发生伤害的场所。

（3）利益因素。这里的利益因素指为了单位利益。除因履行劳动合同约定的工作外，对由于单位另行安排的工作或者其他活动受到的伤害，或者为了维护单位利益从事非规定工作范围内的活动而受到的伤害应定性为工伤。

（4）公益因素。根据我国新修订的《工伤保险条例》，对于在抢险救灾等维护国家利益、公共利益活动中受到伤害的都定性为工伤。这样的规定是从维护良好社会风气、鼓励良好社会风气的角度出发的。

上下班途中在严格意义上不属于工作场所的范畴，也不是工作时间，但劳动者上下班是直接属于工作原因的活动，是劳动者能够正常工作不可或缺的一个组成部分，因而是工作时间和工作场所的延伸。我国《工伤保险条例》规定，职工有下列情形之一的，应当认定为工伤：在上下班途中，受到非本人主要责任的交通事故或者城市轨道交通、客运轮渡、火车事故伤害的。因此，在上下班途中非因本人的主要责任而发生的交通事故，应该被认定为工伤。

3. 单位未缴纳工伤保险费，受伤职工能否获得工伤保险待遇

根据《工伤保险条例》规定，用人单位应当按时缴纳工伤保险费，职工个人不缴纳工伤保险费。由此可见，为单位职工缴纳工伤保险费是用人单位的义务，职工个人不承担缴费责任。同时，该条例还规定，用人单位应当参加工伤保险而未参加的，由社会保险行政部门责令限期参加，补缴应当缴纳的工伤保险费，并自欠缴之日起，按日加收万分之五的滞纳金；

逾期仍不缴纳的，处欠缴数额 1 倍以上 3 倍以下的罚款。应当参加工伤保险而未参加工伤保险的用人单位职工发生工伤的，由该用人单位按照条例规定的工伤保险待遇项目和标准支付费用。因此，对于用人单位故意或者过失不缴纳工伤保险费用而导致工伤职工不能获得由工伤保险基金支付的工伤保险待遇部分，应当由用人单位保障受伤职工的工伤保险待遇。

分析本案例，探讨以下问题。

（1）宋同学在和空调公司签订劳动合同时还是在校大学生，是否符合就业条件？是否具备建立劳动关系的主体资格？宋同学与空调公司签订的劳动合同是否有效？法律依据是什么？

（2）宋同学在上班途中发生的车祸，是否符合工伤的认定标准？法律依据是什么？

（3）宋同学在工伤期间，空调公司与其解除劳动合同的行为是有效的吗？法律依据是什么？

（4）空调公司未为宋同学缴纳社会保险，他被认定为工伤后，能否获得工伤保险待遇？宋同学的工伤保险费由他本人承担还是由空调公司承担，法律依据是什么？

【案例 9-2】劳务关系 ≠ 劳动关系

有的企业在用人管理环节时，由于法律意识比较薄弱，往往将劳务关系和劳动关系混为一谈，结果让企业陷入了违法境地，并带来不必要的经济损失。

彭石阳（化名）自 20×× 年以来一直在 A 公司上班，但一直没有签订劳动合同。他每月能领到 6000 元的薪酬，但 A 公司每月会扣掉其中的 20% 当作所谓的风险抵押金。20×× 年，彭石阳离职跳槽到了 B 公司，然后向当地的劳动争议仲裁委员会提起仲裁申请，要求裁决 A 公司支付未签订书面劳动合同的双倍工资，并要求 A 公司返还风险抵押金。

A 公司对劳动仲裁的管辖权提出异议，认为彭石阳与其之间的关系是劳务关系，而非劳动关系，双方产生的纠纷是民事纠纷，应向人民法院起诉，请求驳回彭石阳的仲裁申请，转由法院判决处理。

劳动争议仲裁委员会审查后认为，尽管彭石阳没有提交劳动合同，但其提供了工资单等其他相关证据证明劳动关系的存在，因此认定彭石阳与 A 公司之间存在劳动关系，遂驳回了 A 公司的管辖异议。

在本案例中，彭石阳与 A 公司存在事实劳动关系。事实劳动关系指用人单位与劳动者没有订立书面劳动合同，但双方实际上存在劳动关系。

对于劳动关系和劳务关系的认定，司法部门会采取更有利于保护劳动者的基本原则，所以用人单位应特别注意对这两种用工关系的识别。

按照现有的法律法规规定，尚未毕业的大学在校生、处于实习期的中等专业学校学生、退休返聘人员等都不属于劳动关系的适格主体，相关权利和义务的调整按照劳务关系处理。

《中华人民共和国劳动合同法》（以下简称《劳动合同法》）对事实劳动关系的用人单位的法律责任有明确规定。用人单位自用工之日起超过 1 个月不满一年未与劳动者订立书面劳动合同的，应当向劳动者每月支付 2 倍的工资。

事实劳动关系是一种劳动关系，在具体的劳动争议案件中，法律法规减轻了劳动者的举证责任，只要劳动者提供了工资单、工作服、工作证等能间接证明存在劳动关系的证据，劳动争议仲裁委员会就会对劳动关系的存在予以支持。

事实劳动关系在证据认定方面可以参照下列凭证。

（1）工资支付凭证或记录（职工工资发放花名册）、缴纳各项社会保险费的记录。

（2）劳动者填写的用人单位招工招聘"登记表""报名表"等招用记录。

（3）考勤记录。

（4）用人单位向劳动者发放的"工作证""服务证"等能够证明身份的证件。

（5）其他劳动者的证言等。

其中，上述（1）（2）（3）项的有关凭证，由用人单位负举证责任。

因此，用人单位在人力资源管理过程中，要及时与劳动者签订劳动合同，尽力避免事实劳动关系的发生，否则在劳动争议过程中极易陷入被动。

【案例 9-3】劳动关系应该如何认定

有的企业用工管理非常复杂。因此，在如何认定员工的劳动关系方面让人感觉像雾里看花、水中望月一样。

在入职时，郑同学和集团总公司下属的 W 公司签订了劳动合同，担任行政助理一职。过了一段时间，经过协商沟通之后，郑同学被集团派往另外一家和 W 公司有关联的下属 V 公司，担任营销策划人员。

虽然经过了工作变动，单位和岗位都换了，但 W 公司没有和郑同学签订劳动合同主体变更协议，V 公司也未与郑同学本人签订劳动合同。郑同学的工作安排、工资发放由 V 公司负责，而社保费用仍归 W 公司缴纳。

针对如此复杂的情形，应该如何认定劳动关系呢？

根据《劳动和社会保障部关于确立劳动关系有关事项的通知》第一条、第二条之规定，如果在用人单位及其劳动者符合法律、法规规定的主体资格，即雇主有独立的生产资料，包括生产工具、生产材料、服务的劳动对象、一定的资金等，并有健全的劳动组织和相应的技术条件等要求，而劳动者符合法定年龄，并具备相应的劳动能力的前提下，用人单位依法制定的各项劳动规章制度适用于劳动者，劳动者受用人单位的劳动管理，从事用人单位安排的有报酬的劳动，同时劳动者提供的劳动是用人单位业务的组成部分，且能提供工资支付凭证或记录（职工工资发放花名册）、缴纳各项社会保险费的记录、用人单位向劳动者发放的"工作证""服务证"等能够证明身份的证件、劳动者填写的用人单位招工招聘"登记表""报名表"等招用记录、考勤记录及其他劳动者的证言等凭证的，应认定为用人单位与劳动者之间存在劳动关系。

在本案例中，劳动者与 V 公司显然在事实上形成了劳动关系。

【案例 9-4】加强法治教育，运用法律武器保护合法权益

《劳动合同法》是协调劳动者与劳动单位之间劳动关系的主要法律保障与依据。高校必须始终重视法治教育，以激发学生就业法治意识，敢于、善于运用法律武器。

大学毕业生缺乏工作经验，而社会招聘市场情况复杂，因此必须学会运用法律保护合法权益，成为一名懂法、守法、用法的劳动者。

请扫描二维码9-2，浏览电子活页中的内容，或者直接打开本书配套的电子文档，认真阅读与了解"大学生就业时常出现的权益受损或纠纷形式"文档的内容，然后针对以下各项描述，在你认为正确的"□"中画"√"，在你认为不正确的"□"中画"×"。

□实习期与试用期是两个概念。

□实习期间的在校生，不存在劳动关系。

□用人单位在学生实习期间是不需要为其缴纳社保金的。

□实习期间的大学生可以与实习单位协商购买一份商业保险，以避免在实习过程中因工受伤后产生经济赔偿纠纷。

□根据《劳动合同法》的规定，用人单位必须为劳动者在劳动关系成立的那天起开始缴纳社保金。

□根据《劳动法》的规定，用人单位在证明劳动者在试用期间不符合录用条件的才可以解除劳动合同。

□根据《劳动合同法》的规定，用人单位向录用者征收保证金作为信用担保是明显的违法行为。

□三方协议不是劳动合同。

□三方协议作为一种格式合同，其有效期一般为自签约日至毕业生到用人单位报到的这段时间。

□学生签订了三方协议，如果随意离开，企业一方有权追究学生方的违约责任。

□针对劳务派遣这样的用工形式，毕业生在择业时需要了解实质的三方关系。

【案例9-5】用广告噱头骗人，收取费用吓人

少数培训机构或培训公司以发布招聘信息为名，通过在招聘信息中撰写诱人的广告用语，实则为其所谓招聘的岗位对应的培训课程进行宣传，甚至向求职者推销培训教材及相应的产品。这类单位往往抓住求职者渴望高薪，并希望短期速成的心理，推出一些销售类、创业类的培训课程，将从事这些工作所得的报酬进行夸大描述，并配以一些诱惑性的话语，吸引求职者前去培训，以达到收取培训费和推销商品的目的。

某商贸公司发布了一条岗位名称为"网络销售员"的招聘信息，并在岗位描述中写道："网络销售的成本相当低，开展的费用又相当小，几乎可以说是没有费用。只要在家有一台计算机即可走上自己的创业之路。很多通过网络致富的人，起初都是白手起家的，慢慢自己就变成了大老板。网络销售不仅成本低，而且利润非常丰厚。只要您能坚持正确的发展道路走下去，必然成功！"通过分析网络销售的好处，引起求职者对网络销售员工作的兴趣，随后的话语便显现出其真实目的——"如果您对自己有信心，网络绝对是让您施展才华的用武之地！我们将为您提供最专业、最完善的培训，让您在网络销售过程中快人一步，解决您在网络销售中的不必要的麻烦。公司还将提供给您大量产品，无须您自己进货。"

许多人会被案例中的这样一条极具诱惑力的招聘信息吸引，对"网络销售"蠢蠢欲动，然而细细想来，便很容易识破这样的骗局。

（1）作为一家商贸公司，对外培训远远超出了其经营范围。如果是一个专业培训机构，

其培训完全是合理合法的，大可通过广告媒体发布培训信息，而不是借助招聘渠道用招聘作为幌子。

（2）一眼就能看出招聘和培训都是这家公司用以赚钱的美丽外壳。求职者涉足其中后，其培训收费可能相当昂贵。这样的培训无凭无据，一旦发生任何问题，求职者或培训学员将无从求助。

（3）"公司还将提供给您大量产品，无须您自己进货。"这句话显示该公司有向求职人员推销商品之嫌。

（4）还有部分不法的培训机构，为了招揽培训生源，通常会和个别企业人事管理人员串通，由企业发布虚假的招聘信息，以参加指定的培训机构的培训作为录用条件。当求职者支付完培训费用并参加完培训后，企业再以种种理由拒绝录用。

从以上四点即可看出，此类企业并不是以招聘为目的，同样不会真心实意为求职者传授技能，只是通过招聘渠道进行广告宣传，吸引求职者前去参加所谓的培训，以达到收费和推销物品的目的。在应聘的过程中，求职者要注意辨别分析，切勿盲目相信，以免上当受骗。

【案例 9-6】以招聘为由，窃取劳动成果

有些单位以招聘为名，在收集求职者资料和组织面试的过程中，要求求职者提供成果展示，并以此窃取求职者的劳动成果。由于求职者维权意识不强，维权依据往往不足，此类无偿占有求职者劳动成果的事情时有发生。广大求职者要有知识产权保护意识，注意保护个人工作成果，将自己的工作成果向面试单位展示固然重要，但要学会有所保留，以免被别有用心的用人单位利用而造成损失。

某软件公司拟招聘程序员，该公司经营状况良好，工作环境整洁，招聘流程正常，岗位提供的薪酬符合市场价位，一切看似都合理。应届毕业生米同学初试合格后进入笔试阶段。

笔试内容：上机编写一段程序，使用规定的编程语言，时间不限，可以上网查询相关资料，但不能相互交流，只要完成目标。

一间教室里有 8 个求职者，每个人的试题不同。几个年轻人无意中发现，看似不同的 8 段程序，其实恰巧能整合成一个项目……结果可想而知，8 人无一被该公司录用。

在应届毕业生求职旺季，求职者和用人单位都在擦亮眼睛挑选自己中意的另一方。然而，就在纷至沓来的各种招聘会上，有些用人单位却以招聘为幌子，收取简历、组织面试，窃取求职者殚精竭虑做出的一份份计划书、策划创意和科研成果。求职者丢了无形资产——思路，却没得到工作，而用人单位却吃了一顿营养丰富的"免费午餐"。

"智力陷阱"指以招聘为名无偿占有求职者程序设计、广告设计、策划方案、文章翻译等创意，甚至知识产权。这种堂而皇之地占有他人劳动成果的行为，性质极为恶劣。

在既不能判断招聘单位的真实意图，又想取得工作的情况下，求职者需要对自己的劳动成果进行保护。求职者保护劳动成果的主要方式有以下两种。

（1）提交策划案等劳动成果时要准备两份，一份提交，一份自己留存，在留存的策划案上要求招聘单位签字确认，以便将来证明劳动成果内容。

（2）在提交策划案时附上"版权声明"，并要求招聘单位签收。最好声明："任何收存和保管本策划案各种版本的单位和个人，未经作者同意，不得使用本策划案或者将本策划案转

借他人，亦不得随意复制、抄录、拍照或以任何方式传播；否则，引起有碍作者著作权之问题，将可能承担法律责任。"

【案例 9-7】切莫被"境外就业"的美丽谎言蒙蔽双眼

求职者看到人力资源公司、商务咨询公司等社会中介机构发布的工作地点为境外的招聘信息后，应向劳动保障部门求证这些招聘信息的真实性。求职者要小心被一些中介机构利用"境外就业"的美丽谎言蒙蔽了双眼，对这类招聘信息应当格外留心，要确定信息发布机构是否具有"境外就业中介经营"相关资质，加强自我保护意识。

上海的方女士被困南非事件就是黑心中介机构惹的祸。方女士在出国前向中介机构交了3.7 万元人民币的"劳务费"，可回来时，厂主只还给她 1.17 万兰特（约合 1.5 万元人民币），加上警民中心资助的 1000 兰特，总共只有 1.65 万元人民币，损失了一大半。其他女工的情况也一样。在她打工的 8 个月里，只出去过两次，其他时间都在厂里打工。每天早上 7 点起来，一直做到晚上 10 点，几乎天天如此。方女士说："那里简直就是一个监狱。虽然警民中心一直督促厂主，可这个老板太黑心，总有借口不还我们钱。"

目前非法境外就业中介机构主要有以下类型。

（1）以出境旅游和商务签证代替务工签证，出境就业者没有工作许可证，相当于"打黑工"。

（2）无照经营机构。

（3）无视任何限制收取高额中介费。

（4）无视广告法和有关劳动保障法规，发假广告，吹嘘境外就业能挣到高额报酬。

（5）为牟取经济利益什么单子都接。

求职者在看到工作地点为境外的招聘信息时，要避免上当受骗，注意以下方面。

（1）看中介机构是否持有人力资源和社会保障部颁发的"境外就业中介许可证"，并且应出示出境就业国劳工部门批准的招用外籍工人的证书文件。

（2）中介费一般不高于月工资。

（3）出境就业人员从事劳动合同之外的任何工作都是非法的，因此与国外雇主签订劳动合同时要对劳动合同的内容进行确认。劳动合同内容应当包括合同期限、工作地点、工作内容、劳动条件、劳动报酬、社会保险、食宿条件、变更或者解除合同的条件，以及劳动争议处理、违约责任等条款。

【案例 9-8】招聘信息是广告，小心中介陷阱

少数中介公司利用免费发布招聘信息的网络平台，集中发布招聘信息，并且跨过网站审查和监督，要求求职者直接将个人简历发送至该公司邮箱，以达到大量收集人力资源信息的目的。有些中介公司甚至在招聘信息中做起了广告。求职者一旦脱离招聘平台应聘，中介公司就可以向求职人员收费。

某公司一周时间内在网上发布招聘信息近千条，均为中介信息，并在每条信息的岗位描述中留下了公司电子邮箱和网址，要求求职者将个人简历直接发送到公司邮箱或前往公司网站应聘。

求职者孔同学在网上查询到该公司的此类招聘信息，记下了该公司的电子邮箱和网站地

址，没有在网上通过招聘平台应聘，而是将个人简历通过电子邮件发送到了该公司。该公司约见了孔同学，为其推荐了不少岗位，但要求孔同学为每个岗位支付一定的介绍费用。如果面试成功，孔同学要支付给该公司首月工资的50%作为中介费用。

求职者不要被这些中介公司描述的高薪或者高福利待遇诱惑。这些有问题的招聘信息往往学历要求低、报酬高，与市场规律不符，但很有诱惑力。求职者自身也要具有防范意识，对于此类行为要坚决予以抵制。

【案例 9-9】招聘岗位名称模糊且名不副实

非保险类公司通过招聘名为"储备人员"的岗位，吸引求职者前去应聘，在面试过程中告知对方该岗位的实质是保险业务员。此类岗位已经严重超出了该公司本身的经营范围，更有虚假嫌疑。求职者在看到一些岗位名称比较模糊的招聘信息时要特别留意。求职者在面试前和面试中要了解用人单位和应聘岗位的详细信息，以免陷入对方设置的"骗局"。

金同学应聘某广告公司的"储备人员"岗位。金同学在大学里学的是广告设计专业，而且招聘信息上标注的薪酬价位也颇令他感到满意。金同学立即向该公司投递了简历。但是，在面试的过程中，该公司却不断对其营销方面的能力进行提问，并向其介绍保险方面的业务。最终，在金同学的追问下，该公司才承认其实质是代某保险公司招聘保险业务员，招聘信息上标注的薪酬也是需要通过业绩提成才能达到的。金同学顿感自己受到了欺骗。

保险推销员这一岗位在求职者中不太受欢迎，信用危机可能是主要原因。一些用人单位为了掩人耳目，就用一些比较动听的、模糊的岗位名称来吸引求职者，如养老金发放员、储备干部等。

求职者只要在面试时多了解应聘岗位的实际工作内容，就会避免落入一些单位的圈套。求职者的防范方式有以下几种。

（1）看单位的经营范围。如果一些类似商贸公司、广告公司招聘的岗位明显超出公司经营范围，则大多数有假。

（2）看岗位的薪酬待遇。如果薪酬的弹性幅度大，而且对学历要求低，明显与市场规律不符，则大多数"暗藏杀机"。

（3）看招聘人数。如果该岗位一次性招聘数量众多，如"储备干部"动辄招聘几十人，则可能有水分。

【案例 9-10】求职心切，更要擦亮双眼防受骗

少数用人单位利用大学毕业生没有工作经验的弱势，在岗位描述中打着无需工作经验的幌子吸引他们前来应聘。大学毕业生求职心切，应聘时一般不对招聘单位的背景等情况进行了解，并对对方提出的要求（包括收费要求）不经考虑全部应允。大学毕业生需要擦亮双眼，不能对企业的要求照单全收，以免被不法企业利用，而上当受骗。

赵同学从某网络信息学院毕业，看着周围的同学都已找到了满意的工作，自己几个月来一直处于失业状态，心中十分着急。他应聘了多家单位，对方均以没有工作经验为由而婉拒了他。他觉得刚毕业的大学生在劳动力市场有矮人一截的感觉。

有一天，赵同学看到某网络公司招聘网络管理员的信息，说明"无经验也可"。他不假思索就到这家公司填写了登记表，并对该公司的背景一概不问。面试人员对他说什么他都答应。面试人员在面试过程中提出收取报名费、培训费等一系列费用，赵同学由于急于得到这份工作，便交了钱，也没有留下任何票据。他听从面试人员，回家等消息。

但是，等了一个月，该公司仍然没有给他任何回音。他来到该公司要求退钱，但由于拿不出任何凭据，只能无奈走人，工作没找到，连钱也被骗去了不少。

每年应届毕业生的求职旺季，不少大学生求职心切，疯狂投简历，对于应聘单位的背景资料也不详加了解，就盲目前往。不少学生甚至为了表示自己的诚意，对企业提出的一些近乎苛刻的要求照单全收。一些不法企业正是利用应届毕业生的这种心理，设下了种种圈套。

大学毕业生找工作是需要耐心、细心的，应聘每一个岗位都要多方面、多渠道详细了解相应企业的情况及背景，看看企业是否正规，业务是否合法，企业是否拥有合法的营业执照和经营许可证，是否有投诉、不良记录等。了解企业情况的方法有很多，在网上搜索查询是其中的方法之一。例如，在市场监督管理部门网站或网络搜索引擎中输入应聘企业名称，搜索查看企业有关信息。

另外，国家相关法律法规明确规定，禁止用人单位招用人员时有以下不法行为：提供虚假招聘信息；向求职者收取招聘费用；向被录用人员收取保证金或抵押金；扣押被录用人员的身份证等证件；以招用人员为名牟取不正当利益或进行其他违法活动。

【案例 9-11】网上求职警惕网络传销

不少大学生过于信赖网上求职，将简历发到网上，自己的很多个人信息同时曝光，难免成为网络传销组织的"目标下线"。对此，专业人士表示，不排除某些网络传销组织假冒某企业，在网络上进行虚假招聘。这些人利用正规公司的名义将人骗进去，然后引诱其加入传销团伙。如果求职者在网上看到打着创业、高科技、电子商务等旗号，以网络营销、网络直销、网店加盟等形式从事网络销售工作的招聘信息，千万不可轻信，要多留个心眼。

大学毕业生在求职过程中要提高自我保护意识，防止以交押金、交保证金、扣押证件和参加培训、技术辅导等为手段骗取钱财的事情发生，警惕皮包公司、非法传销等就业陷阱，增强反欺诈能力。大学毕业生要端正心态，处处留心，预防高薪等诱饵，以防误入求职骗局之中。

【案例 9-12】拒签留白的劳动合同

雷同学和 A 公司签订了一份三年期劳动合同，在合同期间，他因调休被人事部门认定为旷工并遭辞退。申请劳动仲裁时，雷同学才发现他与 A 公司签订的劳动合同中关键条款留有空白，如今该合同盖的是另一家劳务派遣公司的公章，且收入一栏所填数字比同类岗位的实际收入少了近一半。这样一来，雷同学真的是哑巴吃黄连——有苦说不出，自己的切身利益遭到侵害，但无法提供有效的证据，难以获得赔偿金。

屈同学与一家劳务派遣公司签订了一份劳动合同，该公司承诺月工资为 8000 元，但只是口头承诺，并未写入劳动合同条款中。屈同学在工作中受伤，申请工伤赔偿时才发现当初与劳务派遣公司签订的是"空白"劳动合同，原本每月 8000 元的工资在合同中"打折"为不足 4000 元，这导致其工伤待遇大大缩水。

签订劳动合同应遵循合法、公平、自愿、守信的原则。如果用人单位要求大学毕业生签订必备条款有缺失的劳动合同时，即企业将劳动合同中的一些关键信息进行"留白"处理，一定要拒签。

劳动合同中的工作内容、工作地点要具体明确，劳动报酬要约定清楚，切勿与用工单位签订"双面合同"。劳动者可以在合同的空白处写上"空白"字样，防止用人单位事后单方面篡改。

有一些企业为达到少缴社保费用、逃避工伤责任等目的，常常将劳动合同中的劳动报酬、社会保险、工作时间和休息休假等必备条款处空着，待劳动者签订合同后再"填空"。这样的"留白"使劳动者在维权时困难重重。

对企业而言，签订"留白"劳动合同表面上占了便宜，实际上不仅无法降低企业的违法风险，还会影响其稳定用工。在社保条款处留白，一旦发生纠纷，即便用人单位在空白处自行填补"系劳动者自愿放弃缴纳社保费用"，但因内容违法，往往被判无效。

【案例 9-13】劳动合同未签名、未盖章，是有效的吗

有一家公司招聘设计师，求职者入职之后，该公司的人事主管通过微信向入职人员发了一份"员工劳动合同范本"。新员工按照要求填写了基本信息，阅读了相关的劳动报酬、合同期限及权利和义务等内容，并且就是否有转正合同、加班补助、奖金等提出了几点疑问。在得到主管回复之后，员工将填写好个人信息的劳动合同范本发给主管。

之后，这批人开始到公司上班。但是，他们心中都有一个疑问：这个在微信聊天中确定的劳动合同有效吗？如果聊天记录删除了或者公司不认账，怎么办？这些员工通过人事主管把当时填写的劳动合同文件打印出来，虽然合同中的内容跟聊天时确定的一致，但他们都发现在合同尾页上写着"本合同一式两份，双方签字盖章后立即生效"，签字盖章处却是空白的。

从《劳动合同法》的规定可知，劳动者与用人单位在合同文本上签字或盖章是劳动合同得以成立并生效的必要条件。但是，有些企业在和劳动者处理这个事情的过程之中，要么有意为之，要么没有在意，结果导致劳动合同并没有生效。

未签名、未盖章的劳动合同是无效的，该劳动合同并未成立。这也使该公司陷入了违反法律的风险境地，很可能导致这批员工以未签订劳动合同为由要求公司支付双倍工资差额作为补偿。

企业的管理者一定要提高自己的法律意识，规范用工管理过程中的各个流程，严格按照相关法律的规定，这样才能让企业降低类似的法律风险，减少经济损失。另外，现在国内一些地区在推广订立电子劳动合同，但应当使用符合法律法规规定的可视为书面形式的数据电文和可靠的电子签名，并保证电子劳动合同的生成、传递、储存等满足法律法规的要求，确保其完整、准确，不被篡改。

【各抒己见】

【探讨 9-1】大学毕业生签约前应思考哪些问题

请扫描二维码 9-3，浏览电子活页中的内容，或者直接打开本书配套的电子文档，认真阅读与了解"大学毕业生签约前应思考哪些问题"文档的内容，对签约前应思考的问题有一个初步印象。

分析招聘网站的一则招聘信息或者校园招聘中的企业招聘信息后，你对招聘信息提到的某个职位比较中意，从以下三个方面思考一下你是否真的适合这个企业和这个职位。

（1）与个人能力现状的匹配度。

（2）与个人职场定位的契合度。

（3）与个人生活质量的关联度。

【探讨 9-2】大学毕业生违约会带来哪些不良后果

根据《中华人民共和国合同法》规定：当事人一方不履行合同义务或者履行合同义务不符合约定的，应当承担继续履行、采取补救措施或者赔偿损失等违约责任。

《普通高等学校毕业生就业工作暂行规定》规定，对违反就业协议或不履行定向、委托培养合同的用人单位、毕业生、高等学校，按协议书或合同书的有关条款办理，并依法承担赔偿责任。

因此，三方就业协议约定违约金是符合法律规定的，毕业生应当谨慎对待。

三方就业协议一经大学毕业生、用人单位、学校签署即具有法律效力，任何一方不得擅自解除，否则违约方应向权利受损方支付协议条款规定的违约金。从实际情况来看，就业违约多为大学毕业生违约。

签约是一件非常严肃的事，一定要认真对待，想清楚再签约。不要随便签约，尤其自己主观意愿不想去的单位，一旦签约就不能随便违约。大学毕业生一旦违约，无论对公司、学校还是个人，都会造成巨大的伤害。同时，大学毕业生可能为自己的违约行为付出巨大的代价。

大学毕业生违约，就要承担违约责任。这种违约责任，一种是看得见的，即支付违约金；另一种是看不见的，即个人信用记录不佳，用人单位通常不愿意接收频频跳槽的员工。因此，大学毕业生要讲诚信、讲法治，认真履约。

大学毕业生违约，除应承担违约责任外，往往还会造成其他不良后果，主要表现在以下方面。

（1）用人单位往往为录用大学毕业生做了大量的工作，有的甚至对大学毕业生将要从事的具体工作有所安排。同时，大学毕业生就业工作时间相对比较集中，一旦大学毕业生因某种原因违约，势必使用人单位的录用工作付诸东流。用人单位若选择其他大学毕业生，在时间上也不允许，从而给用人单位的工作造成被动。

（2）用人单位往往将大学毕业生的违约行为认为是学校行为，从而影响学校和用人单位的长期合作关系。用人单位对学校的推荐工作表示怀疑，也许在几年之内都不愿到学校来招聘。面对激烈的就业竞争，用人单位的需求就是大学毕业生择业成功的前提。如此下去，必定影响今后学校的大学毕业生就业工作，同时影响学校就业计划的制订和上报，并影响学校的正常派遣工作。

（3）用人单位到校招聘，一旦与某位大学毕业生签订就业协议，就不可能再录用其他大学毕业生。若日后该大学毕业生违约，有些当初希望到该用人单位工作的大学毕业生由于时间等原因，也无法补缺，则造成就业职位的浪费，影响其他大学毕业生就业。因此，大学毕业生在就业过程中应慎重选择，认真履约。

思考并回答以下问题。

（1）三方就业协议约定违约金是否符合法律规定？

（2）大学毕业生签订三方就业协议后违约，对本人、用人单位、学校和其他大学毕业生可能带来哪些不良影响？

【探讨 9-3】大学毕业生如何与用人单位订立劳动合同

《劳动合同法》关于劳动合同的订立有以下规定。

第七条规定，用人单位自用工之日起即与劳动者建立劳动关系。用人单位应当建立职工名册备查。

第八条规定，用人单位招用劳动者时，应当如实告知劳动者工作内容、工作条件、工作地点、职业危害、安全生产状况、劳动报酬，以及劳动者要求了解的其他情况；用人单位有权了解劳动者与劳动合同直接相关的基本情况，劳动者应当如实说明。

第九条规定，用人单位招用劳动者，不得扣押劳动者的居民身份证和其他证件，不得要求劳动者提供担保或者以其他名义向劳动者收取财物。

第十条规定，建立劳动关系，应当订立书面劳动合同。

已建立劳动关系，未同时订立书面劳动合同的，应当自用工之日起一个月内订立书面劳动合同。

用人单位与劳动者在用工前订立劳动合同的，劳动关系自用工之日起建立。

第十一条规定，用人单位未在用工的同时订立书面劳动合同，与劳动者约定的劳动报酬不明确的，新招用的劳动者的劳动报酬按照集体合同规定的标准执行；没有集体合同或者集体合同未规定的，实行同工同酬。

认真阅读上述内容，结合相关规定，针对以下各项描述，在你认为是正确的"□"中画"√"，在你认为不正确的"□"中画"×"。

□用人单位自用工之日起即与劳动者建立劳动关系。

□用人单位有权了解劳动者与劳动合同直接相关的基本情况，劳动者应当如实说明。

□用人单位招用劳动者，可以扣押劳动者的居民身份证和其他证件。

□用人单位招用劳动者，可以以其他名义向劳动者收取财物。

□建立劳动关系，应当订立书面劳动合同。

□用人单位与劳动者在用工前订立劳动合同的，劳动关系自用工之日起建立。

□已建立劳动关系，未同时订立书面劳动合同的，应当自用工之日起半个月内订立书面劳动合同。

☐用人单位未在用工的同时订立书面劳动合同，与劳动者约定的劳动报酬不明确的，新招用的劳动者的劳动报酬按照集体合同规定的标准 80%执行。

【探讨 9-4】大学毕业生如何处理劳动人事纠纷

大学毕业生与用人单位之间发生劳动人事争议，可以通过协商解决。当事人不愿协商或协商不成的，可以向调解组织申请调解；不愿调解、调解不成或者达成调解协议后不履行的，可以向劳动人事争议仲裁委员会申请仲裁；对仲裁裁决不服的，除法律另有规定的外，可以向人民法院提起诉讼。

大学毕业生对用人单位违反劳动保障法律、法规和规章的情况，可向人力资源和社会保障部门举报、投诉。劳动保障监察机构将依法受理，纠正和查处有关违法行为。

思考并回答以下问题。

（1）大学毕业生与用人单位之间发生劳动人事争议时，可以通过哪些途径或方式处理？

（2）大学毕业生对用人单位违反劳动保障法律、法规和规章的情况，可以采取什么措施？

【探讨 9-5】三方就业协议与劳动合同有哪些区别

三方就业协议与劳动合同是用人单位录用大学毕业生时订立的书面协议，但两者分处两个相互联系的不同阶段，它们的区别主要在于以下三个方面。

1. 有效期不同

三方就业协议有效期从签约日起，大学毕业生到用人单位报到、被正式接收后就自行终止了；劳动合同则是在用人单位正式接收大学毕业生后开始生效的。劳动合同一经签订，就业协议就失效。

2. 签订身份不同

大学毕业生签订三方协议时，仍然是学生身份；一旦毕业，签订了劳动合同，在校学生身份便变为劳动者身份。

3. 合同主体和见证方不同

三方就业协议涉及学校、用人单位、学生三方，三方既相互关联，又彼此独立；而劳动合同是双方合同，由劳动者和用人单位两方的权利和义务构成。

三方就业协议是大学毕业生在校时，由学校参与见证的，与用人单位协商签订的，是编制毕业生就业计划和毕业生派遣的依据。劳动合同是大学毕业生与用人单位明确劳动关系中权利和义务的合同，学校不是劳动合同的主体，也不是劳动合同的见证方。劳动合同是毕业生上岗后从事何种工作、享受何种待遇，以及相关的权利和义务的法律依据。

4. 签订的内容不同

大学毕业生就业协议的内容主要是大学毕业生如实介绍自身情况，并表示愿意到用人单位就业，用人单位表示愿意接收大学毕业生，学校同意推荐大学毕业生并将其列入就业计划进行派遣，不涉及报到及工作后应享有的权利和义务。劳动合同的内容涉及劳动报酬、劳动义务、劳动保护、工作内容、劳动纪律等方方面面，更为具体，劳动权利和义务更为明确。

5. 签订的先后不同

一般来说，三方就业协议签订在前，劳动合同订立在后。如果大学毕业生与用人单位对工资待遇、住房等有事先约定，就可以在就业协议备注条款中注明，在日后订立劳动合同时对此内容予以认可。

6. 制定依据与生效机制不同

三方就业协议不是劳动合同，不适用于劳动法律。三方就业协议制定的依据是国家关于大学毕业生就业的法律和规定，受我国《民法典》《合同法》和《普通高等学校毕业生就业工作暂行规定》等民事法律的限定和保护。三方就业协议是毕业生和用人单位关于将来就业意向的初步约定，对于双方的基本条件及即将签订劳动合同的部分基本内容大体认可，并经用人单位的上级主管部门和高校就业部门同意和见证，一经大学毕业生、用人单位、高校、用人单位主管部门签字盖章，即具有一定的法律效力，是编制大学毕业生就业计划和发生违约时的判断依据。

劳动合同是受《劳动法》和《劳动合同法》限定和保护的，大学毕业生签字认可，用人单位签字盖章，即具有法律效力。

思考并回答以下问题。

三方就业协议与劳动合同在有效期、签订身份、合同主体和见证方、确认的内容、签订的先后、制定依据与生效机制方面有哪些区别？

【探讨 9-6】劳动合同中的劳动报酬怎么写比较好

《劳动合同法》规定了劳动合同中的必备条款，其中劳动报酬这部分涉及用人单位和劳动者的切身利益，尤其重要。

在劳动合同工资构成这一块，绩效工资体现为具体工资的一定百分比，还是工资总额包含绩效工资，不明确体现具体的绩效比例？

1. 第一种写法

甲方（指用人单位）将根据现行的工资制度与规定及乙方（指劳动者）的工作岗位确定乙方的劳动报酬，其内容由基本工资、津贴和奖金组成。例如，乙方的试用期月收入为税前 4000 元，转正后月收入为税前 5000 元。年终奖金根据公司当年经营业绩与员工绩效考核发放。

2. 第二种写法

甲方将根据现行的工资制度与规定及乙方的工作岗位确定乙方的劳动报酬，其内容由基本工资、全勤奖、绩效工资和奖金组成。例如：乙方的试用期月收入为 4000 元，转正后月基本工资为 2400 元、全勤奖为 600 元、绩效工资为 2000 元；年终奖金根据公司当年经营业绩与员工绩效考核确定。

以上两种写法，第一种要比第二种好一点。为什么？第二种写法主要的问题就是在工资构成上把每个项目规定死了，如全勤奖、绩效工资这些实际上存在变数，不能把具体金额写入合同。万一出现问题，员工可能拿不到合同里面规定的报酬金额，企业与员工之间可能产生纠纷。

3. 第三种写法

试用期工资不低于甲方相同岗位最低档工资的百分之八十或者本合同约定工资的百分之八十，并不低于当地职工最低工资标准。试用期满后实行（计时、计件或绩效）工资制度，每月基本工资××××元，其余根据考核情况确定。当月工资在次月底前发放。

4. 第四种写法

（1）乙方正常出勤，且在规定工作时间内把甲方安排的工作任务保质保量完成，即有权获得劳动报酬。

甲方实行岗位绩效工资制度，乙方的工作收入是在岗位工作的基础上，加以奖金和津贴。甲方根据乙方的工作岗位和实际技术业务水平，确定乙方的岗位工资收入标准为××××元；乙方奖金与其工作数量和质量及出勤率等实绩挂钩；津贴按国家和公司的相关规定执行。其中，试用期的工作收入为××××元。

（2）甲方发薪期为当月或次月的××日至××日。甲方对劳动报酬的支付延迟有合理解释的，不属于对乙方工资的拖欠。工资按照甲方规定的方式支付。

（3）本条第一款所列乙方收入为税前收入，乙方应依法缴纳个人所得税。

（4）甲方有权根据自身经营状况、经济效益及乙方的业务能力、绩效情况、岗位地点变化等对乙方的劳动报酬进行合理调整，包括提高或降低。而且，乙方对甲方的决定没有异议。

（5）奖金和津贴的执行以甲方内部规章制度为根据。甲方有权根据需要制定奖金和津贴制度并对其进行修改、完善或废止。

针对劳动合同中劳动报酬的四种写法，思考并回答以下问题。

（1）哪一种写法比较完善、全面，对用人单位和劳动者都公正、公平？

（2）哪一种写法存在较多的不确定性？

（3）哪几种写法对用人单位更有利？

（4）哪几种写法对劳动者更有利？

【探讨 9-7】求职面试中要警惕哪些陷阱

从投递简历到应邀面试，都有哪些陷阱呢？

1. 收取各种费用

牢记一句话：正规公司绝对不会让你交一分钱。

2. 扣押居民身份证等证件

求职者一定要保管好自己的居民身份证，以免被人拿去办理网贷、注册公司。

3．岗位要求很低，薪酬却很高

付出和收获永远成正比，对求职者没有要求，但薪酬高得离谱，肯定有不可告人的目的。

4．面试地址十分偏僻

正规公司选址一般在商圈、写字楼，以便业务来往和员工通勤。如果求职者要去面试的地点十分偏远，赶紧放弃，小心被骗。

5．要求异地面试

收到异地面试邀请时，一定要多方考证信息的真实性。在决定赴约时，一定要告知亲友，附上招聘方的电话地址，随时与朋友共享位置，保持联系。

6．要求在登记表中填写详尽的隐私信息

部分企业出于档案记录的需要，要求求职者填写登记表。在招聘档案中填写个人姓名、电话、邮箱、工作经历是可以的，身份证号码、家庭成员信息、紧急联系人信息，在入职签合同时写更合适。

针对本主题提到的求职面试中的 6 种陷阱展开讨论。

（1）求职面试时，在思想、意识方面如何提高警惕，识别与防范上述陷阱？

（2）万一遇到求职面试陷阱，应该采取哪些应急措施？

【探讨 9-8】大学毕业生签订就业协议时应该注意的细节问题

大学毕业生签订就业协议时应该注意以下细节问题。

（1）就业协议是由毕业生、用人单位和学校三方之间就学生就业方向签订的一种协议，由三方共同签署后生效，对签约的三方都有约束力。大学毕业生与用人单位经过双向选择达成就业意向后，必须签订学校统一发放的"高校毕业生就业协议书"，大学毕业生与用人单位签订的其他就业协议无效。避免签订"虚假"或"无效"的三方就业协议。

（2）就业协议在大学毕业生到用人单位报到、被用人单位正式接收后自行终止。大学毕业生到单位报到后，应当在一个月内要求单位签订正式劳动合同。

（3）签订就业协议的当事人必须具备合法的主体资格。对毕业生而言，就是必须取得毕业资格，如果毕业生在派遣时未取得毕业资格，用人单位可以不接收而无须承担法律责任。

（4）用人单位名称要有效，要看用人单位名称是否与单位的有效印鉴上的名称一致，如不一致，就业协议无效。

（5）专业名称要有效，填写自己的专业名称时，要与学校教务处的专业名称一致，不能使用专业名称的简写。

（6）试用期与见习期的时间要明确。外资企业、合资企业、私营企业一般有试用期，根据合同期的长度，为 1～3 个月。试用期通常为 3 个月，不得超过 6 个月。国家机关、高校、研究所一般有见习期，通常为一年。试用期和见习期只取其中之一。

（7）不少单位为了留住员工，以高额违约金约束员工。大学毕业生和用人单位双方协商确定违约金，在协商中最好不约定违约金，或力争将违约金降到最低，通常违约金不得超过 5000 元。

（8）现行的大学毕业生就业协议属格式合同，但备注部分允许三方另行约定各自的权利和义务。为了防止用人单位违反承诺，大学毕业生可将签约前达成的休假、住房、保险等福利待遇在备注栏中说明，若发生纠纷，则可以及时向法庭举证，维护自己的合法权利。

（9）签订就业协议时，必须严格按照规定的步骤进行。等用人单位填写完毕、盖章后，再到学校就业部门鉴证并盖章。切忌自己填写完毕后就直接到学校毕业生就业部门要求盖章，以避免用人单位最后填写的内容与承诺不一致。例如，用人单位在填写工资待遇时，与承诺不一致。大学毕业生不满，却因为自己和学校都已经签字盖章，如果违反协议，就要赔偿用人单位。

（10）如果大学毕业生单方违约，就应当与用人单位好好协商来解决问题。

以下有关大学毕业生签订就业协议的各项描述，在你认为正确的"□"中画"√"，在你认为不正确的"□"中画"×"。

□大学毕业生与用人单位经过双向选择达成就业意向后，与用人单位签订"高校毕业生就业协议书"之外的其他就业协议无效。

□就业协议在大学毕业生到用人单位报到、被用人单位正式接收后自行终止。

□如果大学毕业生在派遣时未取得毕业资格，用人单位可以不接收而无须承担法律责任。

□用人单位的名称与单位的有效印鉴上的名称不一致时，就业协议无效。

□就业协议中的专业名称可以使用简写名称。

□就业协议中的备注部分允许三方另行约定各自的权利和义务。

□就业协议要等用人单位填写完毕、盖章后再到学校就业部门鉴证盖章。

□如果大学毕业生单方违约，应当与用人单位好好协商来解决问题。

【探讨 9-9】面试谈薪酬环节，要跟面试官确认什么

谈薪酬是面试中的重要环节。一番你来我往的博弈之后，面试官对你有兴趣，就来到了最终的谈薪酬环节，面试的成败在此一举。与此同时，面试官也在心里衡量求职者的价值，求职者要价高，担心稳定性问题；求职者要价太低，又担心能力不够。以下几个方面，是求职者在和面试官谈薪酬时，必须注意的几个方面。

1．确定薪酬数目与薪酬结构

薪酬通常包括基本工资、绩效工资、奖金、各类补贴、福利。面试时先确认该公司的薪酬结构，再向面试官确认每个部分的细节。例如，提成和绩效如何计算？有没有季度奖及年终奖？有没有车补、餐补、房补及出差补贴？值得一提的是，一般面试官和求职者说的都是税前工资，还得扣除五险一金，这些也要提前确定好。

2．确定薪酬发放方式

除了薪酬构成，薪酬发放方式也相当重要，常见的薪酬发放方式是月薪+季度奖金。此外，薪酬如何增长也值得关注。在面试时，求职者可以考虑咨询这些问题：是否有固定的年度加薪？涨薪幅度通常是多少？

3．是否缴纳五险一金

五险一金包括养老保险、医疗保险、工伤保险、失业保险、生育保险和住房公积金。其中，养老保险、医疗保险、失业保险、住房公积金为用人单位和职工共同缴纳，工伤保险和生育保险为用人单位缴纳。五险一金是最能体现公司福利待遇的制度，缴费比例越高，公司福利越好。在面试时，求职者需要确认两个问题：是否入职就会缴纳五险一金？五险一金的缴费基数和缴费比例是多少？根据《中华人民共和国社会保险法》和《住房公积金管理条例》，五险一金是劳动者的基本权利保障。所以，如果遇到不交五险一金的用人单位，最好还是不要去上班。

要相信，一个好的用人单位永远求贤若渴，只要你能提供独一无二的价值，用人单位就不会因为一点点的薪酬而放弃你。以上三个问题，一定要在入职前就和面试官确认好。

思考并回答以下问题。

在面试谈薪酬的环节，要跟面试官确认什么？请分项予以说明。

【探讨 9-10】大学毕业生签订劳动合同的关键环节与注意事项

在职场中，求职者面对激烈的就业竞争，好不容易脱颖而出，拿到心仪企业的录用通知，但在签订劳动合同时，却可能因不懂法律或一时大意，让自己的合法权益受到损害。

因此，订立一份合法、规范的劳动合同显得格外重要，这样才能保护自身的合法权益，并使劳动关系变得和谐。

请扫描二维码 9-4，浏览电子活页中的内容，或者直接打开本书配套的电子文档，认真阅读与了解"大学毕业生签订劳动合同的关键环节与注意事项"文档的内容，然后针对大学毕业生签订劳动合同的关键环节与注意事项展开以下讨论。

（1）劳动合同应该包括哪些要件？

（2）劳动合同中要明确的重要条款有哪些？

（3）签订劳动合同的时间、份数、盖章有何具体要求？

（4）《劳动合同法》对劳动合同的内容变更与解除是如何规定的？

（5）在什么情况下可以拒签合同？

【探讨 9-11】综合计算工时工作制，周末或法定节假日上班需要支付加班费吗

某公司部分岗位实行综合计算工时工作制，已经向当地人力资源和社会保障部门递交了申请，而且已经获批。当这些员工工作日正好是周末或法定节假日时，该公司是否应支付加班工资？

根据 1995 年劳动部关于印发《关于贯彻执行〈中华人民共和国劳动法〉若干问题的意见》的通知第 62 项：实行综合计算工时工作制的企业职工，工作日正好是周休息日的，属于正常工作；工作日正好是法定节假日时，要依照劳动法第四十四条第（三）项的规定支付职工的工资报酬，即支付劳动者不低于劳动合同确定的正常工作时间工资的 300%的加班工资。

思考并回答以下问题。

综合计算工时工作制，周末或法定节假日上班需要支付加班费吗？有何依据？

【训练提升】

【训练 9-1】节假日加班，工资应该怎样计算

2021 年清明节放假调休时间为 4 月 3 日至 5 日，共 3 天。如果企业员工在清明节假期加班，那么工资应该怎样计算？

4 月 4 日清明节当天加班为法定节假日加班。实行标准工时工作制或综合计算工时工作制的用人单位安排劳动者在法定节假日工作的，应当按照不低于本人日或小时加班工资计发基数的 300% 支付加班工资，并且不得以补休代替。

计算公式是：法定休假日加班工资=加班工资的计发基数÷21.75×300%（21.75 天为平均每月计薪天数）。

4 月 3 日、5 日加班为休息日加班。

用人单位安排劳动者在休息日工作的，应首先安排其补休；补休时间不得少于加班时间。实行标准工时工作制的，用人单位若不能安排补休，应支付不低于劳动者本人正常工作时间工资 2 倍的加班工资。

日加班工资计算公式为：休息日加班工资=加班工资的计发基数÷21.75×200%。

实行综合计算工时工作制的用人单位，劳动者在综合计算周期内的实际工作时间不应超过总法定标准工作时间，超过部分视为延长工作时间，用人单位应按 150% 支付劳动者加班工资。

如果企业中的员工在当年的元旦节、"五一"劳动节、"十一"国庆节假期加班，查看当年有关部门的节日放假通知确定实际放假日期，然后将加班日期区分为法定节假日加班、休息日加班。假设用人单位不能安排补休，分别计算法定休假日加班工资和休息日加班工资。

【训练 9-2】大学生求职时学会甄别企业真伪，谨防受骗

一年一度的大学毕业生求职季开始了，很多应届毕业生都在努力寻找第一份工作，开始职场生涯的第一步。但是，不少骗子抓住了应届毕业生社会经验不足、警惕性不强的弱点，使用各种骗局欺骗广大的应届毕业生。应届毕业生轻则被无良企业克扣工资、无故解聘，重则被骗入传销窝点。

求职面试陷阱那么多，有没有什么好方法先过滤一下不靠谱的企业呢？

当然有，我们在投递简历的时候，可以先查询企业的真实性、合法性，秘诀是"一查二搜三问"。

1. 查

在"国家企业信用信息公示系统"网站即可查询企业的真实性、合法性。

查询时一定要输入企业全称。如何知道一个企业的全称呢？最简单的方法就是进入企业官网，找到网站导航的"关于我们"即可查看企业的简介，里面有企业全称等信息。或者，进入企业官网，在页面底部便能看到企业全称。

如果实在查不到企业全称，就可以试试"企查查""天眼查"，这两个网站不需要输入企业全称也可以查询其工商信息。

2. 搜

在面试之前，了解目标企业很有必要。使用"百度"网站搜索"××××公司"会得到相关的搜索结果，如企业动态、活动信息、融资新闻、负面信息等。

大致浏览一下相关信息，对我们面试帮助很大。

（1）看企业品牌活动、创始人或高管公开演讲，可以判断自己是否适合该企业的文化和氛围。

（2）通过了解企业的融资新闻，可以大概了解企业的成熟程度。

（3）关于企业负面信息，我们不必过分敏感，主要是看企业的负面信息与个人需求是否冲突，如一家企业被曝光加班现象严重，而你希望工作能兼顾家庭的话，就应该深思熟虑。

3. 问

有些企业可能还在起步阶段，名气相对较低，所以难以搜索到太多信息。这时候，我们可以在"看准网"上搜索对该企业的评价，或者到"知乎""脉脉"等社区提问，从网友那里得到参考答案。

通过专业招聘网站或校园招聘获取一家企业的招聘信息，试用"一查二搜三问"的方法，查询该企业的真实性、合法性，获取其相关动态和信息，搜索对该企业的评价。

【训练 9-3】大学生毕业时要办理的手续与要注意的问题

大学生离开学校，进入职场，需要一些就业手续。随着就业、落户政策的进一步宽松，就业手续的不断简化，有许多大学毕业生更关注自己能不能找到一份好工作，而对就业中牵涉的户口、档案等问题没有引起重视，由此引发了一系列新问题。那么，毕业生就业手续有哪些问题呢？

（1）毕业前需要准备的材料。

① 毕业生学籍材料。

② 毕业生登记表。

③ 个人简历。

④ 证书的扫描复制件。

（2）签订就业协议书与派遣。

① 就业协议书。

② 派遣。

③ 二次派遣。

（3）办理就业报到证。

（4）办理户口迁移证。

（5）转递与管理学籍档案。

（6）签订劳动合同。

（7）人事代理。

（8）办理社会保险。

请扫描二维码9-5，浏览电子活页中的内容，或者直接打开本书配套的电子文档，认真阅读与了解"大学生毕业时要办理的手续与要注意的问题"文档的内容，熟悉以下办事流程。

（1）找到正式工作的办事流程。

签订就业协议书→办理就业报到证→迁移户口→转递学籍档案→入职签订劳动合同。

（2）暂未找到工作的办事流程。

申请暂缓就业→继续找工作→逾期未找到→档案迁移，办理存档。

（3）"暂缓就业"的申请和取消。

①"暂缓就业"的申请。

个人向学校提出暂缓就业申请，经学校统一审批，并上报上级毕业生就业指导机构批准后签订暂缓就业协议书。

②"暂缓就业"的取消。

个人到就业单位，按照就业相关规定办理。

模块 10

成功转换角色与适应职场环境

毕业季悄然临近，从在校大学生向职场新人的转变，你准备好了吗？

面对就业，大学生的心理是复杂多变的。通过几年大学生活，同学们在知识、能力与人格方面有了积极的发展，有着强烈的就业意愿和积极的就业动机，为能实现自己的人生价值而感到由衷的欢欣；而就业岗位和就业方式的多样化也为大学生就业提供了更多的机遇和更大的自由度，许多大学生摩拳擦掌，跃跃欲试，准备在所学专业领域一展身手。但是，在就业过程中，大学生又难免出现种种心理矛盾、心理误区和心理障碍。大学生毕业后，进入职场，就要实现从学生角色向职业角色的成功转换，尽快融入职场新环境，适应职场新生活。

一边是企业求才若渴，另一边是大学生找工作越来越难。企业究竟具备怎样的特质才能赢得大学生的青睐？大学生应该具备什么样的素质才能被企业赏识？如何才能跨越横亘在企业与大学生之间现实与理想的鸿沟？

心理学研究表明，大部分人对工作秉持的态度可以分为三种——差事、职业、事业。如果你把工作当成差事，只为了赚钱才做工作，那么你的工作态度可能比较消极，上班的时候一定常常看时间，盼望周末赶快到来。如果你把工作当成职业，你就会为自己定下目标，希望自己能从工作中得到升迁与名誉。你会全身心地追求这些目标，有时候还会把工作带回家，因为你一心只想把工作做好。不过，有时候你还是不禁心想：为什么要工作得这么辛苦？如果你把工作当成事业，那么你会觉得自己的工作就是在实现自己的抱负。你时常在工作中体验到快乐，不会总是期待下班时刻，也不会有一股冲动想大喊："终于到星期五啦！"你或许连工作有没有酬劳也不在意，而且一直不停地工作。显然第一种是很多人都竭力避免的，因为那样的工作状态，工作就是一种束缚，而第三种是很多人都渴望的，因为那样的工作状态，工作就是一种恩赐。作为初入职场的新人，大学毕业生要避免把工作当成差事，努力把工作当成事业。

【学习领会】

10.1 职业适应与职业适应性

1. 职业适应

职业适应指个人的知识、能力、兴趣和性格特征与其正在从事或将要选择的工作相互适合的状态。

2. 职业适应性

职业适应性指一个人从事某项工作时必须具备的生理、心理素质特征。它是在先天因素和后天环境相互作用的基础上形成和发展起来的。职业适应度高，既表明个人的知识、技能和态度，所受的教育与训练，能对工作及其环境产生的种种刺激做出协调反应，又表明职业性质、职业类型、工作条件与个人需要、价值目标等融合，能引起个体心理上的满足。另外，职业适应性不仅反映安全要求，还反映效率要求。

职业适应性包括很多内容，由于场合不同，可能有不同的强调要点，如工作效率、无事故倾向、最低能力和特性要求、熟悉工作速度、意愿适应、个人背景等。

10.2　职业适应性测评

职业适应性测评就是通过一系列科学的测评手段，对人的身心素质水平进行评价，使人与职业匹配合理、科学，以提高工作效率，减少事故的发生。职业适应性测评一般不具有强制性，仅作为人才选拔和留用的参考。

10.3　职业适应性的分类

职业适应性可分为一般职业适应性和特殊职业适应性两大类。

一般职业适应性指从事一般职业所需的基本生理、心理素质特征。

特殊职业适应性指从事某一特定职业需具备的特殊生理、心理气质特征。

对个人从事某项具体工作的职业适应性测评包括一般职业适应性测评和特殊职业适应性测评两方面。

10.4　角色与角色转换

大学生选定了某一职业，开始迈向社会，这无疑是人生的一大转折。接下来面临的问题是如何尽快适应这一转折，完成从学生角色到职业角色的转换。这一转换在人的一生中占有十分重要的位置，角色转换的成功与否直接影响事业的成败。因此，大学生应当对此有充分的心理准备，以积极的、正确的态度认识新角色，实现新角色，避免在角色转换过程中的种种心理误区。

从学生角色向职业角色转换是每个人必须经历的过程，也是人生中最重要的一次转折。那么，我们怎样实现华丽转身呢？

10.4.1　角色的含义

所谓角色，指一定社会身份要求的一般行为方式及其相应的内在心理状态。社会对一个人的要求与期望，直接决定了他在社会结构中所处的位置和担负的社会角色。一个人的态度、行为如果偏离社会对他的角色期望，就可能引起周围人的异议或反对。角色义务、角色权利和角色规范构成了社会角色的三大要素。社会角色的功能是一定的角色通过履行角色义务来实现的。为了履行角色义务，角色必须有一定的权利，按社会行为规范来行动。人们总是同时担任各种不同的角色，在一个人的角色丛中又有主次之分，每一个角色都至关重要。

10.4.2　角色转换

人的社会任务或职业生涯不断变化，角色也随之变化，从一个角色进入另一个角色，这个过程称为角色转换。角色转换的变化从根本上说是社会权利和义务的变化。大学毕业生就业后的社会角色转换不是瞬间发生和完成的，而是有一个过程。大学毕业生初到一个新的工作岗位，对周围一切比较陌生，只有在熟悉本单位工作制度，了解本职工作业务程序，建立新的和谐的人际关系之后，才能积极主动地开展工作，完成就业后的角色转换。

10.5　学生角色与职业角色

人在社会上的角色是变化的，大学生的角色同样如此。大学生毕业就意味着要承担新的社会角色，但这种新的社会角色的确立并不是一蹴而就的，是一个行为过程。一般来说，进入角色包括下列行为过程：获得承担某个角色的认可；表现出扮演这个社会角色必需的社会品质和才能；本能地或积极地从精神上和行为上完全投入这一社会角色。择业过程就是选择新角色的过程，新角色的获得就使角色转换成为可能。每个社会角色都有自己不同的特点。也就是说，社会角色不同，社会责任就不同，社会规范就不同，社会权利也不同。

学生角色是受教育者掌握本领，接受经济供给和资助，逐步完善自己的过程；职业角色是用自己已经掌握的本领，通过工作为社会做贡献，具有一定的权利和义务，是以自己的行为承担社会责任的过程。大学毕业生往往迷恋大学生那种无忧无虑的自由角色，而一时不能适应社会角色的转变。这是常见的一种现象。

请扫描二维码 10-1，浏览电子活页中的内容，或者直接打开本书配套的电子文档，认真阅读与了解"学生角色与职业角色的不同"文档的内容。

10.6　大学毕业生的角色转换

大学毕业生从学生角色到职业角色的转换，必然伴随着角色冲突、角色学习和角色协调等一系列过程。因此，大学生在开始自己的职业生涯之前，应该学习一些相关的知识，对自我，尤其对社会，对即将从事的职业进行深入细致的了解和调查分析，找出自身的不足，提高心理承受力，加强角色认知，做好上岗前的各项准备，顺利实现角色转换。

10.6.1　毕业前夕的角色转换

从大学生到职场人，是一种社会角色的重要转换。

大学生从 11 月份左右开始找工作到第二年 6 月毕业离校，这一阶段的时间跨度很大。可以说，这一时期是大学毕业生转换角色的重要阶段，大学生与用人单位签约，就预示着开始迈出从学生角色向职业角色转换的第一步。一般来说，这个时候大学生的大部分课程已经学完，学校的教学计划主要是完成毕业生的实习实践和毕业设计（毕业论文），大学生自主支配的时间相对较多。许多大学毕业生难免出现这样的心态：大学数年的努力在签就业协议的那一瞬间结束，不用上班，不用上课，人生突然失去了目标，感觉很空虚。有些人难免把这段时间当成"最后的疯狂"，完全放松，甚至放纵自己。其实，在校学习期间的学习环境、学习条件及学习技能的训练都是最理想的。因此，大学毕业生应该从就业协议签订到毕业离校这段时间，针对性地学习知识、培养能力，提前奠定良好的心理基础和知识技能基础。

（1）重视毕业实习和毕业设计，学习与未来工作岗位有密切联系的专业知识和专业技能。大学课程的设置总体上偏重基础知识的学习和基本技能的培养，不一定涉及特定岗位上所需的专业知识和技能。毕业实习和毕业设计是毕业生步入职场的必要的过渡阶段。对即将毕业的大学生来说，通过毕业实习和毕业设计，可以将自己掌握的理论知识运用于实际，不仅有利于加深对书本知识的理解和巩固，还能够发现不足，对自己的知识结构进行必要的补充和调整，提高观察、分析和解决问题的实际工作能力。

（2）进行非智力因素技能的训练，提升多方面的能力。大学毕业生智力上的差距并不太大，而非智力方面的技能是影响大学毕业生择业、就业和创业的重要因素。大学毕业生要敢于表现自己，充满自信，在公众面前不畏首畏尾，往往会给人留下良好印象；加强书面表达能力和口头表达能力的培养，善于表现自己，往往会使大学毕业生在工作中脱颖而出。大学毕业生在与人交往的过程中要诚恳而不谦卑，自尊而不倨傲；在与他人的竞争中不伤团结，不失风格，往往更能赢得单位和同事的信任和赞誉。

10.6.2　试用期内的角色转换

大学毕业生参加工作后需要经过一段时间的试用期，经考核合格后才能转为正式员工。在校期间，大学生学习和生活条件比较优越，空闲时间和自由支配的时间比较多，节奏也比较缓和，压力较小；而参加工作后，特别是在试用期内，往往被安排到条件艰苦的基层去锻炼，而且工作繁忙，经常需要加班加点，属于自己的时间越来越少。在这种情况下，角色冲突往往会加剧。因此，大学毕业生应该加强在试用期内的学习和认识，使角色转换顺利实现。

1. 重视岗前培训

岗前培训对于刚刚走上工作岗位的大学毕业生的角色转换是非常重要的。它让新员工了解用工单位的基本情况，熟悉规章制度和工作程序，更重要的是树立集体主义观念，培养人际协调能力和奉献精神。从某种意义上讲，岗前培训可以直接反映新员工的素质高低，因此用工单位都非常重视。大学毕业生一定要以认真的态度把握好这个充实自己、表现自己和提升自己的良机。事实证明，很多大学毕业生就是因为在岗前培训期间表现出色而被委以重任的。

2. 善于展现自己的知识

大学毕业生因具有新知识而受到同事的青睐和尊敬，但也会因此与同事之间产生一定的距离。因此，大学毕业生在同事面前一定要表现得谦虚、随和，在虚心学习同事经验的同时，适时适度地展现自己的知识。例如，可以利用工作机会，特别是当同事在工作中遇到麻烦时，以谦虚诚恳的态度提出自己的见解，共同解决问题；也可以利用业余娱乐机会，展现自己的知识优势。大学毕业生应该在交流中让同事了解自己的为人和性格，表明自己的世界观、人生观和价值观，缩短与同事间的距离，成为大家的朋友。

3. 树立工作责任意识

大学毕业生对未来都有美好的期望，都想大干一场，建功立业。但是，多数人在走上工作岗位之初，一般不会被委以重任，而是从最简单的辅助性工作做起，这也符合人才成长的基本规律。但是，不少人凭着对工作的新鲜感和学识上的优越感，认为自己被大材小用，对一些工作不愿意干，甚至开始闹情绪。其实，这是缺乏责任意识的表现，干任何工作，都要有足够的热情，更要有丰富的经验和随机应变的能力。这种经验和能力的获得并非一朝一夕之功，需要在平时的工作中积累和训练。因此，不管工作大小、分工高低，大学毕业生都要以满腔的热情、高度的事业心和责任感认真对待，圆满完成。

4．培养实事求是的工作作风

大学毕业生具有较强的自尊心和自立意识，在工作上总想独当一面，取得成就。很多人对待工作的态度是认真谨慎的，但在工作中还是难免出现失误。工作失误并不可怕，可怕的是不能正确认识失误，不能实事求是地承认失误。如果在工作中出现失误，就要认真分析原因，总结经验教训，找准失误点。同时，要敢于向领导和同事承认，并勇于承担责任，以获得领导和同事的理解。另外，要虚心学习、请教，总结经验教训，防止类似失误再次发生。

10.7　大学毕业生尽快完成角色转换的途径

许多大学毕业生走上工作岗位以后，产生对新环境的诸多不适应，主要表现在心理、生活、工作、人际关系和工作技能等方面的不适应。任何人对环境都有适应过程，怎样尽快适应新环境呢？

10.7.1　心理适应

1．克服五个"心理"

（1）对学生角色的依恋心理。
（2）观望等待的依赖心理。
（3）消极退缩的自卑心理。
（4）苦闷压抑的孤独心理。
（5）见异思迁的浮躁心理。

新人进入职场，一般是从基层做起的。俗话说，"良好的开端是成功的一半"。首先要学会心理适应，学会适应艰苦、紧张而又有节奏的基层生活。你缺少基层生活经历，可能不习惯一些制度和做法，千万不要用自己的习惯去改变环境，而要学会入乡随俗，适应新的环境。在这个阶段，要发挥自身健康的心理机能，培养出整体协作意识、独立工作意识和创造意识。

2．有自信

在开始的时候，你可能做错很多事情，但只要吸取经验，慢慢地，在同事和前辈的帮助下，整体协作意识和独立工作意识就会形成。

3．做事要有耐性

做事要有耐性，充分发挥自己的主观能动性和创造性，凡事具体分析、具体对待，脚踏实地地工作，自然而然地会发现自己创造力在提高。从一个行业的底层做起，不断积累经验、提升能力，就能为今后的职业发展打下良好的基础，形成有延续性的职业发展历程。

10.7.2　生理适应

大学毕业生既然步入了职场，就已经从学生转换成了职场人，原来的许多生活习惯都得改变。在学校的时候，你也许喜欢睡懒觉，经常上课迟到或者偶尔"生病"，不会带来什么严重后果，可是，在工作期间，如果你得了懒病、娇病、馋病，就可能有非常严重的后果。

为了自己的职业前途，应该调整生活规律。当然，是否调整生活规律，主要得看自己的工作环境与公司文化。

10.7.3　岗位适应

大学生容易将事情看得简单而理想化，在跨出校门前对未来充满憧憬。初出校门的大学生不能适应新环境，大多数与其事先对新岗位估计不足、想法不切实际有关。当他们按照过高的目标接触现实环境时，许多所谓的"现实所迫"让其在初入职场时就走了弯路，以至于碰壁，不知所措。这时候，他们往往会产生一种失落感，感到处处不如意。因此，大学毕业生在踏上工作岗位后，要根据现实的环境调整自己的期望值和目标。原因在于，他们都没有职业角色意识，并不真正了解自己能做什么，应该往哪方面发展，以至于频繁跳槽。如果新人为自己做一个职业规划，明确自己的职业目标，在职场中知道自己应该扮演什么角色，应该怎样强化自己的职业精神，并且钻研下去，自然就能得到较好的发展。

10.7.4　知识技能适应

刚出道的新人可能文凭比单位里的一些前辈高，但具体工作能力很低。在学校里，学生比较注重的是学习理论知识。然而，到了职场，更重要的是动手能力和积累经验。因此，新人要再学习，掌握工作需要的知识技能。竞争在加剧，学习不仅是一种心态，还应该是我们的一种生活方式。

21世纪，实力和能力的打拼越加激烈。谁不去学习，就不能提高，就不会创新，就会落后。同事、上级、客户、竞争对手都是老师。谁会学习，就能成功，就能使自己职业岗位的智能结构更加完善。学习既增强了自己的竞争力，又增强了企业的竞争力。

10.7.5　人际关系适应

与象牙塔里单纯的人际关系不同，职场人际关系相对比较复杂。刚走上工作岗位的新人最容易犯的毛病是过于高傲，应该把姿态放低一点，恰当的礼貌会赢得别人的好感。无论对领导还是对同事，无论喜欢还是讨厌，都要对别人彬彬有礼。对待年长的同事，如果对方没有职务，不妨称呼"××老师"或"××师傅"，因为对方有很多工作经验值得学习。同时，在单位里，努力工作，适当表现自己，最大限度地得到同事和领导的认可，是必需的；在论功行赏时，应该展现新人应有的宽广胸怀，赢得职场人缘。千万不要居功自傲，任何领导都讨厌自己的下属居功自傲，擅作主张，更没有人能够忍受下属对自己指手画脚。进入社会，年轻人不妨把自己的个性磨得圆滑一点。

10.8　关于职业发展

10.8.1　什么是职业发展

职业发展是组织用来帮助员工获取目前及将来工作所需的技能、知识的一种方法。实际上，职业发展是组织对企业人力资源进行的知识、能力和技术的发展性培训、教育等活动。

职业发展就是在自己选定的领域里，在自己能力所及的范围内，成为最好的专家。所谓专家并不一定是研究开发人员或技术顾问，是在某一领域有深厚的经验，对该领域有深刻而独到认知的人。至于行政管理能力、员工培养能力、团队建设能力、规划和沟通能力等，是个体在职业发展过程中必须培养的能力要素，是实现职业发展的重要工具，但不是职业发展的目标。

10.8.2　什么是职业发展路径

员工都有从自己现在和未来的工作中得到成长、发展和获得满足的强烈愿望和要求。为了实现这种愿望和要求，他们希望在自己的职业生涯中顺利成长和发展，为此制定出自己成长发展的职业计划，其实施过程就是职业发展路径。

职业要发展，员工必须不断学习，不然会在职场竞争中被淘汰。职业的未来掌握在自己手中，而不受别人控制，只有不断学习才能为自己的职业创造更好的舞台。

10.8.3　职业发展的必要性

从组织的观点看，职业发展能够降低员工流动带来的成本。如果企业帮助员工制订职业计划，这些计划与组织密切相连，员工就不大可能离开。热心于员工的职业发展同样能够鼓舞士气，提高生产率，并使组织变得更有效率。事实上，组织对员工的职业发展感兴趣，对员工也有积极的影响。在这种情况下，员工认为企业把他们看作整体计划的一部分，而不仅是一些数字。组织重视职业发展，对员工看待工作和雇主的方式也有积极的影响。

10.8.4　职业发展的负责者

1. 组织

组织的责任是开发并在组织内部向员工通告职业选择权。组织要向员工传递组织内存在的职业选择，针对实现职业目标的职业道路，向员工提出详细的建议。在新的职位出现和老的职位被淘汰时，人力资源管理部门一般负责向员工通报这些信息。

2. 员工

员工有个人职业规划，就必须采取一系列的实际行动，如虚心接受公司各方面专家和直接管理者的有关职业发展的指导和建议，进行自我评价，选择正确的职业道路，接受公司组织的一系列培训，并加强各方面的学习。

3. 直接管理者

直接管理者在推动下属的职业发展中发挥着重要作用，他们应该引导员工的职业发展，帮助员工评估结果。管理人员起到的作用应该包括充当顾问、评价者、教练和指导者。

10.8.5　职业发展的几个阶段

职业发展是一步一步向前进步、不断成熟的过程，而整个过程大体可以分为五个阶段。不同的阶段代表不同的人生历练，认清自己所处阶段有助于我们做出正确选择。

1．工作 1～3 年"青黄不接"阶段

职业生涯最为困惑的几年，既不像刚毕业的学生那么单纯，又没有足够的工作历练让自己能够独当一面，跳槽找工作的难度与风险都很高。

2．工作 3～5 年"职业塑造"阶段

开始学着认识组织文化、组织内情，初步建立自己的人脉网络，职业性格特征开始展现，开始认识到哪些是自己擅长的、哪些是自己不足的。矫正自己的职业方向，如果性格与特长和现在工作的偏差太大，立刻转岗或换职业是最好的选择。

3．工作 5～10 年"职业锁定"阶段

日渐清楚自己的性格优势与劣势，开始认定职业方向。在这个阶段，需要在稳定中不断上升，也需要不断逼迫自己跨越障碍，切记不要频繁跳槽。

4．工作 10～15 年"事业开拓"阶段

职业基本已经成为终生事业，前期积累是自己晋升和职业开拓的基础。如果遇到职业迷茫期，可以在相关领域适当改变工作方式或者岗位，测试自己最适合什么工种。

5．工作 15 年以后"事业平稳"阶段

多年工作沉淀使承受压力的能力增加许多，工作越发游刃有余。

10.8.6　职业发展的实施

1．员工自我评估

员工自我评估指员工个人对自己的能力、兴趣、气质、性格及自己职业发展的要求等进行分析和评价，以确定适合自己的职业生涯目标和职业生涯发展路线。

2．组织评估

组织评估是利用相应的信息对员工的能力和潜力做出客观公正的评估。这些信息主要来自对员工的绩效评估，也包括反映该员工的受教育状况和以前工作经历等信息的人员记录。组织对员工个人的评估通常由人力资源管理人员和员工的直接管理者共同进行。

3．职业信息传递

员工要确立现实的职业发展目标，就必须知道可以获得的职业选择和职业发展的机会，并获得组织内有关职业选择、职业变动和空缺工作岗位等方面的信息。组织要及时为员工提供有关组织发展和员工个人的信息，增进员工对组织的了解，包括职位升迁机会与条件限制、

工作绩效评估结果、训练机会等信息，帮助员工了解自己的职业发展通道。

4．职业咨询

职业咨询是伴随整个职业生涯发展过程的多次或连续性的咨询活动。在职业发展过程中，有可能出现员工无法预测或必须面对的难题，如职位升迁、跳槽、职能转换、人际关系等。职业咨询可以为员工解决职业发展中的困惑，为员工做出明智选择提供参考意见和决策支持。

5．职业道路引导

职业道路引导可定义为一系列包括正式与非正式教育、培训及工作体验的开发活动，这些开发活动有助于员工能够胜任更高一级的职位。职业道路引导指明了组织内员工可能的发展方向及发展机会，组织内每名员工可以沿着组织的职业道路变换工作岗位。

【案例探析】

【案例 10-1】第一份工作决定职场前途

请扫描二维码 10-2，浏览电子活页中的内容，或者直接打开本书配套的电子文档，认真阅读"杜娟与齐茉的第一份工作"文档的内容，然后思考以下问题。

（1）选择第一份工作，你是倾向于杜娟的做法还是齐茉的做法，你认为谁的成功概率大一些？

（2）在选择第一份工作时，摆在你面前的有两个工作选择：一个是烦琐、艰辛的工作，另一个是舒适轻松的工作，你会如何选择？

【案例启示】

根据职业方向选择对自己有利的职业和得以实现自我价值的用人单位，是每个大学生的良好愿望，也是实现自我价值的基础，但这一步要相当慎重。人生第一个职业，往往不是一份单纯的工作，它会使你初步了解职业、认识社会。在一定意义上，它是你的职业启蒙老师。

老师、家长和职场前辈都不厌其烦地告诉我们，先就业再择业，别挑剔第一份工作，因为它只是一块跳板，积累了一定的经验，你就可以往高处跳。事实是，如果一开始做了舒适的工作，我们就会像杜娟那样，再也不愿尝试艰辛的工作，自然就会失去往高处跳的机会。如果一开始做烦琐、艰辛的工作，像齐茉那样，那么以后的每份工作都可以轻松胜任。

大学毕业生初入职场，对一切都不甚了解，有一种初生牛犊不怕虎的精神，想方设法要做好第一份工作，而这个过程会成为一种惯性。你习惯了舒适，就不想再艰辛，你习惯了艰辛，就不怕艰辛。而所有的"好工作"都不会很舒适。

所以，我们对第一份工作一定要挑剔，剔掉那些轻松舒适没有发展前途的，挑烦琐、艰辛、有挑战的工作，只有这样的工作才是通往成功的阶梯。

人生成功的秘密在于，当机会来临时，你已经准备好了。

【案例 10-2】坚持站好最后一班岗

米琳大学毕业后，来到南方工作。通过几番面试，她跟其他两位女生被一家公司录用，试用期一个月，期满合格，将被正式聘用。

在这一个月内，米琳和另外两位女生都很努力。到了第二十九天时，公司按照三人的营业能力，一项项给她们打分。米琳虽然很卓越，但得分比其他两位女生低一点。公司王经理让部下通知米琳："明天你是最后一天上班，后天便可以结账离岗了。"

最后一天上班时，两位被留用的女生和其他人都对米琳说："反正公司明天会发给你一个月工资的，今天不必上班了。"米琳笑道："昨天的工作还没有做完，我干完再走不迟。"到了下午3点，米琳最后的工作做完了，又有人劝她提前下班，可她笑笑，不慌不忙地把自己工作过的桌椅擦拭得干干净净，一尘不染。而且，和"同事"一同下班，她感觉自己很充实，站好了最后一班岗。其他员工见她这样，都非常感动。

第二天，米琳到公司财务处结账。结完账，她正要离开，正好遇见了王经理。王经理对她说："你不要走，从今天起，你到质量检验科去上班。"米琳一听，惊住了，不相信会有这种好事。王经理微笑着说："昨天下午，我暗中观察了你好久。面对工作，你有坚持的理念。正好我们公司的质量检验科缺一位质检员，我相信你到那里一定会干得很好。"

有一种美丽叫坚持，滴水之所以穿石，是因为坚持；雄鹰之所以飞上蓝天，是因为坚持；石缝里的小草之所以茁壮成长，是因为坚持。

坚持使人成功，成就辉煌。对于那些能取得杰出成就的人来说，我们不难发现他们的一个共同点，那就是坚持。只有始终坚持正确的方向，才有可能达到目标。坚持未必一定成功，但没有坚持注定要失败。一两天、一两年的坚持容易，难的是长久坚持。

没有一种成功能够一蹴而就。人生必然经历无数的失败和挫折，经历无数的磨难与考验。坚持能给予人战胜困难的信心，让人积蓄力量，提升精神境界。

坚持并不等于固执。在正确的道路上走下去才能保证成功。如果在坚持前没有经过充分考虑，过度夸大"坚持"的作用，那就成了固执。意大利著名诗人但丁曾经说过："走自己的路，让别人去说吧。"这句话包含着文艺复兴运动提倡的人文主义精神，更重要的是包含着"追求真理"的决心和毅力。

坚持是一种不可多得的美德。在生活中，凡事要善始善终，更要保持持之以恒的责任心，这样才能不断取得意想不到的收获。

【各抒己见】

【探讨 10-1】大学毕业生在角色转换过程中容易出现的问题

大学阶段是职业角色的准备期，所学专业只对应于某一职业群，具体职业岗位还有待选择，因而大学阶段的职业角色准备往往有一定的模糊性。大学毕业生在走向工作岗位之初对职业角色难免会有些不适应，

大学毕业生在从学生角色向职业角色转换的过程中，往往面临着新旧角色的冲突。有些人

受到社会因素、家庭因素尤其自身认知能力、人格心理发展、意志品质及情绪、情感等因素的影响，不能正确认识角色转换的实质，或者在角色转换中不能持之以恒，出现一系列问题。

1. 依恋和畏惧并存

许多大学毕业生走上工作岗位后，怀着对学生角色的依恋，对全新的职业角色充满畏惧，即在角色转换过程中容易依恋学生角色，出现怀旧心理，面对与同事、领导新的复杂的人际关系及职业责任的压力，留恋相对单纯的学生时代。经过十多年的读书生涯，大学毕业生对学生角色的体验可以说非常深刻了，学生生活使每位学生在学习、生活和思维方式上都养成了一种相对固定的习惯。因此，在职业生涯开始之初，许多人常常自觉或不自觉地把自己置身于学生角色之中，以学生角色的社会义务和社会规范来要求自己、对待工作，以学生角色的习惯方式来待人接物，观察和分析事物。一些大学毕业生刚走进新的工作环境，不知道应该从何入手，在工作中缩手缩脚，怕担责任，怕出事故，怕闹笑话，怕造成不良影响。于是，他们在工作中放不开手脚，前怕狼后怕虎，缺乏年轻人的朝气和锐气。

大学生处于青年中后期，独立意识已经形成，但由于仍身为学生角色，没有养成完全独立的工作观念。有些大学生的独立意识只是生活方式独立自主，在学习上有教师引导，在经济上还要靠家长，靠助学金。因此，大学生处于依赖与摆脱依赖的过渡期。他们一旦离开学校，走向社会，就要承担起成人的职业角色。但是，他们还没有成人的自觉性和独立性，工作全靠领导安排，领导安排多少干多少，对自己的工作性质、范围、程度、相互关系还没有足够的认识。因此，他们在遵守角色规范方面还存在一定的差距，而其他人不会用面对学生的眼光来看待他们，而是按能够独立承担职业义务的标准来要求他们。

2. 自傲与浮躁同在

有些大学毕业生对人才的理解不够全面和准确，认为自己接受了比较正规的系统高等教育，拿到了学历，学到了知识，是比较高层次的人才，因而看不起基层工作和基层工作人员，甚至认为大学毕业生干一些琐碎的不起眼的工作是大材小用，有失身份。于是，他们轻视实践，放不下架子，实际上眼高手低，大事做不了，小事又不做。

有些大学毕业生走上工作岗位后，面对新的工作环境和生疏的人际关系，缺乏应有的自信，在工作中放不开手脚。特别是在知识分子密集的工作单位，他们看到别人工作经验丰富，驾轻就熟，觉得自己这也不行、那也不行，胆小畏缩，不思进取，甘居人后，不利于聪明才智的正常发挥。

有些大学毕业生在角色转换的过程中受社会环境的影响，表现出浮躁的作风和不稳定的情绪。他们一阵子想干这个工作，过一阵子又想干那个工作，对本职工作坚持不下去，缺乏敬业精神，不能深入工作内部了解工作性质、职责范围及工作技巧，就职很长时间后仍未能稳下心来进入新的角色。大学毕业生参加工作一段时间后，要求调整单位的现象时有发生，就是因为一些大学毕业生就职很长时间后还不能稳定情绪，进入职业角色，反而认为单位有问题，没有适合自己的职位。事实上，如果不能静下心来踏踏实实地学习，适应工作，那么不管什么样的单位都不会适合。

作为一名刚毕业的大学生，初涉职场，你在角色转换过程中可能出现以下哪些不良心理？你会如何克服这些不良心理？

（1）学生角色的依恋心理。

（2）观望等待的依赖心理。

（3）消极退缩的自卑心理。

（4）苦闷压抑的孤独心理。

（5）见异思迁的浮躁心理。

【探讨 10-2】职场新人融入新环境有哪些妙招

作为一名刚参加工作的职场新人，应快速将自己融入企业这个大家庭，利用自己所学知识为企业创造价值，为企业做贡献。

许多大学毕业生走上工作岗位以后，感受最为深切的是对新环境的诸多不适应，主要表现在心理、生活、工作、人际关系和工作技能上的不适应。

请扫描二维码 10-3，浏览电子活页中的内容，或者直接打开本书配套的电子文档，认真阅读与了解"怎样尽快融入新环境"文档的内容。

作为一名职场新人，当融入新环境时，根据你的思想观念、性格特点、做事风格、能力现状，从心理、观念、外表、语言、行动等方面分析自己快速融入新环境的优势和不足，应该采取哪些有效措施，弥补自己的不足，尽快适应职场新岗位和新环境。

【探讨 10-3】大学毕业生在角色转换过程中应培养哪些角色转换意识

大学毕业生在角色转换过程中有些不适应是自然的，对这一点要有充分的认识，加强角色转换意识，积极缩短适应期，而不应因此形成职业心理障碍，失去信心。如果把求职比作职业生活的序幕，那么就业才是正剧的开始。

大学毕业生步入社会舞台之初，在角色转换过程中一般要经历角色领悟、角色认知、角色适应、角色实现、职业流动等阶段。

请扫描二维码 10-4，浏览电子活页中的内容，或者直接打开本书配套的电子文档，认真阅读与了解"大学毕业生在角色转换过程中应培养哪些角色转换意识"文档的内容。

大学毕业生在角色转换过程中应注重培养的角色转换意识包括独立意识、角色意识、责任意识、协作意识、竞争意识。在这些角色转换意识中，你已基本具备哪些角色转换意识，哪些方面还需加强？

【探讨 10-4】大学毕业生如何面对工作中的挫折

1. 积极调整工作心态

刚走出校园的大学生，大多数有"天高任鸟飞，海阔凭鱼跃"的宏伟抱负。但是，随着高校教育的普及，大学生就业成为一个大众化的社会问题，由此产生的大学生身份和地位不受重视的现象随之而来。因此，大学毕业生应调整心态，正视现实、接受现实，恰当地评价自己，放低姿态，一切从零开始。

确立健康、坚定的工作心态（没有最好的工作，只有最合适的工作；没有一劳永逸的工作，只有不断接受挑战的工作），这样才能找到自己的就业之路，实现人生价值。

从大学毕业到进入社会，参加工作，对每位职场新人来说都需要经历比较大的角色转换。角色转换成功与否，关键取决于工作心态的调整。

调整工作心态可以采取以下方式。

（1）适当调整心理预期。

心理预期过高，导致理想与现实之间产生巨大差距。这种差距会增加内心的失落感，使人认为事情的发展已经超出了自己的控制。因此，要多给自己积极的暗示，凡事都要循序渐进，学会耐得住寂寞，多听、多看、多学。

（2）放低姿态，从基础工作做起，不断积累工作经验。

对于职场新人来说，职场的每种经历都是很好的学习机会，有助于自己的成长。牢记"三人行，必有我师"，虚心向同事学习工作经验，尽快掌握与工作岗位有关的各种业务知识，结合实际工作情况灵活运用。只有这样，才能尽快适应新环境，提高工作效率，创造工作业绩。事业的辉煌不是一蹴而就的，而是需要不断地积累点滴业绩。

（3）主动沟通，创造良好的工作关系。

要本着实事求是、真诚待人的态度，与人沟通，提高沟通的主动性，缩短与周围同事之间的距离。同时，要克制感情，冷静处理矛盾。在工作中出现错误时，主动承担责任。与部门主管和同事的沟通，有助于增进彼此之间的了解及人际关系的处理，更好地适应工作环境。

（4）不断学习、锐意进取，高标准要求自己。

俗话说："活到老，学到老。"大学毕业生刚离开校园，踏上工作岗位，往往忽视学习，感觉学习是学生时代的"义务"，这是不可取的。大学毕业生要锻炼成才，还需要在社会这个大熔炉里锻造，只有不断探索新的方法，不断地给自己"充电"，才能适应瞬息万变的社会。这对于从学生到职场人的转变也是至关重要的。机会总是留给有准备的人的，当机会来临时，有准备的人往往会牢牢把握住。

2. 正确面对工作中的挫折

毫无经验的新入职场的大学毕业生总会遇到许多困难和挫折。面对困难与挫折时，有些人选择放弃，有些人选择坚持，勇敢面对。

（1）以平静的心态面对挫折。

在前进的路上，遭受挫折是免不了的经历。因此，不要害怕挫折，也不要屈服于挫折，而应该感激遇到的挫折。如果没有和挫折作战，你就不能真正认识和理解它。要使自己的心态保持稳定，使自己所受的伤害降低到最低限度。

（2）以正确的态度分析挫折。

遭遇挫折时，不要只是忙着计算自己的损失，还要计算自己从中得到的收获。不要过分夸大挫折而忽视其中的积极因素。"塞翁失马，焉知非福？"从挫折中，你也许得到的比失去的更多：磨炼了自己的意志品质，强化了自己的心理承受机能，解除了对自己的某些束缚，可以放开手脚取得更好的发展。

（3）以坚强的意志战胜挫折。

内因是变化的根据，外因是变化的条件，外因通过内因起作用。面对挫折，首先要战胜自我。战胜自我，战胜挫折就有了可靠的支点。每个人在遭遇挫折时，都不能消极地等待他人和社会救助，首先应该依靠自身的努力摆脱困境。在客观分析造成挫折原因的基础上，总结经验教训，在挫折中奋起，朝积极的方向发展。

总之，初入职场的大学毕业生应积极调整心态、勇敢面对挫折，制定正确的职业生涯规划，尽快实现角色转换，融入社会集体生活。

思考并回答以下问题。

（1）面对挫折如何积极调整工作心态，成功实现角色转换？

（2）在职场中，我们应如何正确面对工作中的困难与挫折？

【探讨 10-5】从学生角色到职业角色的角色转换内容有哪些

大学毕业生离开校园，进入不同行业，迎接人生第一份工作的挑战。对涉世未深、缺乏职业规划能力的大学毕业生来说，现实中的工作与理想中的工作相差甚远，面临巨大的转型压力。转型需要六个转变，实习则是完成从学校人向职场人转型的过渡过程，第一份工作能否选好、做好，是至关重要的。在转型的过程中，敬业、心态、诚信、礼仪是职场新人成功的四大法宝。

请扫描二维码 10-5，浏览电子活页中的内容，或者直接打开本书配套的电子文档，认真阅读与了解"从学生角色到职业角色的角色转换内容"文档的内容，然后根据自己的体会和想法，说一说大学毕业生应如何适应六个转变。

【探讨 10-6】大学毕业生如何成功"蜕变"

高中的我们，踌躇满志，立志考取梦想中的学府。

大学的我们，处于自由环境，思索未来无限的可能。

职场的我们，面对全新挑战，努力实现自己的价值。

但是，职场中的成长不会一帆风顺，需要通过一次次的蜕变来勾画未来。

作为职场新人，大学毕业生如何才能成功蜕变，尽快实现角色转换？

1. 调整就业心态，做好心理准备

调整就业心态，做好心理准备，是角色转换的基础。过硬的职业技能对职业成功很重要，充分的心理准备更是不可缺少的。因此，大学毕业生要有抗挫折的心理准备。一般来说，事业不会是一帆风顺的，如果心理准备不足，就会产生过激情绪，导致能力低下。因此，大学毕业生要提前调整心态，充分做好心理上的受挫准备。在事业顺利的时候不沾沾自喜，在事业失意时不自暴自弃，这是事业成功者的必备素质。

在工作中，我们要考虑如何提高工作效率、怎样处理与上级领导和同事的关系。在工作不尽如人意的时候，以平常心去对待，及时转变心态，能够让我们的工作更加顺利。刚进入职场时，做一些烦琐的小事是很有必要的。事情虽小，过程却十分重要，可以把小事当作培养职业素质的途径之一。

2. 热爱本职工作，培养职业兴趣

热爱本职工作，安心工作岗位，是角色转换的前提。刚刚走上工作岗位的大学毕业生，应当尽快从学生学习生活模式中解脱出来，全身心地投入到工作中去。"身在曹营心在汉"，不仅对角色转换不利，而且会影响职业兴趣的培养和工作成绩的取得。

3. 安心本职工作，培养吃苦精神

安心本职工作是实现角色转换的重要条件。刚毕业的大学生如果不安心工作，整天三心二意，对角色转换是没有好处的。甘心吃苦是实现角色转换的重要条件。只有甘心吃苦才能很快适应工作，及时进入角色和实现角色的转换。

4. 虚心学习知识，提高工作能力

虚心学习知识，提高工作能力，是角色转换的重要手段。大学毕业生在校期间学习到的东西毕竟是有限的，很多知识和能力需要在工作实践中去学习、锻炼和提高。

许多事实证明，面对全新的职业，大学生只有放下架子，甘当小学生，虚心向有经验的技术人员和同事学习，一切从头学起，才能与周围的人打成一片，才能学会为人处世，并在业务上有长进，成为真正有用的人才；不断丰富自己的专业知识，提高自己的专业技能，最终达到自我完善。

5. 勤于观察思考，善于发现问题

勤于观察思考，善于发现问题，是角色转换的有力保障。大学毕业生进入职业角色，只有善于观察问题，才能发现问题；只有运用自身掌握的知识去努力解决问题，才能掌握大量的第一手资料，分析研究职业对象的内部规律，才能培养自己的独立见解，逐步具备独立开展工作的能力，更好地承担角色责任。

6. 勇挑工作重担，甘于无私奉献

勇挑工作重担，乐于奉献，是完成角色转换的重要标志。大学毕业生走上工作岗位以后，应当严格要求自己，树立主人翁意识，增强社会责任感，培养无私奉献的精神，任劳任怨，不计较个人得失，努力承担岗位责任，主动适应工作环境，促使自己更好、更快地完成角色转换。

思考并回答以下问题。

大学毕业生作为职场新人，如何才能成功蜕变，尽快实现角色转换？

【探讨 10-7】大学毕业生如何适应从学生角色到职业角色的转换

大学毕业生初入职场，会有点不知所措，不知道工作如何展开，不知道如何和同事相处，不知道什么话该说、什么话不该说。

从学校走向社会，从学生转变为职场人，要转变的不仅有身份，还有心态。大学毕业生如何适应这种转变，顺利成为职场达人呢？

请扫描二维码 10-6，浏览电子活页中的内容，或者直接打开本书配套的电子文档，认真阅读与了解"大学毕业生如何适应从学生角色到职业角色的转换"文档的内容，了解大学毕业生从学生转变为职场人的方方面面。

大学毕业生要适应从学生角色到职业角色的转换，你认为可以从哪些方面入手？你可以做出哪些实质性的改变？

【探讨 10-8】职场中有哪些典型的"学生思维"

请扫描二维码 10-7，浏览电子活页中的内容，或者直接打开本书配套的电子文档，认真阅读与了解"职场中有哪些典型的'学生思维'"文档的内容，然后针对该文档列举的职场中典型的"学生思维"，说一说你认为哪些方面自己不同程度地存在，你打算如何尽快克服这些"学生思维"，成功实现从学生角色向职业角色的转换。

【探讨 10-9】基础岗位如何做出骄人成绩

如何在基础岗位中收获价值，为自己的职业生涯加分？

1. 低调做人，高调做事

刚入职场的新人，多有"初生牛犊不怕虎"的冲劲，个性张扬，喜欢标新立异。其实，这些行为都带有"学生味"，是职业成熟度不够的表现。"低调做人，高调做事"这句话，用一高一低对比，强调做人要有谦虚的心态，同时凸显做事的"高调"，即对待工作百分之百地专注和认真，绝不出现虎头蛇尾或办事不靠谱的状况。有的大学毕业生，除职业定位不准、缺乏职业规划外，对他们职业发展影响最大的就是弄不清自己在团队里的角色，为人处世的心态、行为举止等方面存在明显的不足。很多时候，他们没有把精力真正放在工作上，不懂得"做好工作才是王道"这个道理。

2. 不仅要"做完事"，更要"做好事"

在职场上有这么一种说法："你做出的成果，要比领导的预期再高出20%。"当然，这句话不能那么绝对，能不能超常完成任务还会受其他因素影响。要想更上一个台阶，"把工作完成"是不够的，这样可替代性很高，没有你，其他人也可以完成工作。只有把工作做好，才可能获得质的变化。

在职场中，喜欢抱怨大材小用的人，多是能力不足、心态不成熟的人。这种人往往在离成功只有一步之遥时，不是放弃就是转向，之后陷入一片悲观和迷茫中。其实，真正有所作为，能最终取得成功的，常常是那些一开始做着不起眼的小事，经得起冷嘲热讽的人。成功的秘诀之一就在于将平凡的事做得不同凡响。

3. 懂得汇报，"秀"出成绩

有人将汇报错误地理解成"炫耀"，这是不可取的。在一个公司里，不论是上级主管，还是总经理，他们面对的都是整个公司和各种事务，对每个员工的工作状况不能及时、全面地了解。因此，经常向领导汇报工作进展及取得的成果，相当有必要。及时向领导汇报工作进展，反映工作问题，有以下好处。

（1）让领导知道你的工作进展。

（2）与领导进行良性互动。

（3）及时沟通问题，提高工作效率。

其实，职场无捷径，唯一能让你如愿走上梦想中的职业发展轨道的捷径，就是把不起眼的工作做得有声有色。这些不起眼的工作考验你的耐心、智慧、技能、情商等各方面的综合能力，抓住机会做好，就能展现你的价值。

思考并回答以下问题。

（1）你认为基础岗位是否也能做出骄人成绩？

（2）作为初入职场的新人，你打算如何适应基础岗位的工作，努力做出骄人的工作成绩？

【训练提升】

【训练 10-1】职场新人快速适应职场新岗位和新环境

职场新人到新的环境中工作，迈出第一步很重要，迈得好后面的工作顺风顺水，迈得不好可能工作障碍重重。很多人在刚刚进入职场的时候，都会感觉自己难以融入工作环境。但是，职场新人不能因为自己难以融入工作环境就选择放弃。有什么方法可以让职场新人快速融入工作环境中吗？

请扫描二维码 10-8，浏览电子活页中的内容，或者直接打开本书配套的电子文档，认真阅读与了解"职场新人快速适应职场新岗位和新环境的方法"文档的内容，然后进行以下训练。

（1）分别针对校内学习环境的班级管理工作或学生会管理工作、职场工作环境，完成以下各项任务。

① 厘清三件事：一是要做什么事；二是需要配合别人做什么事；三是自己可以做什么事。把这三件事弄明白不是一件简单的事，需要你的领导、人力资源管理人员和周围的同事大力配合。

② 确认三个方面：一是自己对谁负责，也就是你有事向谁汇报，找谁去解决，他解决不了怎么办；二是自己要对哪些结果承担责任；三是需要承担责任的惩罚标准和处分办法是什么。

③ 认识三个人：一是直接领导；二是师傅（就是被指定带你的人）；三是需要你配合的同事。

④ 熟悉三类制度：一是公司制度；二是部门制度；三是与自己工作相关的制度（岗位工作标准）。

⑤ 清楚三个通道：一是个人发展通道；二是职工职级通道；三是职工上升通道。

⑥ 和四种人处理好关系：一是直接领导；二是同事；三是客户（包括内部客户）；四是单位的元老。

（2）职场新人要快速适应新岗位和新环境，请你给出以下问题的答案。

① 你的短期工作目标是什么？

② 初入职场，你的定位是什么？

③ 在外表方面，你会尝试做出哪些改变？

④ 在学生时代，你觉得自己礼貌性、纪律性怎样？进入职场，你觉得是否需要进一步加强？

⑤ 初到一个新环境，你能很快认识新同事并记住他们的姓名吗？

⑥ 在学习和工作中，你是否懂得分担？遇到问题，你是否能够独立决断？遇到难以接受的事情，你是否能够变通？

【训练 10-2】职场新人努力提高自己的综合能力

进入职场，你会发现自己并不是当初求职时信心满满的状态，工作成效也不一定与专业能力成正比，便产生了失落感。殊不知，工作状态差还有其他因素在起作用，如岗位适应能力，就是影响职场人工作状态的因素之一。在工作中不断培养自己的能力，是每个人在事业道路上的必修课。

职场新人应该努力提高以下各方面的能力，从而全方位提高自己的综合能力。

（1）岗位适应能力。

（2）独立生活能力。

（3）人际交往能力。

（4）心理承受能力。

（5）自我调适能力。

（6）团队合作能力。

（7）观察能力。

（8）沟通能力。

（9）应变能力。

（10）抗压能力。

请扫描二维码 10-9，浏览电子活页中的内容，或者直接打开本书配套的电子文档，认真阅读"职场新人努力提高自己的综合能力"文档的内容，熟悉各项能力的含义。

作为职场新人，我们应该正确认知自己的能力现状，针对自己在某些能力上的不足，进行针对性的训练和提高。

【训练 10-3】大学毕业生养成关注职场细节的习惯

作为职场新人，我们应该在小事上注意，从细节做起，真正完成从学生向职场人的转变，不断养成关注职场细节的习惯。

请扫描二维码 10-10，浏览电子活页中的内容，或者直接打开本书配套的电子文档，认真阅读与了解"大学毕业生养成关注职场细节的习惯"文档的内容，具体了解大学毕业生在职场应关注的 8 大类 40 个细节。

为尽快适应职场，结合自己的思想观念、性格特点和现状，我们要从细节着手改善。现将大学毕业生适应职场应关注的细节的 8 个方面（工作态度、工作状态、职场礼仪、人际交往、处事方式、熟悉公司、适应职场、提升能力）划分为三个层次——已经改善的细节问题、正在改善的细节问题、下一步急需要改善的细节问题，将相应细节问题的编号填入表 10-1 中，并对下一步急需要改善的细节问题提出具体的改善措施。

表 10-1　适应职场应关注的细节问题

细节问题类型	已经改善的细节问题	正在改善的细节问题	下一步急需要改善的细节问题
工作态度			
工作状态			
职场礼仪			
人际交往			
处事方式			
熟悉公司			
适应职场			
提升能力			

【训练 10-4】大学毕业生努力适应职场规则

职场新人需要学习很多的东西，每个人的认知架构不同，个性也不同，但相同的是要遵守职场中的规则。

1. 思维方式决定行为方式

（1）感恩的思维方式。

新入职场要学会感恩，感谢一切帮助过自己的人，帮助自己克服困难的人，帮助自己了解职场的人，这些人往往会是今后自己工作中的助力。自己以善意去对待别人的时候，别人会感知到。从心理学角度讲，帮助人与被帮助人之间的感情关系是：帮助你的人对你的好感要超出你对他的好感。

（2）认真做事的思维方式。

每个单位都需要认真做事的人，所以工作态度决定了你今后的发展方向。浑水摸鱼，假装努力，最终欺骗的只有自己。不要试图走捷径，因为捷径只适合少部分人，而不是所有人。只有让自己的能力提升，才能成为有价值的人。

（3）人际交往的思维方式。

在职场要维护好彼此之间的关系，但不要过分交心。职场中的每个人都在追逐自己的利益，相同的职位只有一个，没有人会因为与你的友情就放弃升职加薪的机会。

2. 行为方式决定未来的方向

（1）学会少说多做。

每个人有一张嘴和两只手，这就已经明确告诉你，要少说多做。能用行动证明的事情，尽量不要用嘴去解决。大多数嘴上表达的内容需要用行动去证明，所以要省掉动嘴过程，用行动来证明，新人尤其要注意。

（2）处理好同事关系。

跟同事相处要把握几个原则，无论融入什么圈子都要有自己的判断，该做的不该做的，要有自己的原则。不要在同事面前发脾气，没有谁有义务接受你的坏脾气。不要把不良情绪带到工作中，没有谁愿意跟一个情绪失控的人一起工作。不聊同事的隐私，不在背后诋毁同事，做到独善其身，广结人缘，不卷入是非，只有这样才能建立良好的同事关系，创造和谐的工作环境，有益于自己的事业发展。

（3）不要去争功。

职场新人要做好自己的事，不要去争功。即使争到功劳，又能得到什么？新人争到的功劳远比失去的多。

3. 责任心比能力更重要

重视自己的工作，认真完成每个任务，把每件事情都当作锻炼，一点一滴地积累经验。只有把责任放在最前端，才能让能力凸显出来。所以，刚踏入社会的大学毕业生，要先努力培养自己尽职尽责的工作精神。

（1）工作有计划，主动汇报工作进度。

在职场中，我们要学会有计划地工作，并且主动向领导汇报自己的工作进度。有计划地工作能有效地利用时间，并高效地完成工作。职场新人要清楚自己做了什么，达到了什么效果，给公司带来了什么效益。职场新人主动向领导汇报自己的工作进度与效果，能更好地与领导交流，领导也能针对其遇到的困难提供一些帮助和建议，这样可以加快工作进度，同时达到领导的要求。

（2）多给领导建议，多替领导解决问题。

在工作中，不要觉得自己是刚进入职场的新人，遇到问题就留给领导，抱着领导决定我执行就好的态度，这是错误的。我们遇到问题，要勇于提出自己的想法，打破常规，多说自己的见解。这样不管是否能帮助领导解决问题，领导也知道你在思考，在用心做事，会增加与你的交流。在不断思考的过程中，你也能发掘自己的潜能，提升自己的业务水平。

（3）多读书，多学习。

初入职场的新人，一定要认识到学习的重要性。读书可以让你变得有气质，变得自信，变得有竞争力。在市场竞争激烈的今天，我们学习的步伐永远不能停止。

4. 团队合作很重要

（1）善于从团队配合中学到东西。

大多数职场新人不具备独当一面的能力，应该在团队配合中学到东西，了解每个人的分工，把自己分内的事情做得更好。职场新人要学习别人如何在团队中工作，与别人共同完成项目。

（2）避免个人英雄主义。

很多职场新人不知深浅，总认为自己很能干，总想尽快体现个人价值，在能力不足以承担责任的时候往往"翻车"。

（3）明白个人能力是有限的。

一个人永远战胜不了一群人，所以要明白，只有团队配合才能做成更大的事情。

5．处理好上下级关系

（1）下级服从上级。

下级服从上级是必须遵守的规则，上下级之间信息不对等，掌握的资源有很大的差别。下级可以有保留意见，但必须执行上级的指示，这对职场新人很重要。

（2）与上级保持良好的关系。

对职场新人来说，上级永远比自己的话语权大，得到上级的关注与赏识，对自己今后的工作是有益的，利用上级的助力，可以让自己在职场中走得更远。

（3）避免与上级发生冲突。

与上级发生冲突，吃亏的最终是自己，职场新人尤其如此。

阅读上述内容后，从思维方式、行为方式、责任心、团队合作、处理好上下级关系等方面分析一下自己的现状。如果你存在明显的劣势，就要有针对性地训练，改变现状，去适应职场环境。

参考文献

［1］姜国权，姜福佳，王烜. 大学生职业生涯发展与规划［M］. 北京：中国水利水电出版社，2020.

［2］侯士兵，杨薛雯. 职业生涯发展与规划［M］. 上海：上海交通大学出版社，2018.

［3］杜学森. 职业发展与就业指导［M］. 北京：北京理工大学出版社，2019.

［4］赵淑芳.15 秒，让你的简历脱颖而出［M］. 北京：人民邮电出版社，2009.

［5］权锡哲.7 步，做好面试准备［M］. 北京：人民邮电出版社，2009.

［6］孙宗虎.30 类面试题经典解析［M］. 北京：人民邮电出版社，2009.